高职公共课系列教材

创新创业教育基础

CHUANGXIN CHUANGYE
JIAOYU JICHU

主　编：孙　平
副主编：张劲珊　游　凯　王凤基
编写人员（排名不分先后）：
　　　　孙　平　张劲珊　游　凯　王凤基
　　　　段维龙　张　成　陈苡　黄昊晶
　　　　阎汉生　陈世军　谢卓君　范　琳
　　　　孔德明　周炳伟　张丽桃

广东高等教育出版社
Guangdong Higher Education Press

·广州·

图书在版编目（CIP）数据

创新创业教育基础/孙平主编. —广州：广东高等教育出版社，2019.8（2022.8重印）
ISBN 978-7-5361-6495-6

Ⅰ.①创… Ⅱ.①孙… Ⅲ.①大学生–创业–高等学校–教材 Ⅳ.① G647.38

中国版本图书馆 CIP 数据核字（2019）第 100011 号

出版发行	广东高等教育出版社
	地址：广州市天河区林和西横路
	邮编：510500　营销电话：（020）87551597　87551077
	网址：www.gdgjs.com.cn
印　刷	广东信源文化科技有限公司
开　本	787 mm×1 092 mm　1/16
印　张	18.75
字　数	420千
版　次	2019年8月第1版
印　次	2022年8月第4次印刷
定　价	46.00元

前　言

当今世界面临增长动能、全球发展模式、经济全球化、经济治理体系四方面的深刻转变。① 应对这种变化的核心做法就是建设创新型国家，培养更多具有创新精神和创业能力的人才，增强和培养其适应创新及变革的能力。2019年"两会"期间，习近平总书记强调："要营造有利于创新创业创造的良好发展环境；要向改革开放要动力，最大限度释放全社会创新创业创造动能，不断增强我国在世界大变局中的影响力、竞争力。"因此，在职业院校开展创新创业教育，有助于为经济持续增长注入新的活力，也为推动高等职业教育朝着更高质量的办学水平发展提供抓手。为了适应未来社会对高素质人才的需求，迎合未来职场对人的"核心能力"和"核心素养"要求，为高职毕业生提供最广泛的从业机会和终身发展基础，我们需要立足实际情况推动高职院校创新创业教育迈向更高水平。

随着《国家职业教育改革实施方案》颁布，职业教育国家标准体系将日趋完善。根据《教育部关于职业院校专业人才培养方案制订与实施工作的指导意见》（教职成〔2019〕13号）精神要求，高等职业学校应当将创新创业教育列为必修课或限定选修课。另据教育部最新发布的高等职业学校专业教学标准中各专业培养目标中的统一描述，要求高职院校的学生"理想信念坚定，德、智、体、美、劳全面发展，具有一定的科学文化水平，良好的人文素养、职业道德和创新意识，精益求精的工匠精神，较强的就业能力和可持续发展的能力"。

为了适应新的经济发展形势、国家职业教育改革新形势以及高职院校创新创业教育发展变化的需要，我们按照《国务院关于进一步做好新形势下就业创业工作的意见》（国发〔2015〕23号）、《国务院办公厅关于深化高等学校创新创业教育改革

---

① 习近平. 抓住世界经济转型机遇谋求亚太更大发展：在亚太经合组织工商领导人峰会上的主旨演讲［Z］. 对外经贸实务. 2017（12）：3-5.

的实施意见》（国办发〔2015〕36号）、《国务院关于做好当前和今后一段时期就业创业工作的意见》（国发〔2017〕28号）、《国务院关于推动创新创业高质量发展打造"双创"升级版的意见》（国发〔2018〕32号）等文件的具体要求，编写了这本《创新创业教育基础》教材。

《创新创业教育基础》旨在培养具有创新创业意识和能力的高素质技术技能人才，使其树立创业意识、掌握创业知识、发展创业能力、培养创业心理品质，不断提高核心能力和核心素养。本教材的教学，力求使学生具有创新意识、创新思维，养成创新人格，锻炼创新能力；使学生具备必要的创业知识和技能，通过训练其市场开发和经营能力，锻炼培养其创业心智，并努力使其具备企业家的综合素质，实现自主创业或岗位创业。

《创新创业教育基础》针对不同创新创业意向的学生开展分类指导与教育，根据学生成长和创业项目培育的不同阶段，开展不同层级的创新创业实践与咨询指导服务，帮助学生树立正确的人生观、就业观、成才观。一是面对全体学生开展创新思维训练和创业教育，传播和体验创新创业文化，为学生顺利融入创业企业或创业团队提供指导。二是对有创业意愿的学生，本教材将对其进行创业实践指导，培养企业家精神和新创企业经营管理能力，同时积累创业实践经历与体验、增强创业能力、提高创业成功率，对学生在校期间的创业实训提供指导。三是对已经在进行创业实践的学生，帮助其总结双创成功的经验和模式，提示创业风险，激发拼搏精神，倡导理性创业，降低创业风险。

《创新创业教育基础》的编写遵循内容全面、知识实用、突出实践的原则，内容包含创新创业与职业规划、创新类型与创新思维、创业素养与创业能力，以及创办和经营企业的基本知识和实践技能。通过多维分析引导高职院校的学生多角度思考和对待创新创业；传授创新创业的基本知识、基本理论、基本方法、基本技巧，引导学生正确认识创新创业教育的重要意义，启发学生的创新意识，提高他们的创业能力；激发学生的社会责任感，鼓励他们把握自己的命运，促使他们对经济社会环境有宏观的认识和微观的思考，对专业教育和创新创业教育有全面客观的认识。

《创新创业教育基础》适用于高职院校各专业教学，课程教学总时数建议为32学时，其中讲授学时为14学时，实训学时为12学时，讲座（课外）学时为3学时，讨论学时为3学时。课时安排参考表1。

前　言

表1　课时安排

序号	单元名称	总学时	讲授学时	实训学时	讲座（课外）学时	讨论学时	备注
1	创新创业与职业规划	4	1	1	1	1	讲座（课外）学时和讨论学时可根据授课老师的授课具体情况适当调整
2	创新类型与创新思维	2	1	1			
3	创业素养与创业能力	2	1	1			
4	创业市场调查	2	1	1			
5	创业项目构思	4	1	1		2	
6	创业团队组织与建设	4	1	1	2		
7	创业计划编制	2	1	1			
8	企业孵化与创建	2	1	1			
9	财务管理与风险控制	2	1	1			
10	市场营销策略	2	1	1			
11	人力资源管理	2	1	1			
12	企业文化培育	2	1	1			
13	创新创业法规与政策	2	2				
	合计	32	14	12	3	3	

　　本教材的编写团队由多个高职院校具有不同专业背景的教师组成，因为在创新创业教育的一线工作，编写者对大学生创新创业教育有着最为真切的认识和体会，能够反映当前高职院校创新创业教育的需求。

　　本书在编写过程中，除参阅参考文献中列出的文献外，还参考了大量的相关报刊、网络文章、新闻报道及不少专家的研究成果，未能一一列出，在此谨向所有帮助过我们的同志们表示衷心的感谢！

编　者
2019 年 5 月

本书教学课件
本书二维码数字资源获取方式详见本书末

目 录

第一章 创新创业与职业规划 ... 1
第一节 创新创业的理解 ... 2
第二节 创新创业教育 ... 9
第三节 职业规划与创新创业 ... 15

第二章 创新类型与创新思维 ... 23
第一节 创新类型 ... 24
第二节 创新思维 ... 29
第三节 创新能力 ... 34

第三章 创业素养与创业能力 ... 42
第一节 创业素养 ... 43
第二节 创业能力 ... 49
第三节 创业能力培养路径 ... 54

第四章 创业市场调查 ... 62
第一节 创业市场调查内容 ... 63
第二节 创业市场调查方法 ... 70
第三节 创业机会的识别 ... 76

第五章 创业项目构思 ... 83
第一节 创业项目核心要素 ... 84
第二节 创业项目模型构建 ... 91
第三节 创业项目模式选择 ... 97

第六章 创业团队组织与建设 ... 105
第一节 创业团队结构设计 ... 106

第二节　创业团队建设 …………………………………… 112
　　第三节　创业团队管理 …………………………………… 118

第七章　创业计划编制 …………………………………………… 126
　　第一节　创业计划的内涵 ………………………………… 127
　　第二节　创业计划书的主要内容 ………………………… 132
　　第三节　创业计划书的编制 ……………………………… 140

第八章　企业孵化与创建 ………………………………………… 146
　　第一节　孵化基地选择 …………………………………… 147
　　第二节　创业孵化 ………………………………………… 150
　　第三节　企业组建 ………………………………………… 159

第九章　财务管理与风险控制 …………………………………… 166
　　第一节　财务管理基础知识 ……………………………… 167
　　第二节　初创企业资金筹集 ……………………………… 175
　　第三节　财务风险的评估与控制 ………………………… 182

第十章　市场营销策略 …………………………………………… 188
　　第一节　企业目标市场营销 ……………………………… 189
　　第二节　市场营销组合策略 ……………………………… 198
　　第三节　移动互联网下的营销创新 ……………………… 205

第十一章　人力资源管理 ………………………………………… 212
　　第一节　招聘管理 ………………………………………… 214
　　第二节　绩效管理与薪酬福利 …………………………… 221
　　第三节　培训管理 ………………………………………… 229

第十二章　企业文化培育 ………………………………………… 237
　　第一节　企业文化概述 …………………………………… 238
　　第二节　企业文化建设 …………………………………… 244
　　第三节　企业文化管理 …………………………………… 250

第十三章　创新创业法规与政策 ………………………………… 259
　　第一节　创办企业法律 …………………………………… 260
　　第二节　创新创业政策 …………………………………… 271
　　第三节　粤港澳大湾区创业机遇 ………………………… 281

参考文献 …………………………………………………………… 286

后记 ………………………………………………………………… 290

第一章　创新创业与职业规划

学习目标

知识目标
1. 了解创新创业的内涵。
2. 熟悉创新创业教育的含义。
3. 了解大学生创新创业的优势。

能力目标
1. 明确创造、创新、创业的区别。
2. 掌握"双创"的政策要求。
3. 把握好在校学习与创业的关系。

知识导读

　　创造、创新、创业是现代社会发展的动力因素。创造是创新创业的灵魂和动力，创新、创业是创造的归属和实践。创新、创业、创造都是新时代所需要的新面貌和新作为。"大众创业，万众创新"口号的提出，成为推动我国经济发展的一大引擎。高等院校创新创业教育成为高等教育改革的一项迫切需求。大学生创新创业能力的水平是检验大学创新创业教育水平的重要标杆。创新创业教育作为高等教育发展史上一种新的教育理念，是培养大学生创新精神和创造能力的需要，是经济社会发展对人才需求变化的要求，也是高等院校主动适应社会发展需要的真实体现。创新创业教育说到底是一种素质教育，通过创新创业教育提高大学生的综合素质。

案例导入

创新创业开头难

　　傅同学，广东某职业学院2014届计算机多媒体专业毕业生，现为北京梦想好青年科技有限责任公司创始人兼CEO。傅同学于2015年8月开始创业之旅，并且很快获得了种子轮融资，开始一切都很顺利。但由于缺乏创业经验和充足的运转资金，公司很快陷入危机。最后通过发起纪念 T 恤衫"有梦想 好青年"的众筹，公司熬过了这段艰难的时期。这个全是"90 后"的团队，经过不断摸索，发现必须要铆足劲头盯住产品。因此公司进行了品牌升级，发展成小米、腾讯、百度、新东方、北京大学、深圳大学等公司和高校的文化产品定制供应商。

吴同学，该校 2008 届文法系社区管理与服务专业毕业生，2015 年，他独自创立首佳工艺品有限公司，开启"互联网＋"礼品的创新企业模式，该公司则成为综合运用物联网采购系统服务于传统工艺礼品和广告物料的礼品 DIY 制造商。2015 年他成了"青创 100"广东大学生创新创业引领计划学员。

钟同学，该校 2012 届电子商务专业毕业生，2014 年年底他创立了超牛电商。超牛电商公司在短短几个月就吸引了数千名创业者前来了解交流，也直接帮助了数百名创业者开启微营销的创业道路，引起了众多的市场关注。随着 2015 年年底以微信为主的移动互联网红利消退，公司合伙人几经商讨，决定向金融领域转型。经过几个月的考验，公司初步向金融服务领域转型，目前代理汇付天下、拉卡拉等知名金融支付平台的渠道。不到一年的时间，其总体交易量已经接近 1 亿元。

提出问题

1. 在现实生活中，你是否接触过以上案例中描述的人和事？请举例分析。
2. 就业和创业有什么不同？
3. 如果让你选择创业，你认为应该掌握哪些创业技能？

第一节　创新创业的理解

教师箴言

掌握一定的专业技术技能，学会创新创业的本领，为的是更好地服务社会，发挥自己的聪明才智。

核心概念

创新是指个人做出的新颖、独特、具有价值的精神或物质成果的行为。创业是指具有创新精神的人，通过发现并捕捉社会环境中的有利条件，发现、开发市场机会，创立新企业，创造新产品或服务，进而实现其经济和社会价值的行为。

学习重点

把握创新、创业的关系，明确大学教育与创新创业之间的关系。

一、创新

（一）创新的含义

创新，即创建新的事物。创新理论是由美国哈佛大学教授熊彼特在1912年第一次引入经济领域，后来"创新"成了经济学、管理学中一个使用频率很高的词语。

创新有广义和狭义之分。广义的创新指相对于原有的事物是新颖的，就是创新，包括创新成果、创新行为、创新能力等。狭义的创新是指个人做出的新颖、独特、具有价值的精神或物质成果的行为。

创新体现在"新"的方面，体现在对新事物的创造或现有事物的更新改造。创新是人类特有的认识能力和实践能力，是人类主观能动性的高级表现形式。创新从过程上来说，主要着眼于"创"，整个过程具有创造性。创新是一种创造性活动，是选择、试错和决定的过程，同时也是变革旧事物、创造新事物的过程。创新从结果上来说，主要体现在"新"上，所创造的成果必须是新颖的，即创新是创造出新颖的、从未有过的事物，包括物质产品、精神产品以及新关系、新需求等。创新也包括新技术、新发明在生产中的首次应用。

创新是以新思维、新发明和新描述为特征的概念化过程，是历史前进的动力，是当今知识经济发展的核心和标志。一个拥有创新能力和大量高素质创新人才的国家，将具备发展知识经济的巨大潜力。

（二）创新的分类

对创新可以做一些必要的分类。按照主体分类，有政府创新、企业创新、团体创新、大学创新、科研机构创新和个人创新；按照表现形式分类，有知识创新、技术创新、产品创新、服务创新、工艺（流程）创新、业态创新、制度创新、组织创新、管理创新和商业模式创新等；按照领域分类，有教育创新、金融创新、工业创新、农业创新、国防创新、社会创新、文化创新；按照影响程度分类，有渐进式创新、突破性创新、革命性创新；按照来源分类，有原始创新、集成创新和消化吸收创新、偶发性创新、演变性创新。

（三）创新体系的内容

党的十九大报告提出要"加快建设创新型国家"，提高我国的综合竞争力。创新是实现中华民族伟大复兴的重要支撑。创新是一个民族进步的灵魂，是一个国家兴旺发达的不竭动力。国家之间的竞争是经济和综合国力的竞争，更是科技和教育实力的竞争，归根到底是高素质人才的竞争。建设创新型国家的前提条件就是要培养创新型人才，这个任务要由高等学校包括高职院校来完成。大力培养大学生创新能力是建立高职院校创新体系的关键性环节和基础性内容，这项工作能够有效地支持和推动国家创新体系的建立，对建设创新型国家会起到积极的推动作用。

创新能力是指运用知识和理论完成创新过程、产生创新成果的个人或集体的综合能力。创新能力的表现形式是发明和发现，是人类创造性活动的外化形式。创新能力包含创造性思维能力和创造性实践能力，创新能力还包括创新意识、创新思维、创新精神和创新技能。

创新意识是指人根据社会和个体生活发展的需要，引起创造前所未有的事物或观念的动机，并在创造活动中表现出的意向、愿望、计划和设想。创新意识是人类意识活动中一种积极的、富有成果的表现形式，是人们进行创造活动的出发点和内在驱动力，是个人作为的动机、兴趣、情感和意志的表现。创新意识是用新的方式更好地满足原来的社会需求。创新意识其实是一种求新意识。

创新思维是指以新颖独特的方式方法解决问题的思维。通过这种新颖的思维能够突破常规思维的界限，提出与众不同的解决方案，从而产生新的、独特的、有社会意义的思维成果。创新思维的本质在于用新的角度、新的思考方法来解决现有的问题。

创新精神是创新意识、创新思维的综合显现。创新精神指具有能够综合运用已有的知识、信息、技能和方法，提出新方法、新观点的思维能力和进行发明创造、改革的意志、信心、勇气和智慧。创新精神是批判精神、开拓精神、求实精神、团队协作精神等心理品质的集中体现，是创立新思想、新事物的精神。创新精神是现代人应该具备的素质。

创新技能是运用知识和经验为了创造一种新事物而进行一定活动的能力，也是通过不断重复学习和反省而习得的体能、心能和社会能力。创新技能反映的是一种外显的动作技能和内隐的心智技能的结合。创新技能的获取方式有正式教育、训练、非正式学习及工作经验等。

（四）创新的原则

创新也要以适度、有益为原则，创新不完全等同于标新立异。过分的标新立异是不会被社会所接受的。创新意识激起的创造活动和产生的创造成果，应为人类进步和社会发展服务，创新活动必须考虑社会效果和影响。创新还是一种有社会价值的活动。创新目的在于不断产生新的事物，充实个人的生活，满足社会的需求，推动社会的发展。

创新必须在原有事物的基础之上产生，是针对旧的事物而言的。个体要创新，就必须先要好好学习，掌握扎实的专业知识，必须有丰富的知识作为支撑，在外部环境合适的时候，才能真正进行创新行为。只有把握好创新的时机，才能产生真正的创新效果。

创新型国家是指以技术创新为经济社会发展核心驱动力的国家。我国要成为一个创新大国，实施创新驱动战略必须依靠人才，关键也在人才。我国要从教育大国成为教育强国，必须发展和改革高等教育体制，加大创新创业教育的实施。

> **典型案例 1-1**
>
> ## 处处有心才能时时创新
>
> 高职院校的教育与创新离不开教师队伍的处处用心。广东某学院"智能设备设计制造双师工作室"成立于2016年3月，由校内教师4人、企业高级工程师2人联合成立双师教学团队。工作室成立以来，按照学校"教学、科研、竞赛、社会服务、创新创业"五位一体的定位要求，充分发挥学院设备、场地资源优势，孵化了学生创新创业团队2个。该团队以工作室为平台，以企业实际项目为抓手，大胆进行创新创业教育工作，使学生得到培养、教师得到提高、企业收获实际社会经济效益。
>
> 双师教学团队首先在指导培养学生上狠下功夫，学生在广东省2016年"彩虹杯"高职高专大学生创业大赛获得了一等奖；在广东省2016年"挑战杯 创青春"大学生创新创业大赛获得银奖；在2016年全国职业院校技能大赛高职组"注塑模具CAD/CAE与主要零件加工"项目广东选拔赛上获得三等奖。此外，他们指导学生完成了共青团广东省委"攀登计划"重点项目1项、共青团广东省委"创业实践"项目1项。此外，双师教学团队指导学生申报了发明专利1项、实用新型专利2项。
>
> 在提高教育教学质量的同时，双师教学团队成员的教学水平和科研能力都得到了提高。团队成员先后承担2016年广东省科技厅公益研究与能力建设项目1项，参与2017年广东省重大科技专项1项，承担2018年中山市重大科技专项1项。团队成员共申请专利9项，发表高质量论文10余篇，两名团队成员先后被评为高级工程师。
>
> 通过双师工作室的平台，校企合作得到了巩固和深化。双师教学团队联合完成了广东省科技厅公益研究与能力建设联合申报企业委托的"铝罐自动检测"自动化科技项目的研发，完成了"钢结构屋面机器人"的设计制作，完成了"自动收卷机"的设计制作，完成了广东省科技厅重点科技专项分项目（校内项）"智能轮椅"的设计制作，完成了某公司激光打标机设备的设计制作。
>
> 扎实的科研、技术基础是创新的根基。双师教学团队为培养学生的创新创业能力播下希望的种子，为高职院校培养创新创业型人才夯实了基础。

二、创业

（一）创业的含义

创业指有创新精神的人对拥有的资源进行重新组合，力图创造出更大经济或社会价值过程的行为。

创业有广义和狭义之分。广义的创业是指创立基业、开拓业绩，创设新企业、创造新职业、新行业和新岗位等各项实践活动等，体现了开办和首创的过程，体现了过程的开拓性和创造性。狭义的创业是指创业者的生产经营活动，创业者通过发现并捕捉社会环境中的有利条件，发现、开发市场机会，创立新企业、创造新产品或新服务，进而实现其经济和社会价值过程的行为。

（二）创业与就业

创业是一种劳动方式，是一种需要创业者运营、组织和运用服务、技术、器物作业的思考、推理和判断的行为。简单地说，就是整合掌握的技能和拥有的资源，通过与他人合作，创造出更大的价值，以满足社会的需求。

创业是就业的一种形式。创业能力是检验高职院校创新创业教育水平的重要标杆。创业教育作为高等教育发展史上一种新的教育理念，是当今高职院校培养大学生创新精神和创造能力的需要，是经济社会发展对人才需求变化的要求，也是高职院校主动适应社会发展需要的必然要求。

（三）创业的条件

创业的条件不仅包括创业资金、创业环境等硬条件，还包括创业精神、创业能力、创业伦理等软条件。

创业精神是指在创业者具备开创性的思想、观念等主观表现。创业精神往往表现为创业激情、创业风格、创业品质等。创业精神是一种追求，追求环境的变化，追求变革、革新、转换的方式。创业精神具有多种精神特质，如创新精神、拼搏精神、进取精神、合作精神等。创业精神具有超越历史的先进性，包含想前人之不敢想、做前人之不敢做的意志和观念。

创业能力是指拥有发现或创造一个新的领域，致力于创造新事物的能力。创业能力包括个人的专业技能、创新能力、社交能力、组织协调能力、市场洞察能力、分析判断能力、团队召集能力、筹集资金能力、组织管理能力等。对大学生来说，创业能力往往反映的是综合素质。与就业能力相比较，创业能力比就业能力多的是发现的眼光、创新的智慧。

创业伦理是对创业者在创业活动中伦理观念的要求，即要求创业者必须遵守社会道德规范，必须守法经营。创业伦理决定了创业活动的性质，决定了创业实践活动推动社会和个人的发展方向。创业伦理水平的高低往往决定了创业实践的成败。创业者提供的产品和服务必须是无害产品，必须是符合法律规定的服务，只有这样才能被国家保护，被消费者认可。大学生创业者必须树立良好的社会道德风尚，遵守法律的规定，践行社会主义核心价值观。

高职院校培养大学生的创业精神，就是要让有意向创业的学生树立起自信心，培养"创业我能行"的积极情感与态度，激发学生为实现自我的辉煌人生而奋发拼搏的精神。创业者通常是依靠个人的智慧、体能、资源、技巧以及合理的战略、战术来获取成功的，将面临来自各方的严峻挑战。想创业，就必须要深入地学习创新创业知识，通过必要的调查与知识的积累，为以后的创业实践铺平道路。

大学生在学校期间的创业，严格意义上还不能叫创业，其实更多的是一种试创业或创业孵化。学校内的创业是一种理想状态下的创业，学校会免费提供学习培训的机会，免费提供创业场地，免费提供扶持政策。在这样的环境中孵化出的企业还不能真正走向社会。到社会中去创业，艰难困苦是可想而知的。但是，大学生要积极争取利用政府对大学生创业的优惠政策，到能够展现大学生技术技能的创新创业基地去锻炼，找到适合自身发展的最优项目。

三、"双创"和"创新创业创造"的提出

"第八届夏季达沃斯论坛"于2014年9月10—12日在天津举行。李克强总理在论坛上指出：要借改革创新的"东风"，推动中国经济科学发展。政府要拿出完整的"权力清单"，明确政府应该干什么，"法无授权不可为"；要给出"负面清单"，让企业明了不该干什么，"法无禁止皆可为"；要理出"责任清单"，政府该怎么管市场，"法定职责必须为"，建立诚信经营、公平竞争的市场环境，激发企业动力，鼓励创新创造。在中国未来这轮规模宏大的创新行动中，政府将自己定位为"守护神"。李克强总理还指出：要在960万平方公里土地上掀起"大众创业""草根创业"的新浪潮，形成"万众创新""人人创新"的新态势。其目的就是调动起千千万万人的积极性和创造性，把新一代的年轻人带动起来，把科学技术转化成生产力。

由此，"大众创业、万众创新"的"双创"口号引起了社会的关注。李克强总理在2014年11月首届世界互联网大会上又阐释了这一关键词。李克强总理说，促进"大众创业、万众创新"，大学生是重要力量，要为他们实现梦想和自身价值"铺路搭桥"。2015年，李克强总理在《政府工作报告》中指出：推动大众创业、万众创新，既可以扩大就业、增加居民收入，又有利于促进社会纵向流动和公平正义。让人们在创造财富的过程中，更好地实现精神追求和自身价值。大众创业、万众创新是实现中国经济提质增效升级"双引擎"之一。

2015年7月，《国务院关于积极推进"互联网+"行动的指导意见》提出：充

分发挥互联网的创新驱动作用，以促进创业创新为重点，引导和推动全社会形成大众创业、万众创新的浓厚氛围，打造经济发展新引擎。2019年《政府工作报告》指出，进一步把"大众创业、万众创新"引向深入，鼓励更多社会主体创新创业，拓展经济社会发展空间，加强全方位服务，发挥双创示范基地带动作用。

高职院校要贯彻落实"大众创业、万众创新"的发展战略，全面贯彻党的教育方针，落实立德树人的根本任务，坚持创新引领创业、创业带动就业，主动适应经济社会发展新常态，以推进素质教育为主题，以提高人才培养质量为核心，以创新人才培养机制为重点，以完善条件和政策保障为支撑，进一步深化创新创业教育改革。

习近平总书记在2019年3月10日参加中华人民共和国第十三届全国人民代表大会第二次会议福建代表团审议时强调：要营造有利于创新创业创造的良好发展环境。向改革开放要动力，最大限度释放全社会创新创业创造动能，不断增强我国在世界大变局中的影响力、竞争力。习近平总书记还指出：做企业、做事业，不是仅仅赚几个钱的问题。做实体经济，要实实在在、心无旁骛地做一个主业，这是本分。对于推动创新创业创造，习近平总书记此前曾有过许多论述。比如，"改革开放40年的实践启示我们：创新是改革开放的生命""历史是人民创造的，中国的发展成就是中国人民用自己的双手创造的……""创新和创业相连一体、共生共存"等。习近平总书记对营造良好发展环境提出"创新创业创造"的要求，是对中华民族伟大精神的创造性发展，是应对国内外复杂形势的战略新判断，是基本实现国家现代化的战略总号召。

从国家发展层面看，创新创业创造，不可或缺。落实到具体经济发展中，它们是前进指针。向改革开放要动力，就要最大限度释放全社会创新创业创造动能。要通过改革创新，不断夯实制度保障，为创新松绑、为创业加油、为创造助力。创新创业创造的落地，需要企业特别是民营企业发挥重要作用。改革要以营造良好发展环境为主要目标，为广大市场主体和创新主体打造宽广舞台，特别是要为中小企业、年轻人发展创造有利条件，激活创新创业创造的源头活水。

当今世界，经济呈现全球化的局面，市场资源和创新要素的开放性、流动性大为增强。在这种背景下，推动创新创业创造，闭门造车显然是行不通的，开放合作是大势所趋。习近平总书记关于推动创新创业创造的重要论述启示我们，要更加坚定不移地推进全方位对外开放，吸引全球优质生产要素集中集聚，为创新创业创造夯基垒台，为实现中国经济高质量发展提供新的动力源。

创业不拘泥于当前资源约束，是一种寻求机会、进行价值创造的行为过程。创业的主体，主要是个人或小规模群体。创业一般需要创造新的经济单元。创业对于大学生来说，更多的是自主创业。创业的本质是创新，创业的过程就是创新的过程。创新是创业的基础和源泉，创业是创新的重要价值体现，创业推动并深化创新。

创新侧重理念，创业重在实践，创造强调精神。创新、创业、创造又可以融为一体，创造是创新、创业的灵魂和动力，创新、创业是创造的归属和实践。

第二节 创新创业教育

教师箴言

社会的进步，是建立在不断创新的基础之上的。人的进步，是建立在不断获取知识的基础之上的。

核心概念

创新创业教育是以引导大学生进行自主创业为目标，培养大学生的创新创业精神，激发大学生的创新创业意识，提高大学生的创业综合能力为导向的素质教育。

学习重点

了解创新创业教育的历史，理解国家创新创业的政策。

一、创新创业教育的兴起

创新创业教育是一种适应经济社会和国家发展战略需要而产生的教学理念与模式，它是以引导大学生进行自主创业为目标，培养大学生的创新创业精神，激发大学生的创新创业意识，提高大学生的创业综合能力为导向的素质教育。

在创新创业教育的概念固定之前，高等教育实践中出现过创造教育、创新教育、创业教育三种独立的教育形式。它们之间有一定的区别，也有一定的关联性。

我国最早提出"创造教育"观点的是发表在1917年《教育杂志》上的《儿童创造力养成法》一文。陶行知先生在20世纪三四十年代发表了《创造的教育》《创造宣言》《创造的儿童教育》等文章。1995年，中国发明协会成立了高校创造教育分会。

1989年，联合国教育、科学及文化组织（以下简称"联合国教科文组织"）在北京召开的"面向21世纪教育国际研讨会"上正式提出了"创业教育"这一概念。创业教育、专业教育和职业教育被列为21世纪教育的三张通行证。创业教育是未来的人的"第三张教育通行证"。

创新教育是1998年中央教育科学研究所提出来的教育理念。当时提出创新教育是以培养人的创新精神和创新能力为基本取向的教育。

后来人们倾向于固定使用"创新创业教育"，以此代替不同时期、不同场合下所说的"创造教育""创新教育""创业教育"。创新创业教育是一种有别于传统教育的新型教育模式。近些年来，创新创业教育在我国各级学校，如本科院校、高等职业院校、中等职业学校都开展起来，目的在于为广大学生就业提供帮助，旨在为社会培养更多的自主创新创业人才。

1998年，联合国教科文组织在法国巴黎召开的世界高等教育会议上发表了《21世纪的高等教育：展望与行动世界宣言》（简称《宣言》）。《宣言》指出：通过高层次知识和技能相结合的职业资格和能力的培训，采用不断适应社会需要的课程和教学内容，培养高层次合格的毕业生。这些毕业生将成为满足人类活动各方面需求的负责任的公民。开发创业的能力和精神，必须成为高等教育的主要任务，以便促进毕业生就业，使他们不再是求职者，而应成为就业机会的创造者。

1999年，《中共中央、国务院关于深化教育改革，全面推进素质教育的决定》指出：实施素质教育，就是全面贯彻党的教育方针，以提高国民素质为根本宗旨，以培养学生的创新精神和实践能力为重点。智育工作要转变教育观念，改革人才培养模式，积极实行启发式和讨论式教学，激发学生独立思考和创新的意识，切实提高教学质量。高等教育要重视培养大学生的创新能力、实践能力和创业精神，普遍提高大学生的人文素养和科学素质。

2010年5月，教育部下发的《关于大力推进高等学校创新创业教育和大学生自主创业工作的意见》指出：党的十七大提出"提高自主创新能力，建设创新型国家"和"促进以创业带动就业"的发展战略。大学生是最具创新、创业潜力的群体之一。在高等学校开展创新创业教育，积极鼓励高校学生自主创业，是教育系统深入学习实践科学发展观，服务于创新型国家建设的重大战略举措；是深化高等教育教学改革，培养学生创新精神和实践能力的重要途径；是落实以创业带动就业，促进高校毕业生充分就业的重要措施。在高等学校中大力推进创新创业教育，对于促进高等教育科学发展，深化教育教学改革，提高人才培养质量具有重大的现实意义和长远的战略意义。创新创业教育要面向全体学生，融入人才培养全过程。要在专业教育的基础上，以转变教育思想、更新教育观念为先导，以提升学生的社会责任感、创新精神、创业意识和创业能力为核心，以改革人才培养模式和课程体系为重点，大力推进高等学校创新创业教育工作，不断提高人才培养质量。高等学校要把创新创业实践作为创新创业教育的重要延伸，通过举办创新创业大赛、讲座、论坛、模拟实践等方式，丰富学生的创新创业知识和体验，提升学生的创新精神和创业能力。省级教育行政部门和高校要将创新创业教育和实践活动成果有机结合，积极创造条件对创新创业活动中涌现的优秀创业项目进行孵化，切实扶持一批大学生实现自主创业。

2015年5月，国务院办公厅以国办发〔2015〕36号印发《关于深化高等学校创新创业教育改革的实施意见》（简称《意见》）。《意见》提到的主要任务和措施是完善人才培养质量标准；创新人才培养机制；健全创新创业教育课程体系；改革教学方法和考核方式；强化创新创业实践；改革教学和学籍管理制度；加强教师创新创业教育教学能力建设；改进学生创业指导服务；完善创新创业资金支持和政策保障体系。《意见》指出：深化高等学校创新创业教育改革，是国家实施创新驱动发展战略、促进经济提质增效升级的迫切需要，是推进高等教育综合改革、促进高校毕业生更高质量创业就业的重要举措。党的十八大对创新创业人才培养做出了重要部署，国务院对加强创新创业教育提出了明确要求。近年来，高校创新创业教育不断加强，取得了积极进展，对提高高等教育质量、促进学生全面发展、推动毕业生创业就业、服务国家现代化建设发挥了重要作用。

　　2015年6月，国务院印发了《关于大力推进大众创业万众创新若干政策措施的意见》，指出：推进大众创业、万众创新，是发展的动力之源，也是富民之道、公平之计、强国之策，对于推动经济结构调整、打造发展新引擎、增强发展新动力、走创新驱动发展道路具有重要意义，是稳增长、扩就业、激发亿万群众智慧和创造力，促进社会纵向流动、公平正义的重大举措。把创业精神培育和创业素质教育纳入国民教育体系，实现全社会创业教育和培训制度化、体系化。加快完善创业课程设置，加强创业实训体系建设。加强创业创新知识普及教育，使大众创业、万众创新深入人心。加强创业导师队伍建设，提高创业服务水平。

　　教育部在2016年工作要点中强调，要"深入推进高校创新创业教育改革，建立精准推送就业服务机制，促进高校毕业生就业创业"，创新创业教育已经成为我国高等教育的一个时代命题。

　　2018年9月10日全国教育大会召开，习近平总书记出席会议并发表重要讲话。习近平总书记强调要在"培养什么人"方面"下功夫"："要在坚定理想信念上下功夫""要在厚植爱国主义情怀上下功夫""要在加强品德修养上下功夫""要在增长知识见识上下功夫""要在培养奋斗精神上下功夫""要在增强综合素质上下功夫"。

二、创新创业教育的现状

　　创新创业教育的核心是培养大学生的创新精神和创业能力，引导高等学校不断更新教育观念，改革人才培养模式、教育内容和教学方法，将人才培养、科学研究、社会服务紧密结合，实现从注重知识传授向更加重视能力和素质培养的转变，提高人才培养质量。

　　创新创业教育既是一种教育改革的措施，又是一种新型的教育模式，它的历史并不长，因此还有许多方面需要进一步完善。创新创业教育是两种教育，也是一种教育，它们是相辅相成的，完全可以合为一体。一般来说，创新教育是以培养学生创新意识、创新精神、创新思维、创新能力为目标的教育活动。创业教育是培养学生具有创业精神、创业意识，具备"事业心和开拓技能"的教育活动。随着研究的深入和形势的发展，创新创业教育已整合在一起。特别是2010年5月教育部下发的《关于大力推进高等学校创新创业教育和大学生自主创业工作的意见》，把创新创业教育视为一种教育形式提出来了。这是推进创新创业教育发展的全局性、纲领性文件。相对于传统教育，创新创业教育是一种新型的教育模式，是一种全新的以创新为先导的教学模式的全方位改变，是教学内容、方法、思想、评价和教育体制的创新。

在高等学校中大力推进创新创业教育，对于深化教育教学改革，提高人才培养质量具有重大的现实意义和长远的战略意义。创新创业教育要面向全体学生，融入人才培养全过程，体现在学校教学的全过程中。应根据创新创业教育的规律和特点开设创新创业教育课程，将创新创业的思想、理念融入日常教学之中，以创新创业教育带动传统教学课程体系的改革和相关学科的发展。要根据形势的发展变化，不断调整专业课程的设置，充分挖掘和充实各类专业课程的创新创业教育资源。要在专业教育基础上，以转变教育思想、更新教育观念为先导，以提升学生的社会责任感、创新精神、创业意识和创业能力为核心，以改革人才培养模式和课程体系为重点，大力推进高等学校创新创业教育工作，不断提高人才培养质量。

就业压力是一个世界性的难题，也一直是各国政府关注的问题。随着大学生人数的不断增加，大学生就业的压力在不断地提升。如何缓解就业压力？自主创业、灵活就业就是很好的途径。为了保障大学生自主创业的顺利进行，在大学期间进行这方面的教育就显得尤为重要。开展创新创业教育是大学生自身发展的需要。大学生不仅要德智体美劳全面发展，而且要具有创新意识、创造精神和创业能力。创业素质的养成必须通过创业教育来实现。创业教育不但体现了素质教育的内涵，而且突出了教育创新和对学生实际能力的培养。创业教育可以培养大学生良好的创业素质，培育大学生的实践精神、探索精神、冒险精神和创业能力，能够促使大学生注重综合素质的提高，能够提高大学生的就业竞争力。

让大学生做"创客"，这就对高等教育方式和教学水平提出了很大的挑战。首先，教育者本身基本都不是创业者，对创新创业只能教授基本原理，大多没有体验创新创业的经历。其次，大学生在学校期间的主业是学习，不是创新创业，因此，创新创业对多数学生来说就是掌握一些基本的知识，并不能真正实现创新创业。虽然高职院校有一些创新创业的孵化项目，但是大学生还要组建团队，熟悉商业模式，不断思考自己的创业点是否有创新性。大学生创业往往思想准备不足，缺乏细致充分的调研，缺乏核心技术和优势力量。因此，在这种情况下，创新创业教育显得既困难又艰巨。对大学生进行有效的创新创业教育是提升大学生创新创业意识和创业成功率的有效途径，因此，高职院校的创新创业教育工作就只能加强，不能削弱。

高职院校作为大学生创新创业的孕育机构，必须在教育教学的过程中推动创新创业教育，这对提高人才培养质量具有重大的现实意义和长远的战略意义。高职院校要依托自身的教育优势，利用好第二课堂，鼓励大学生自主就业、自主创业，不仅可以缓解大学生的就业压力，同时也是创新型国家发展的需要。随着市场经济体制的发展，创新创业对经济发展的巨大作用越来越受到重视。与此同时，社会经济的发展对人才的素质提出了更高的要求。从我国的经济发展和教育改革与发展的现状来看，需要对大学生开展创新创业教育，这是时代提出的要求，也是社会发展的必然趋势。

创新创业教育的目标在于培养学生的创新创业能力、素质、精神和品质。高职院校的创新创业教育不同于社会上以解决生存问题为目的的就业培训，也不是一种企业家速成教育。在高职院校进行的创新创业教育是一种观念的教育和价值取向的教育，目的在于解决学生的思想认识问题。

我们要科学把握创新创业教育与专业学科教育、就业教育的内在联系，要在专业学科教育中融入创新创业教育的内容。要坚持以促进大学生全面发展为目标，树立以培养大学生创新创业意识和精神为核心，以创新创业项目和活动为载体，以提高创新创业能力为关键的创新创业教育理念。

创新创业教育是人才培养模式的根本性变革，是培养应用型人才的重要途径。创新创业教育必须面向大学生全体，有明确的培养目标，需要系统的课程学习，以及实践训练和参加各种社会实践活动。因此，必须从教育全过程出发，将创新创业教育纳入人才培养方案进行整体规划设计，以确保学生创新创业的知识、能力、素质达到预期要求。

创新创业教育的作用在于激发大学生的创业意识和创新精神，培养学生从被动就业的观念转变为主动创业的观念。创新创业教育要有助于提高大学生的创业素质，要有助于提高大学生对风险的防范能力，要有助于提高自主创业者的管理水平。

目前，我国高职院校已经建立了创新创业教育方面的课程体系，开设有围绕创业理念、实务、实践方面的各种课程，大多数学校采取了校内教师授课、校外企业家指导、专题讲座、体验式和情景式案例讨论、角色模拟、实习实训基地见习、组织创新创业大赛、学生进驻创新创业孵化基地等多种教学方法。许多高职院校成立了专门的创新创业指导中心，具体负责创新创业教育的统筹工作。创新创业教育的师资队伍和管理队伍在不断壮大。学校帮助和鼓励学生到企业中实践体验，学习真实的营销，学会刚性的成本计算，学会有效的研发和管理，从中获得真知灼见。许多高职院校设立了创新创业基金，创新创业学术研究成果丰硕，学术会议和学术交流层出不穷，创新创业教育教学质量不断提高，对创新创业感兴趣的大学生也越来越多了。

但是，毋庸置疑，我国高职院校的创新创业教育还存在着一些问题，国办发〔2015〕36号文在肯定高校创新创业教育实践的同时也指出：一些地方和高校重视不够，创新创业教育理念滞后，与专业教育结合不紧密，与实践脱节；教师开展创新创业教育的意识和能力欠缺，教学方式方法单一，针对性实效性不强；实践平台短缺，指导帮扶不到位，创新创业教育体系亟待健全。

"互联网+"形态的出现，使得大学教育面对新鲜事物、新形态、新模式、新领域肯定会有一些不适应，教师知识的更新速度跟不上社会发展的步伐。因此，指望在大学把所有的知识都掌握是不现实的，在大学把社会发展的新事物都介绍一下也是不现实的，让大学生一走向社会就能够轻松创业，一创业就能够一帆风顺也是不现实的。大学教育解决的还是一个思维方法的问题，大学生走向社会更应该掌握终身学习的能力，高职院校对学生进行创新创业教育是一种教育的革新和发展，需要全社会的理解和支持。

三、国外创新创业教育的借鉴

了解国内外高等学校创新创业教育的动态对我们提高创新创业教育的水平很有帮助。美国是世界上最早实施创新创业教育的国家。美国、英国、法国、德国、日本、韩国等经济发达国家先后都将创新创业教育作为本国挑战性人才培养的国家教育战略。各国高校的创新创业教育模式不尽相同,得到普遍认可的有美国百森商学院的"强化意识"教育模式、美国斯坦福大学的"系统思考"教育模式、加拿大滑铁卢大学的"速度之城"教育模式、德国慕尼黑大学的"创业型大学"教育模式、日本早稻田大学的"官产学联合"教育模式等。

美国高等学校创新创业课程的设置,首先是打破专业学科之间的壁垒,实现创新创业课程与学科专业课程的深度融合,强化大学生的通识教育。其次是单独开设与社会发展联系紧密的创新创业课程,形成了一套科学、完善的创新创业教育教学科研体系,从而保证了创新创业教育的质量。美国高校创业教育资金来源多元化,主要有美国国家科学基金会、州政府的资助和社会的资助、企业家的赞助以及创业种子基金等。美国政府、社会和学校协同合作,营造了宽松、良性互动的创新创业教育生态系统。

英国高等学校的创新创业教育模式以全校大学生进行教育模式为主,即由学校开设面向全体学生的创新创业课程,学生通过选修、必修通识课与专业课形式、资格证书形式、辅修学位和培训形式等接受创新创业教育。在英国,很多高等学校在开展创新创业教育初期也都犯了功利性的错误,以为创新创业教育就是让大学生去创业。随着实践的发展和研究的深入,英国的高等学校认为创新创业教育的目标在于培养学生的创新创业能力、创新创业素质、创新创业精神和创新创业品质。英国的高等学校积极开展创新创业教育研究,探索教与学的新模式,大学生创新创业活跃,大学生创业能力普遍较高。

日本高等学校注重创业教育与扶植创业相结合。高校设立扶植学生创新创业的专门指导机构,同时还设立专门用于资助学生开展创办风险投资企业的"创业后援基金",以解决大学生创业初期缺少启动资金的困扰。日本的高等学校善于利用校友资源,许多高等学校充分利用校友资源,通过校友帮助、校友会的联系与支持、有所成就的毕业生组建的援助团体或基金,将创新创业教育与扶植创业紧密地结合起来。

韩国在1995年开始在教育改革方案中提出,教育必须从知识记忆为主向培养学生的创造力为主转移,大学教育必须从传播知识向科技、文化创造力方向转移。韩国的大学一直奉行"大学是预备企业,大学生是预备企业家"的观念,创新创业成为大学生的一种热潮。韩国政府支持大学生自主创业,政府将高素质人才培养和风险资金、风险企业的设立结合起来,设立了大学生自主创业扶持基金,积极组织开展大学生创新创业教育，建立大学创业支援中心，也鼓励大学生回乡创业务农。

可以看出，各国的高等学校都有一些创新创业教育模式和做法。从创新创业教育发展的趋势上来看，一些国家的高等学校在营造浓厚的校园创新创业的文化氛围，提倡学以致用、学以创业，鼓励文科和理科相结合，文化教育和职业教育相结合方面卓有成效。各国高等学校都会通过开展形式多样、内容丰富的创新创业竞赛活动，鼓励大学生积极参与，以获得创新创业体验，鼓励大学毕业生自主创业，其创新创业教育的许多经验值得我们学习借鉴。

第三节　职业规划与创新创业

教师箴言

创业是一条不错的人生自由发展的道路。

核心概念

职业规划，也可以称为职业生涯规划，是指对职业生涯进行的分析、判断和设想，往往是建立在个人性格、爱好、兴趣、能力以及社会环境的基础上的一个愿望，是对个人的职业奋斗目标的确定，是实现个人职业发展方向的行动指南。大学时期，是大学生职业规划最好的起点，也是大学生职业生涯设计最好的时期。

学习重点

进一步明确努力学习是大学生的首要任务。大学生接受创新创业教育为的是提高创新创业的素养，大学生要积极进行创新创业的实践。大学生要意识到创业是一个理智选择的过程。

一、大学教育与创新创业

大学生接受的教育其实是一种思维方法的教育。就创新创业教育来说，教师更多的是发挥其启发引导作用，对学生个体的创新创业影响是有限的。但是，教师传授的思维方式、研究过程、成功的经验以及失败的教训，可以使大学生有所感悟，对一些有创新创业愿望的学生来说是点燃他们愿望的动力源。创新创业教育说到底还是一种素质教育。创新创业教育是一项旨在培养学生终身受益的创新精神和创业品质的素质教育工程，其核心目标是培养大学生的创新创业素养。

大学生接受的是不仅仅是专业教育，更主要的是素质教育。专业教育有其自身的缺陷，如知识面过窄、思维方式单一。如果大学生能够做到"文理交融"，他们的综合素质就会得到很大的提高。"文理交融"就是文科学生要注意多接触一些理工科的知识，理工科学生也要接受一些文科的知识，只有"文理交融"教育培养出来的大学生，才能够算得上综合素质是过硬的。人们的知识只有建立在科学的基础上，才能够不断地解决层出不穷的社会问题和技术问题。无论是社会科学还是技术科学的人员，都不能保证自己不会出现一些认识上的错误观点，都不能保证自己的观念是有益无害的。为了解决这样的问题，就要在接受高等教育的阶段养成"文理交融"的思想，树立起"科学思维"的意识，唯有如此才能为社会进步做出积极的、有益的贡献。

综合素质的提高对于大学生适应社会发展有十分重要的意义。对于即将走向社会的大学生来说，无论是自主创业还是就业，其实社会上需要的是综合素质强的人才。专业知识虽然重要，但是大学生刚踏入社会，还需要不断地实践和提升专业知识，往往在就业或创业初期，综合素质最能够为大学生赢得良好的口碑，为今后的发展奠定坚实的基础。

创新创业教育属于通识教育的一部分，它与大学的专业教育其实是不矛盾的。在专业学习过程中融入创新创业的内容，对大学生的今后职业发展一定是有利的。我们说的综合素质，其实就包含创新创业的素质，它包括大学生的创造力和创造精神、学习能力、技术能力、团队合作精神、解决问题能力、信息收集能力、敏锐的洞察力、研究和完成项目的能力、环境适应能力和献身精神等。

作为当代的大学生，应该有一种敢为人先、不断进取、求新求异的心理状态，应该有在不断运动变化中自觉产生的积极革故鼎新、改造客观事物现状的意愿和欲望。当代的大学生应该解放思想、实事求是、与时俱进、敢闯难关，能够以创新的观念审时度势，以创新的勇气直面难题，以创新的精神策划自己的未来。

> **典型案例 1-2**
>
> ### 不言失败的"巨人"
>
> 史玉柱，被称为中国最具神奇色彩的人物。他 1984 年从浙江大学数学系本科毕业后到安徽省统计局工作。1989 年在深圳大学软件科学系研究生毕业后下海创业。1992 年在广东省珠海市创办珠海巨人高科技集团。因为巨人公司的成功，史玉柱一跃成为和比尔·盖茨并列的偶像级人物。1994 年开始，其公司开始盲目扩张，为了盖起一座全国最高的大楼，史玉柱把巨人大厦从 38 层加高到了 70 层。1996 年，巨人公司的资金链出现危机，次年巨人大厦停工。公司几乎破产，欠债数亿元。
>
> 史玉柱曾这样说过："创业前，很多困难你都不会把它当成困难，当它突然成为你的困难时，很多人会承受不了压力，就放弃了，这样的人一定不能成功。"产品失败，资金告急，人员流失，负面消息不断，一般的企业也就倒闭了。然而，也有的企业家越挫越勇，并能够从一败涂地到东山再起，实现华丽转身，史玉柱就是如此。

之后史玉柱再度创业，开展"脑白金"业务。1998年，史玉柱借到了50万，开始筹备"脑白金"，其公司起死回生。2018年10月有资料显示，史玉柱、史静父女资产有400亿元。

（资料来源：编者根据真实案例整理编写，2019年）

二、大学生职业规划的起点

职业规划，也称为职业生涯规划，指对职业生涯进行的分析、判断和设想，往往建立在个人性格、爱好、兴趣、能力以及社会环境的基础上的一个愿望，它是对个人的职业奋斗目标的确定，是实现个人职业发展方向的行动指南。人生的职业规划是需要头脑思考的，也是需要时间去修正的。大学时期是大学生人生职业规划最好的起点，也是大学生人生职业规划最好的时期。在大学期间有一个切实可行的人生职业规划，对人的一生来说都是有积极意义的。

高职院校进行的创新创业教育与学生的人生职业规划和就业拓展息息相关。高职院校围绕社会经济发展状况开展创新创业教育，目的是引导大学生以创业思维和创新精神来思考、筹划自己未来的人生发展和人生规划，促进大学生转变传统就业观念与就业模式，发展自主就业与自主创业。

时代需要有进取拼搏精神的人，需要有创新创业能力的人，需要有良好综合素质的人。进取精神是在社会生活过程中表现出来的创新精神。有了这种进取精神，人才能不断发现自己、挑战自己。

大学生作为社会向前发展的源动力，必须与知识经济时代发展要求相适应，具有较强的创新创业能力。创新创业能力是指在各种社会活动中，利用已有的个人知识和经验，新颖独特地解决问题，培养有价值的新设想、新方法、新方案和新成果的本领。

人们常说：理想很丰满，现实很骨感。美好的人生职业规划不一定就能带来美好的现实，现实总是更实际一些。就业的道路注定不是一帆风顺的，必然充满了无限的未知、荆棘和坎坷。同样的道理，创业也是如此，不可能是一帆风顺的。创业相对于就业来说，风险更大，挑战更多，但是机会也更多。有人说：人生没有彩排，只有现场直播。强者不是没有眼泪，而只是可以含着眼泪向前跑。什么样的选择，决定什么样的生活。

一方面就业形势日趋严峻，大学生就业难是一个存在已久的社会普遍现象。但是另一方面，用人单位、企业用工难，已经成为一个社会问题。为什么会造成这种供需不平衡的矛盾，产生"招工难"和"就业难"？归根结底还是刚毕业的大学生不能满足用人单位的需求、大学生的许多技能都不能胜任具体工作。

所谓实践是认识的来源和发展的不竭动力，认识完善实践能动性，正确的认识能积极推动实践的发生和发展。而实践与认识如何紧密地结合，并继而给人类创造价值是人们一直在探讨的，而创新创业就是一个认识与实践完美结合的过程。大学生无论是就业还是自主创业，都要掌握一定的生存技能、创新创业技能和素养，积极自我提升，努力适应当代社会发展的需要，使自己成为符合时代发展需要的复合型人才，具有创新创业思维能力，这些是成长的基础。

大学期间特别是临近毕业时，大学生往往感到自己正处在人生的十字路口，这个时候应该尽早给自己做好人生职业规划。人生重要的不是所站的位置，而是所朝的方向。从发展角度来看，大学生自主创业也是实现人生价值的一种生活方式，它能够帮助大学生实现自我发展，成就伟大人生。

主动接受创新创业教育是人生规划的一堂必修课。创新创业教育应当结合学生所学的专业进行，这是大学生创新创业教育的立足点。大学教育的根本目标是提升大学生的综合素质，提高应用型人才培养质量，最终要实现"创业带动和促进就业"的目标。

很多刚刚走出校园的大学生，心态浮躁，眼高手低，没有做好人生职业规划，对自己的能力没有清晰的认识，没有找准自己的位置，往往期望过高，在没有足够的知识积累之前盲目投入创业中，结果血本无归。对于一些大学生来说，盲目创业并不可取，其实也可以先就业再创业。先就业再创业是时下很多大学生的选择。毕业后，由于自己各方面阅历和经验都不够，能够到企业锻炼几年，积累了一定的知识和经验再创业也不迟。

在日益增加的生活压力面前，生存是一个很艰巨也很现实的问题。如何在艰难的社会环境下生存，是大学生最先应该关心的事情。毕业后先选择就业还是岗位创业，还是自主创业，都是大学生需要面临的选择。但是，无论何种选择，都要在岗位上边工作边学习，学习工作经验，学习为人处世的道理，将书本知识与实践相结合。即便是创业也要有一个健康的心态，也要有社会责任和担当。只有一个为之奋斗终生的理想目标，并且为了这个目标不断努力，这样才会成功，才能走得更远。

三、大学生创新创业的优势

大学生就业受到多种因素的制约，比如政府每年能够提供的公职岗位数、企业经济的发展需求，还包括大学生本身的择业观、择业心理、就业能力、敬业精神等诸多因素。高职院校的发展状况和声誉在一定程度上依赖于学生就业率的高低及就业质量的高低。随着高等教育普及化的到来，大学生就业问题就会更加凸显。高职院校要解决大学生就业的问题，就必须积极开展创新创业教育，主动适应经济社会发展需要，按照政府的政策引导改革的教育理念，通过对大学生创新创业能力的培养，使大学生形成完整的知识结构，拓宽大学生就业的渠道，培养大学生自主创业的意识，提高大学生的就业竞争力。就业难是经济社会发展所面临的全球性问题，高职院校必须认真对待，不能回避。大学生个人也要客观面对，积极面对挑战。

创新创业教育是帮助大学生增加就业机会最积极、最有效的方式，也为各国政府解决就业难题提供了思路。在我国，每一个历史发展时期，政府都会根据社会经济发展的状况制订相应的发展规划。这些规划的出台对高职院校来说就是一个信号。高职院校要服务好社会，要为社会发展提供有力的智力支持，就必须遵循政府政策规划的引导，主动调整专业结构，改革专业设置的标准，加速通识课程、专业课程改革的步伐，积极主动融入社会经济发展的洪流当中。高职院校要坚持创新引领创业、创业带动就业，主动适应经济社会发展，主动为政府工作添砖加瓦，排忧解难。大学生创业对于自己未来的发展和带动社会就业能够起到积极作用。

大学生在学校里学到了系统的理论知识，他们有创新精神，有对传统观念和传统行业挑战的信心和欲望；他们有年轻人特有的热情和蓬勃向上的朝气；他们有"初生牛犊不怕虎"的精神，对未来充满希望。这些都是大学生创新创业的优势，这些优势因素也往往造就了大学生创新创业的动力。

大学生创新创业的优势还在于年轻，有充沛的精力，有较高的文化水平和专业技能，思维活跃，行动敏捷，能够适应社会的快速发展，最大的优势在于有创新创业的激情。如何化激情为动力，化目标为行动，是大学生能否发挥个体优势的必要条件。再大的个体优势也要靠个人的勤奋精神。李嘉诚说过："我认为勤奋是个人成功的要素。所谓一分耕耘，一分收获，一个人所获得的报酬和成果，与他所付出的努力有极大的关系。运气只是一个小因素，个人的努力才是创造事业的最基本条件。"从李嘉诚的创业之路中，我们能够认识到创业是一种精神，一种百折不挠、顽强拼搏的精神。创新是一种才能，要具有能够综合运用已有的知识、信息、技能和方法，提出新方法、新观点的思维能力和进行发明创造、改革、革新的意志、信心、勇气和智慧。创业创新更是一种磨炼，一种挑战人生、成就梦想的历练。

大学生在学校期间，能够接受系统的创新创业教育，能够得到学校大学生创新创业服务中心的服务、指导与帮助，能够依托学校的科技产业园、创新创业孵化基地和创新创业工作室，实现学校人才、技术、信息、实验设备、文化氛围等综合资源的共享，这是大学生能够自主创业的有利条件。

大学生自主创业能提高个人的综合素质、增长社会经验，达到学以致用的目的。大学生自主创业最大的诱人之处是通过成功创业，能够实现自己的理想，证明自己的个人价值。对大学生来说，自主创业的成功与否不一定与知识的积累量成正比，没有很高的学历文凭在自主创业竞争中也一样可以获得成功，关键是做到"学以致用"，关键在于把握自主创业的方向、方式和方法。初期的自主创业成功并不能代表一生的成功，在今后的工作、生活中仍要掌握终身学习的意识，不断地学习，不断充实自己，不断增加社会竞争力，这样才能真正立足于社会，实现个人的创业理想。

随着科技的迅猛发展，经济社会的发展也是千变万化的。云计算、大数据、物联网、移动互联网、电子商务、微信技术的广泛应用，科技发展日新月异，许多技术在短时间内产生，但是也可能在短时间内消亡。一些技术在短期内又很难超越，如芯片、生物技术等。所以，大学生在进行自主创业时做好调研，这是保证他们自主创业成功的必要条件。

信息瞬间万变、科技日新月异、消费需求永无止境，唯有不停地创新创造，才能跟上时代的步伐，才能在异常激烈的竞争中站稳脚跟、脱颖而出。信息技术与传统产业有效地结合，是大学生创新创业的着力点。

具备专业理论知识，文化素养较高，在技术技能方面有一定的基础，对新事物容易接受，关于创新创业有一点知识储备，在这种情况下，大学生创新创业有较强的优势。但是，资金短缺、场地匮乏、经验欠缺、知识薄弱、能力不足、资源稀缺、人脉有限等因素又是大学生创新创业的障碍。一些大学生创业者对成立经营性公司的认识过于简单，他们不清楚如何融资、如何筹划商业事务活动、如何塑造管理团队等，甚至连基本的财务、管理员工方面的常识性知识都缺乏。

有理想、有胆识的大学生，一定要利用自己的知识、技术和才能，以网络创业、加盟创业、兼职创业、团队创业、概念创业形等式，通过自筹资金、技术入股、寻求合作等方式，努力为自己在社会上求生存、谋发展开辟一条新的途径，创立新的社会经济单元。大学生应该通过自己的努力为社会创造更多的就业机会，并直接为社会创造更多的经济价值。大学生要结合专业特长，根据市场前景和社会需求创造出有竞争力的新技术、新产品和服务，而且要直接面向市场、面向社会，在为社会创造价值的同时，使自我价值得到充分的体现。

大学生要有独立生存的自信心，不论遇到什么样的困难，都不能轻易放弃，要相信自己，要有不断创新的进取心，想要赢得更多的创业机会，只能不断地创新。社会处处充满挑战与荆棘，大学生只能不断地主动适应社会的环境，才能顺利渡过难关。想要成为一个具有独立创业精神的大学生，必须要有更加宽阔的文化视野和思维空间，要有正确的世界观、人生观、价值观，要把握好创业、创收、服务社会之间的关系，做有意义的事业。

对于大学生在校期间创业，外界社会多数人并不赞同，支持大学生毕业后自主创业的家长也不多。加之社会上创业氛围不浓、创业文化微弱、创业信息获取不畅、融资渠道困难等因素也制约着大学生的创业发展。所以说，大学生自主创业还要面对外界社会环境不利的因素。

大学生自主创业的道路代表了一个社会发展方向，引领了一个新的就业潮流。大学生完全有能力根据社会和个体发展的需要产生创业动机、创业意向、创业愿望。大学生自主创业还要找到有共同理想的人，共同的理想是维系创业团队的重要纽带，美好的梦想是创业团队前进的动力。

现代社会需要体制灵活、善于创新、乐于承担风险的中小企业进入富有活力的市场，各级政府出台了许多优惠政策。大学生自主创业无论对个人还是对社会都有重要的作用和意义。大学生自主创业可以促进科技成果的转化，可以促进经济的发展，可以创造更多的就业机会，可以缓解就业压力。大学生自主创业能够激发青年人的创新精神，引导社会经济快速发展，带动产业更新换代，引导消费增长，引领社会发展的潮流。

青年一代，尤其是大学生，是中国最具活力的群体，他们最有创新创业的冲动和欲望。大学生有激情，有梦想，也具备了一定的知识和技术技能，当然，最重要的是，他们有独立自主的能力和勇于创新的精神。虽然经验不足，能力也有限，但是他们踏出创新创业的第一步对整个社会来说是有重大意义的。随着社会的发展和社会上创新创业氛围的形成，也将会有更多的大学生走上创新创业的道路。

拓展链接

知识产权的保护和运用

大学生是现代知识的接受者，也是现代知识的传播者。大学生要学会把知识产权保护意识运用到创新创业中去。大学生首先要牢固地树立知识产权保护的意识，要了解国内外对知识产权保护的立场。创新是要在能够获取前人研究情况的基础上进行实践，如果已经有了知识产权保护的项目，再创新其实是"得不偿失"。如果能够善于将知识产权的知识为我所用，学会利用现有的发明专利、实用新型专利、外观设计专利，学会利用公开的计算机软件技术、集成电路布图设计技术去创业，就会站在科学技术的制高点上。据悉，我国的高等学校专利转化率是非常低的，高等学校有大量的专利技术需要得到转化运用，大学生创新创业完全可以在知识产权领域进行大胆实践。

本章小结

这一章主要介绍了创新、创业、创造的基本含义以及彼此之间的关系；介绍了"双创"和"创新创业创造"口号的产生过程；介绍了我国创新创业教育发展的过程，提出了创新创业教育的现状和存在的问题；介绍了目前国外大学的创新创业教育情况，分析了提高大学生综合素质对创新创业的影响，引导大学生注重在大学期间做好人生职业的规划，客观全面地分析对大学生自主创业的认识；旨在鼓励大学生勇敢面对就业压力，树立正确的人生观、就业观、创业观，深刻理解创新创业教育的意义。

课外训练

主题 分析一下科学知识对大学生创业的影响。

目标 培养大学生分析问题的能力。

活动步骤

分组讨论:
1. 你是否能够利用学校提供的资源进行创业孵化?
2. 如何更好地区别创新与创业?
3. 大学生在校期间进行职业规划的有利条件是什么?

归纳各方观点,进行总结发言。

第二章 创新类型与创新思维

学习目标

知识目标

1. 了解创新的内涵以及创新的类型。
2. 熟悉创新思维的概念。
3. 了解创新技法和训练的内涵。

能力目标

1. 掌握创新思维培养的方法。
2. 掌握创新技法训练的办法。
3. 熟练使用创新能力培养的方法。

知识导读

一个成功的创新者能有目的性、有方向性地去思考问题，并对问题进行分析，得出解决办法，再进行有效实践去验证问题的解决办法。创新已扩展到社会的方方面面，它是开放、灵动的，它不受现有条件的限制，不墨守成规，并反对教条主义、经验主义。当一个人在学习、工作、生活中学会从不同角度、不同方向、不同层面去分析问题，从而产生更多的解决问题的方法，得到一些创新性的、标志性的成果时，那么他在未来就是一个成功的创新者。

案例导入

喜马拉雅余建军：创业一鸣惊人

"创业达人"是喜马拉雅FM联席CEO余建军身上最常见的一个标签。从西安交通大学毕业后的很长一段时间内，余建军一直在创业，但未曾成功。

直到2012年6月，移动音频出现在他的视野里——喜马拉雅FM，那是他的第5次创业。这回他特意花了3个月的时间在虹桥火车站、浦东机场等地调研,一调研就是一个上午。

随后,喜马拉雅FM的用户数呈现滚雪球似的增长,2013年突破1 000万人,2014年6月突破5 000万人,2014年5月,余建军相继获得SIG(海纳亚洲创投基金)、KPCB(凯鹏华盈中国基金)等1 150万美元A轮融资和5 000万美元的B轮融资,公司估值达到惊人的12亿人民币,市值翻了120倍。喜马拉雅FM成为国内发展最快、规模最大的在线移动音频分享平台,余建军实现了最初的创业梦想。

提出问题

1. 创新活动需要团队合作吗?
2. 在新时期"互联网+"的背景下,我们需要具备怎样的创新能力?
3. 创新思维的培养有哪些方法?

第一节 创新类型

教师箴言

社会的不断进步,是建立在人的不断创新基础之上的。

核心概念

创新是指在一定目的的指引下,利用新的知识、方法、思维模式,提出有别于常规或常人思路的见解,在特定的环境中,本着理想化需要或为满足社会需求而改进或创造新的事物、方法、元素、路径、环境,并能获得一定收益效果的行为。

学习重点

了解创新的概念,并清楚创新的主要类型。

一、创新的类型

创新的本质是突破,即突破旧的思维定式、旧的常规戒律。创新活动的核心是"新"。其中,知识创新、技术创新、制度创新等都是创新的突出体现。创新是人类特有的认识能力和实践能力,是人类主观能动性的高级表现,是推动民族进步和社会发展的基本动力。一个国家要想屹立于世界之林,就一刻也不能没有创新思维，一刻也不能停止各种创新活动。创新在人类经济、技术、社会进步当中占据着主要的位置。

创新是人类发散思维的高级形态，它是一种综合性的思维方式。创新有难易、大小、层次等各方面的区分，从不同的方面都可以对创新进行不同分类，我们在此将创新分为传统创新和"互联网+"时代创新两大类型。

典型案例 2-1

"烧素"的故事

物体为什么会燃烧？

18世纪权威理论的回答是"烧素说"，其认为能燃烧的物体内含有一种名叫"烧素"的特殊物质。

1774年，英国有位叫普列斯特列的科学家，他在给氧化汞加热时，发现从中分解出的纯粹气体能够促使物体燃烧。这是一种什么东西呢？普列斯特列习惯地从"燃素说"的常识出发，就将它命名为"失燃素的空气"。同年10月，普列斯特列带着他的实验到法国游历，受到化学家拉瓦锡的接待。当拉瓦锡得知普列斯特列的实验后，他立即重做一遍，得到了同样的气体，并第一个将其命名为氧，再通过思考与研究，建立了燃烧的氧化理论。这是化学史上的一次革命。

（资料来源：有关创新的名人事例故事，https：//www.siciciyu.com/mingrenshili/6753.html）

二、传统创新

传统创新分为技术性创新与非技术性创新两种。

（一）技术性创新

根据所研究的产品或对象，从技术层面进行创新，设计出新的产品外观、产品结构，选择新的生产工艺，选择新型材料等方面的创新，都可以称为技术创新。技术是产业之源，技术的创新建立在行业与产品发展成熟的基础之上。一方面，技术创新可以降低产品成本，提高生产效率，优化作业过程和生产工艺，从而减少资源消费、能源消耗。另一方面，技术创新可以带来全新的产品，技术研发立足于产品的技术创新；而许多新产品的创新，都需要新的技术才能实现。1985年，第一台现代意义的移动电话的诞生，从根本上改变了人类的生活与通信方式。30多年以来，随着技术的不断进步与创新，工艺的不断发展，移动电话早已从原本的移动通信工具变成了我们生活当中不可或缺的"全能侠",在信息时代,移动电话作用非凡。创新,给我们的工作和生活带来了极大的便利。

萨塞克斯大学的科学政策研究所(Science Policy Research Unit,SPRU)认为:技术系统的变革(Change of Technology System)将产生具有深远意义的影响。不难看出,技术创新是推动社会进步活动的根本动力。

(二)非技术性创新

随着研究内容的不断丰富与深入,根据所研究的产品或对象,从组织、管理等层面创新,开拓新的市场,采用新的管理体制机制、营销制度等方面的创新,称为非技术性创新。非技术性创新为技术性创新提供环境、制度和政策保障,而其中最为常见的就是以下几类。

1. 管理创新

管理创新是指有效整合企业内外的各种资源,制定新的经营目标与发展思路,以为顾客、供应商、企业员工等创造新价值为目标,从而不断地构建企业的可持续发展模式。管理创新通过计划、组织、指挥、协调等方式,对系统所拥有资源要素进行再优化配置,并实现企业的目标。管理创新是一个将创新管理的思想转换为有效产品、服务的过程,是引领企业发展的动力和提升员工主观能动性的有效措施。管理创新可以分为以下三个方面:一是管理思想理论上的创新,二是管理制度上的创新,三是管理具体技术方法上的创新。三者从低到高,相互联系、相互作用。

在企业的发展与管理过程中,不论是新型企业,还是致力于稳定发展的成熟型企业,都需要一种创新的有效的发展思路来指导企业发展的方向,管理上的创新可以让企业的发展稳健、高效、有序。

2. 营销创新

营销创新就是根据销售环境的变化情况,结合企业自身的内外资源和经营条件,寻求在某一方面取得突破的过程。营销创新是我国企业与国际接轨,在竞争中生存与发展的必要手段。营销创新可以有效提高企业的市场竞争力,通过营销创新,企业能科学合理地整合各种资源,提高产品的市场占有率。

创新是企业成功的关键,只有把创新理论运用到市场营销中,在营销观念、营销产品、营销组织和营销技术的创新上取得先机,随时保持创新思维,企业才有可能取得长足的发展。

3. 模仿创新

模仿创新是指在现有成熟产品或技术的基础上,对现有的工艺或技术进行创新,开发出新的内容,使之更加完善。它会对率先进入市场的产品进行再设计,即借鉴现有技术和加工工艺,通过分析、创新等过程,模仿出类似的产品,使之能够接近甚至超过原来的技术水平。企业首先要熟悉被模仿产品,才能在产品功能、外观和性能等方面上取得创新性的改进,使模仿的产品更具市场竞争力。

大量事实证明，模仿创新是中小企业以最小代价、最快速度追赶世界先进技术的现实最佳途径，是最终实现技术自主创新的必经阶段。历史上，美国工业的发展正是得益于对欧洲国家先进技术的模仿创新；日本战后经济振兴也正是得益于对世界发达国家，尤其是美国工业技术的模仿创新；韩国也是通过模仿创新迅速改变落后的面貌，一跃成为新兴的工业现代化国家。

现阶段的中国已进入一个全新的飞速发展时期，但许多行业尚处在发展的初始阶段，技术模仿创新在产品、工艺和方法等方面仍扮演了重要的角色。模仿创新的优势在于可节约大量研发及市场开发方面的费用，降低投资风险。但是，随着科技的发展，知识产权保护意识的不断增强，以及产品专利保障制度的不断完善，我们必须意识到，模仿创新只是我们发展所经之路，绝不是我们未来发展的最终方向。近些年来，许多新型产品和技术都存在技术壁垒，都不能够轻易被模仿，一个国家的经济强盛，一个企业核心竞争力的打造，都是建立在拥有自主知识产权的核心技术基础之上的，自主创新则是我国未来经济发展的最终目标和努力方向。

三、"互联网+"时代创新

现代社会是一个科技与信息大爆炸的时代，网络技术的不断发展与进步，为创新提供了广阔的发展空间与前景。新技术层出不穷、日新月异，创新的内容和方式都发生了很大的变化。多元化、周期短、综合性强、全球化是这一时代的主要特点，互联网连接了整个世界，使世界融为一体，成为一个地球村，我们迈入了"互联网+"时代。

腾讯首席执行官马化腾指出："互联网+"，指的是利用信息通信技术以及互联网平台，把互联网与传统行业结合起来，创造新的发展生态。实际上，我们的生活早已被"互联网+"所覆盖：网上购物、移动支付、网上银行、网上车管所等新名词早已渗入我们的生活，我们日益享受到这个时代带给我们的便利。"互联网+"时代的到来，使许多的传统行业和传统发展模式都发生了翻天覆地的变化，我们应当善于利用这个时代，利用互联网，利用创新精神，利用创新思维，积极面对这个时代，顺应这个时代的发展潮流，让创新帮助我们创造更加美好的未来。

"互联网+"时代，创新成了驱动企业转型升级的核心力量。未来越来越开放，全球化的网络，以及不断发展的网络技术，能够将人、数据和机器连接起来。在"互联网+"时代，中国已有一部分优秀企业走在了创新发展的前列。

> **典型案例 2-2**
>
> ## 创新助力企业腾飞
>
> 1999年，26岁的中国科学技术大学博士二年级学生刘庆峰带领十几名同学创立科大讯飞。他们当时创业的初衷很简单，就是想让机器设备像人一样能听会说。科大讯飞创业的第一年毫无建树，团队中很多人对企业的发展方向提出疑问，刘庆峰则非常执着地认为，在科大讯飞，他们在做喜欢而且能做的事情：中国乃至全球语音产业的龙头。2008年，科大讯飞在深圳证券交易所成功上市，成为中国在校大学生创业的第一家上市公司。如今，在中国移动语音领域，科大讯飞已经占据70%的市场份额，总市值超过360亿元，成为国内绝对的行业领头羊。

"互联网+"时代给人类的创新活动带来了前所未有的变革。这一时代人们解决问题的思维、方式、方法都产生极大的变化。创新使之更加简单化、速度化、效益化。

拓展链接

> ### "勇敢地去做，没有什么不可能"
>
> 甲骨文创始人拉里·埃里森拥有全球庞大的数据库软件公司，他的产品遍布全世界，似乎每一个人都离不开他。事实上，他不是天才，他也不是年少成名，在32岁之前他还一事无成，他先后读了三所大学，却没有得到一个学位文凭，他换了十几家公司，却没有一家适合他。然而，拉里·埃里森从不缺乏勇气，敢作敢为，勇于尝试，勇于创新，正是由于勇气与创新精神，使他成为甲骨文的创始人，他一度成为硅谷首富。他总是鼓励年轻人：只要有好的想法，那就勇敢地去做，因为一切皆有可能。
>
> "当有伟大的梦想出现时，就一定要抓住它。"谷歌搜索引擎服务公司（Google）创始人之一拉里·佩奇如此说，也是这样做的。在他身上，有一个"发现梦想成真之路"的故事。23岁时，拉里·佩奇做了一个关于把整个互联网下载下来，仅保存着链接的梦。梦醒之后，他花了很长一段时间把梦中的细节描绘出来，他坚信，他做的并非只是一个梦，这一想法将会在未来实现。虽然当时他还没有想过打造一个搜索引擎的概念，但这个梦却为谷歌的诞生埋下了种子。梦想能够给人带来持久创新的动力，如果有可能，一个人做自己梦想做的事，是最幸运的。每个人都有梦想，只有把梦想当成一种习惯去培养，梦想才能成真。谷歌的发展历程，原本是拉里·佩奇的一个梦想，而当他把这个梦想当成一种习惯去培养时，梦想便发生了本质的变化。
>
> （案例来源：编者根据真实案例组织整理，2019年）

第二节 创新思维

> **教师箴言**
>
> 创新活动的核心是创新思维。
>
> **核心概念**
>
> 创新的基础是创新思维，它是创新能力的核心内容。创新人才的培养，主要是创新思维的培养。创新意识的培养，首先就是培养与树立创新思维方式。创新思维的本质在于用新的角度、新的思考方法来解决现有的问题。
>
> **学习重点**
>
> 1. 了解创新思维的内涵。
> 2. 如何进行创新思维的培养。
> 3. 如何用创新思维来解决实际问题。

一、创新思维概述

创新思维是指以新颖独创的方法解决问题的思维过程，通过这种方式能突破常规思维的界限，以超常规甚至反常规的方法、视角去思考问题，提出与众不同的解决方案，从而产生新颖的、独到的、有积极意义的思维成果。它是综合运用多种方式于思维过程的一种活动。创新思维也可以称为创造性思维，它具有开放、求新、灵活的特点。创新思维不受现有条件的限制，不墨守成规，并反对教条主义、经验主义，它反映在从不同的角度、不同的方向、不同的层面去分析和解决问题，从而产生更多的解决问题的方法，获得创新性、突破性的成果。

创新思维是与常规思维相对而言的，常规思维是从已有的知识和经验体系中总结与引申出解决问题的方式与方法，创新思维是根据实际情况，突破现有的规律、方式、方法、思维定律，以新的方式和多维的角度独立思考，首创性地解决问题。实质上，创新思维指人们在发现问题、解决问题的过程中，通过发散、顿悟等方法得到独特新颖的思想和方法，最终通过验证并成功实施的一个过程。

二、创新思维培养

创造性思维的培养需要具备基础知识和客观条件、创造性的想象力、不断开拓新的方法和思路。创新思维是立体式、全面式的思维活动，是多种思维方法和思维模式相互作用、灵活运用和有机组合的结果。所以，它是一种综合、复杂、高级的思维活动，当今社会的每一次进步，都与创新有着直接或间接的关系。创新思维如此重要，那么我们应该如何培养创新思维呢？常见的创新思维的培养方法有以下六个方面。

（一）破除思维障碍，注重创新思维

创新思维的培养会碰到障碍——思维定式。思维定式使人的创新思维受到限制。思维定式的表现主要有两个：一是权威，二是从众。一般而言，权威确定过了，我们就认同了；从众就是服从众人，随大流，盲目地顺应群体。

（二）循序渐进，培养创新思维

创新思维的培养需要知识与经验的积累。知识积累是点滴知识的堆砌，没有量的积累，就没有质的飞跃。现在的社会需要我们不断去创新，才能更好地发展。知识的积累是国家和社会发展最直接、最有效的推动力，许多创新知识并不能直接与生产力挂钩。积累是重要的，但是创新更为可贵。对于大学生来说，现阶段的主要任务就是积累知识。人的心理素质、个人能力、个人经验、创业的土壤都是通过一天天积累和培养起来的，只有不断地积累知识，才能够为以后的创新创业奠定良好的基础。

（三）无畏困难，发挥创造力

创新思维的培养需要无畏困难，发挥创造力。

例如，港珠澳大桥作为连接粤、港、澳三地的跨境大通道，被业界誉为桥梁界的"珠穆朗玛峰"。东接香港，西接珠海、澳门，全程55公里的港珠澳大桥，是世界上最长的跨海大桥，也是中国交通史上技术最复杂、建设要求及标准最高的工程之一，因其超大的建筑规模、空前的施工难度以及顶尖的建造技术而闻名世界。这座被英媒《卫报》称为"现代世界七大奇迹"之一的桥梁的建成和通车不仅代表了中国桥梁的先进水平，也是我国强大的国家综合国力的最好体现，更是中国人遇到困难勇往直前的创新精神的体现。

（四）保持良好的心态，积极开发创新思维

创新思维的培养需要保持积极向上的心态，需要积极开发。我们要坚持不懈地努力，勇敢面对困难，要有克服困难的决心，不怕失败，相信失败乃成功之母。勇于面对失败，积极面对失败，深知每一次的失败都意味着我们离成功更近一步。

创新思维上，首先，我们要充满好奇心，不要老认为司空见惯，从而熟视无睹。好奇心是科学发展的一个动力，对于新鲜事物要充满好奇心。其次，要有丰富的想象力与想象空间，丰富的想象力是发挥创造性思维的前提和基础，哪怕是"白日做梦""异想天开"，也能使你的思维无限放大，从而产生更多可能。

(五)合作创新,升华创新思维

创新需要合作。创新活动离不开个体的创新行为,同时也需要集体的合作。在当今高速发展的地球村,很多高新技术需要全世界的共同努力与合作。创新的过程中只有学会协调与沟通,发挥集体与合作的优势,才能使创新思维和创造力得以升华。

(六)实践创新,勇于表现

实践使我们的创新思维与创造力变为现实,丰富的知识和创新思维、创造力的发挥成正比。丰富的知识要通过后天的努力学习来获得,只有充分掌握知识,才能形成创新思维,才能有效发挥创造力。

三、创新技法训练

创新技法,即创新技巧和方法。它是创造学家根据创新思维的发展规律,收集研究了大量成功的创新案例之后,总结归纳出来的原理、技巧和方法,供后来者学习、效仿和借鉴。它是创新理论和创新实践之间的一座桥梁,也是创新能力最重要的组成部分。掌握正确的创新技法知识和技能对培养大学生的创新能力具有重要的意义和作用。

创新技法的研究始于20世纪初,最常用的有10多种,如设问检查法、组合型技法、联想类比法、卡片整理法、列举法、逆向思维法、和田十二法、头脑风暴法等。人们通过积极学习掌握和应用创造技法,可以大幅度提高创造实践过程当中的成功率。

(一)创新技法的概述

众所周知,做事情的方法很重要,如果方法得当则事半功倍,方法不当则事倍功半。古往今来的大哲学家也对方法给予了高度的重视,黑格尔说过方法是任何事物所不能抗拒的无限力量,笛卡尔则提出最有用的知识是关于方法的知识。

1938年,美国纽约BBDO(Batten, Barton, Durstine & Osborn,简称BBDO,汉译为天联广告公司)广告公司副经理奥斯本,创造性地提出了头脑风暴法,并将它成功地用于系列的实践,成为创新技法的奠基人。创新技法在美国被称作"创造力工程",在俄罗斯被称为"创造力技术",在日本被称作"创造工程学",在法国被称作"创造工程技术方法"。

创新技法具有以下两个方面的特点。一是在实践中的可操作性。创新技法将创造理论面向现实环境进行转换,形成了一些明确的、流程式的、规范化的、可被人们掌握的操作规则和运行程序,从而可以被具有基础知识的人们学习掌握并应用到各类不同的创新活动中去。二是在使用中的技巧性和多样性。不同的创新领域,不同的创新问题，都能找到对应的创新技法，创新技法在不断地总结和完善。通过对创新技法多用多练，就能熟练掌握它，从而提高整个创新实践的效率。

创新技法的作用主要有两个方面：一是创新技法可以启发人们的创造性思维，二是使用创新技法可以直接产生创新成果。在具体使用创新技法的过程中，要坚持辩证的观点，并不是学会了创新技法就一定能有创新的成果，创新技法只是帮助开拓正确的道路，具体的实现还需要创新者一步一步前行，充分发挥智力和智慧的作用。此外要注意，再好的方法也是相对的，不能拘泥于某一种技法，要根据自己的情况和具体问题灵活选用、综合应用，并在实践中加以创新，只有通过实践并成功获得创新成果的方法，才是自己掌握的创新技法。

（二）创新技法的分类

创新技法种类繁多，目前有数百种。不同的国家、不同的组织对创新技法有不同的分类标准，为了便于系统学习，这里介绍创新技法的三种分类方法。

日本电气通信协会在其编写的《实用创造性开发技法》一书中将常见的29种技法分为六大类，包括强制联想法（如查表法、焦点法等）、设问法（如戈登法、德菲尔法等）、自由联想法（如头脑风暴法、A型图解法等）、分析法（如列举法、形态分析法等）、类比法（如提喻法、等价变化法等）和其他方法（如网络法、反馈法等）。

日本著名创造学家高桥成在《创造技法手册》一书中将精选的100种技法分成三大类：一是扩散发现技法，二是综合集中技法，三是创造意识培养技法。

我国学者习惯上将创新技法分成以下三大类：一是发现问题的方法，二是形成新概念的方法，三是提出新设想的方法。

（三）常用的创新技法

1. 头脑风暴法

头脑风暴法（Brain Storming），又称为智力激励法或脑力激荡法。这种方法是1939年由美国纽约的奥斯本发明的。头脑风暴法的概念是以一定的会议形式给参会者创造一种能够积极思考、相互启发联想、提出创新设想的良好氛围，从而充分激发每个人的智慧，为解决某个确定问题提供大量可能的新设想。

我国有句俗话，"三个臭皮匠，顶个诸葛亮"，本质上说的也是这种集体自由联想的方式可以创造知识互补，产生思维共振，从而获得更多的方案，这其中肯定不乏一些优质的方案。

为什么头脑风暴法可以激发参会者的创新思维呢？根据研究，主要原因有以下几点：一是在集体讨论中每出现一个新的观念，都能引发他人的联想，进而相继产生一串新的观念，产生连锁反应；二是在不受任何限制的集体讨论环境下，能够激发人的热情，相互感染，突破观念的束缚，最大限度地发挥创造性思维能力；三是在自由发言的环境下，人们会有竞争意识，竞相发言，力求出现有独到见解的观念；四是个人的欲望自由能够受到保护，在头脑风暴会议中有一条非常重要的原则，就是不得怀疑和批评他人的发言，这样能促使每个人畅所欲言，提出更多新的观念。

2. 联想类比法

联想类比法是指人们借助已有的知识和经验，发现多个对象之间某些方面相同或近似，从而推导出其他方面也具有相同或近似特点的方法。此技法的应用以不同对象的比较为基础。

美国创造学家戈登对创造过程中常用的类比进行了分析研究，并总结了以下四种基本的类比方法，对创造学的发展产生了重要影响。一是拟人类比。拟人类比又称感情移入，角色扮演。在创造发明的活动中，发明者把自己设想为创造对象的某一个部分，模仿人类自身的外形结构功能等进行创造。二是直接类比。直接类比是指从自然界或已有的人造成果中寻找与创造对象相类似的东西作比较，将其形状或功能移植到需要创造的对象上。三是象征类比。象征类比是借助具体的事物形象和象征符号来比喻某种抽象的概念和情感。四是移植类比。移植类比指将在某个领域中已经发展成熟的原理技术方法引用或渗透其他领域，用于改进或创造新的事物。移植类比是一种侧向思维方法，通过相似联想和类比，把表面毫不相干的两个事物联系起来。

3. 设问检查法

设问法实际上是制作一张提问的表单，问题涉及的范围很广。提问中会使用"假如""如果""是否""还有"等词语，能够促进想象，启发思维，鼓励人们从不同的角度，从多个方面进行设问。这有助于突破思维定式，通过各种假设式的变换探索寻找解决问题的途径。常用的设问检查法包括奥斯本检核表法、5W2H法（七何分析法）及和田十二法，下面做简要介绍。

奥斯本检核表法是由创造工程学的奠基人奥斯本提出来的，根据需要创新的事务列出相关问题，一个一个地核对讨论，从中找出解决问题的方法或设想。在讨论解决方案之前，要多角度地考虑问题的种种看法，突破边框，大胆想象。它的核心思想包括6类问题和9组提问。6类问题是由现状到目的（转用）、由目的到现状（代替）、质量的变化（改变）、组合排列（调整、颠倒、组合）、量的变化（扩增、缩减）、借助其他模型（启发）。9组提问包括能否他用、能否借用、能否改变、能否扩大、能否缩小、能否替代、能否调整、能否颠倒、能否组合。

5W2H法是美国陆军最早提出的一种创造技法，从7个方面进行设问，以得到创造方案的方法，这7个方面的问题是：Who—谁？When—何时？Where—何地？What—做什么？Why—何故？How to—怎样？How much—多少？

和田十二法又称为聪明十二法，是由我国学者对奥斯本检核表法进行改造之后，特别是在上海和田路小学创造教学的实践中，与和田路小学一起提出来的。该方法在1991年正式命名为和田十二法。这种方法特别容易记，也容易理解，是一种老少皆宜、普及型的创造技法。它包括加一加、减一减、扩一扩、缩一缩、变一变、改一改、联一联、学一学、代一代、搬一搬、反一反、定一定这12种可能的设问情况。在具体使用上，要根据问题的实际情况来套用这些方法，可能有一种或几种方法见效。

其他常用的创新技法还包括组合型技法、希望点列举法、卡片整理法、逻辑推理法等，由于篇幅限制，此处不展开详述。

拓展链接

希望点列举法——投掷式手电筒

创新的本质是为了解决问题，满足人们的需求和希望。希望点列举法，就是让用户列举自己的希望，创新者通过各种创造发明的途径来满足用户的需求。

例如，警察在黑暗的地方搜索歹徒时，使用手电筒则往往会先暴露自己的位置，造成自身不安全，同时歹徒也往往先看到警察的灯光，从而逃走或躲避。警方迫切希望能有一种手电筒，既可以照亮可疑的环境，而又不暴露自己的位置。意大利发明家博卡尼设计了一种六面发光的手电筒，它以橡胶构成主体，结实耐撞，主体空间分布的六个面，各有一个发光照明部件，共用一套电源和感应器开关。使用时，将其投掷到可疑处，手电筒受到碰撞后自动打开，六个方向的灯光会照亮可疑处的四周环境。这样不仅能让躲着的歹徒暴露出来，还不会暴露投掷者自身的位置。这种投掷式手电筒很好地解决了警察等特种部门的问题，因此广受好评。

第三节 创新能力

教师箴言

创新能力作为职场八项核心能力之中的核心，是每个大学生必备的能力。

核心概念

创新能力是由创新意识、创新思维和创新技法综合构成的有机整体，是人们在创新活动中所具有的提出问题、分析问题和解决问题的能力总和。

学习重点

理解创新能力的内涵和培养途径，进行创新能力评估。

一、创新能力概述

（一）创新能力教育背景

进入21世纪以来，国际竞争日益激烈，科技发展日新月异，各行各业都急需具备创新能力的人才。世界各国也普遍意识到创新型人才的重要性，广泛开展了创新能力教育活动，致力于提升国民尤其是大学生的创新能力。通过调查分析和横向比较，我国当代大学生在创新能力方面普遍处于较低的水平，大部分学生缺乏创新意识、观念和能力，尚无法满足未来我国建设创新型国家的人才需求。

自2010年，我国在本科和高职院校也逐步开展了创新创业类课程的教育，力图提升大学生的创新意识和创新能力。但总的来说，创新教育的发展还有较多不足，主要表现在以下四个方面。

一是受制于学校创造性学习条件的局限，以及自身主观条件限制，大学生一般无法把握本学科最新的发展动态和科技前沿，更别谈相关学科的横向拓展。主客观条件相互影响，导致创新意识和条件相对缺乏。

二是缺乏规范性的创新思维训练，尚未掌握科学的思维方式。这主要是因为大学生的知识面宽度不够，容易机械片面地看待学科知识结构，思考问题缺乏全面性和灵活性，缺乏创新思维方式。

三是缺乏足够的动手能力和对信息的加工分析能力，对创新的表达和物化能力较弱，所以大学生的灵感较少成为能实际应用的创新成果。这种现象也大量存在于我国教育和科研人员之中，即知识性成果多，应用型成果少，研究产物缺乏转化能力。

四是缺乏相当的恒心和毅力。相关研究表明，我国大学生往往空有创新的兴趣和热情，但在持续工作、对问题进行广度和深度的拓展、提升工作效率和团队的稳定性上还有明显的缺陷，在实际项目中往往虎头蛇尾，遇到困难就轻易放弃。

因此，在我国高校大力开展创新能力的课程培训，培养创造性人才，是刻不容缓的重要任务。

（二）创新能力的内涵

创新能力指人们应用已有的知识，在前人的发明和发现的基础上，通过自身努力，创造性地提出新的发现、新的发明、新的改良方案，或者产生某种独特的、有社会价值的思想、观点、方法和产品的能力。可以综合理解为，创新能力是人在创新活动中所具有的提出问题、分析问题和解决问题的能力总和。

创新能力具有两个显著的特征：一是高度的综合性，二是深度的结合性。高度的综合性体现在创新能力不是某一个单方面的能力，而是几种能力的综合。例如，探索问题的敏锐力、转移经验的能力、形象思维的能力、侧向思维的能力、评估评价的能力、预见未来的能力、运用语言的能力等。深度的结合性体现在创新能力与其他相关的理论、知识和人的其他能力有着深层次的有机结合,它能促进人的其他能力全面发展,同时是人作为生产力要素中最活跃的因素,创新能力和素质最终会物化到人们日常生活的产品和服务中。每一个优秀发明的过程都完整体现了创新者发现问题、分析问题、解决问题的综合创新能力。

创新能力是由多种要素有机结合构成的一种综合能力,主要包括创新意识、创新思维和创新技法三大要素。其中,创新意识是指人们根据社会和个体生活发展的需要,引起创造前所未有的事物或观念的动机,并在创造活动中表现出来的愿望和设想。它是创造性思维和创造能力的前提。创新思维是产生新思想、新概念的思维,创新思维是创新能力的核心因素和创新意识的主要内容,是创新活动的灵魂和发动机。创新技法则是一代一代人总结归纳出的、行之有效的、用于指导创新活动的技巧和方法,可供后人借鉴和仿效。

二、创新能力的培养

(一)培养创新能力的因素

培养创新能力的因素有四个方面,分别是遗传因素、创新思维因素、环境因素和实践因素。

1. 遗传因素

遗传因素是一个人形成创新能力的物质基础和生理条件。遗传因素又被称为天资或天赋,是一个人通过父母先天继承下来的生理特点,包括神经结构、身体机能等。

2. 创新思维

创新思维是人的创新能力形成的核心与关键,也是对人的知识能力加以正确应用的方法。缺乏创新思维,产生新想法的效率就会比较低,做事情就会循规蹈矩,只能做一些修修补补的改良工作,不大可能产生革命性的创新成果。

3. 环境因素

如果说遗传因素是先天因素,那么环境因素就是后天因素。它是影响一个人形成和提高创新能力的重要条件。这里讲的环境主要是社会环境,包括个人受到的家庭培养、学校教育和社会影响。

4. 实践因素

实践因素是人形成创新能力的途径,只有通过实践成果才能检验创新能力的水平。所谓实践,是指人类改造客观物质世界的活动,人类在和大自然的斗争中学会了改造世界,获取了生产资料和生活资料以满足自身的发展需求,同时创新能力也在实践过程中得以培养和磨炼并转化为创新成果。

（二）创新潜能的开发

创新能力是人的一种本质属性，其在没有展示出来之前我们可以称之为创新潜能。如何开发一个人的创新潜能，是现代教育最重要的任务之一。许多科学家和心理学家都认同人脑是创新和创造的来源，人脑中蕴藏着无限的创新和创造潜能，人生来就具有创新和创造的能力。然而大量的事实又表明，在全球几十亿的人中，只有极少数人才能把握和应用这种创新能力，将创新能力与自己的知识、思想、智慧、经验结合起来，形成创新的成果。为什么大多数人做不到呢？究其原因，主要是人的创新潜能没有得到开发。

开发创新潜能的重要条件之一是了解影响创新潜能开发的障碍。相关研究表明，这主要有环境障碍、心理障碍、认知障碍和信息障碍等。

1. 环境障碍

环境障碍主要是指外部条件对创新主体的影响。外部条件既有自然条件也有社会条件，其中社会条件的影响更加重要。社会条件又分为文化传统和社会制度，通常来说，它们都有消极和积极两方面的作用。我国作为一个具有数千年历史的文明古国，在我们的传统文化中，确实存在着阻碍创新潜能开发的因素。

2. 心理障碍

心理障碍主要指的是从众心理和迷信权威这两方面。所谓从众，就是随大流、跟随大众。在动物种群的进化发展上，从众行为是非常必要的，离开群体的单个角马容易成为狮子捕食的对象。人类是社会性动物，实际上每个人都有或多或少的从众心理。一个创新能力强的人往往具有独立的精神，在很多时候会受到多数人的反对，此时必须坚持主见，才能打破封闭，开拓思路。一个人如果因为尊重导师、尊重各个领域的权威就放弃对某些科学领域的进一步探索，将权威的已有理论视为不可逾越的巅峰而止步不前，这种心态则会扼杀创新精神，也不可能做出开创性的贡献。

3. 认知障碍

认知障碍主要是指思维定式。思维定式就是将以往形成的知识、经验、习惯固化为认知模式，对以后的分析判断产生主导性的影响，导致一种固定的思维方式，它是形成创新思维瓶颈的根本原因。

4. 信息障碍

信息障碍主要表现在有些人对新技术、新科技、新发明的信息搜集不够重视，掌握程度不够，导致他们对根据自己的爱好和热情创造出来的东西自我感觉良好，最后却发现是多年前已经被别人创造出来的旧东西。这主要是由于创造者不注重同类技术情报的收集，没有查阅必要的资料，这种重复的创造既浪费时间也浪费精力。在科技飞速发展的今天，如果一个人不会搜索文献资料库，缺乏信息的调研能力，就很可能最终一事无成。

由此可见，只有克服了以上几类障碍，才能更好地开发一个人的创新潜能。

（三）创新能力培养的途径

对于大学生来说，创新能力的培养可以通过四个途径，一是培养创新品质，二是通过课堂教育，三是通过校园文化，四是通过学校管理。

1. 创新品质

创新品质又叫创新品格、创新人格、创新素质。一个创新型人才除了具有创新思维、创新技法之外，更重要的是能克服心理障碍、不向失败和挫折屈服、培育勇敢的精神、磨砺坚强的意志、树立正确的理想信念、保持健康的情感、激发积极的动机，这些品质综合构成创新型人才的个性品格，这样的人才才有可能拥有创新能力。

2. 课堂教育

课堂教育是培养创新型人才最主要的环节，因为大学生大部分的学习都是通过课堂教育完成的。首先要树立新的创造性课堂教育的理念，把教育的功能定位在培养创新型人才上，要明确学生的主体地位，对知识概念进行重新梳理，并且改变旧的质量评价标准。在具体的课堂教学中，应采取多种教学手段，使学生处于积极思考的状态，例如课堂多提问、演示思维过程、让学生多讲少记。典型的教学方法有情感教学法、发现式教学法、讨论式教学法、疑问式教学法、范例教学法、暗示教学法等。

3. 校园文化

校园文化是大学生成长的环境因素，对大学生创新能力的培养具有重要的作用。校园文化的组成包括校园精神文化、校园制度文化和校园物质文化。它们相互影响，通过灌输、引导、感化、激励和凝聚达到育人的目的。具体方式上，通过社团活动和第二课堂，培养大学生的自立能力、民主意识，增强学生之间的沟通交流。在国内，尤其是以"挑战杯"为代表的课外学术科研活动，能够充分发挥大学生的主动性、主体性，加快科技人才成长的速度。此外，组织各种形式的讲座、专题报告也可以拓宽大学生的视野，弥补课堂教学的不足。

4. 学校管理

学校管理主要侧重于管理制度上的创新，要剔除传统管理中不适合培养大学生创新能力的管理模式。其主要内容包括教学管理、学籍管理、教师管理、学生管理、科研管理和后勤管理等。学校管理创新首先要符合国家的教育方针和政策，符合社会的需求，以育人为本，充分体现现代教育科学和管理科学的研究成果。在教学管理中，尤其需要处理好知识剧增与学制不变的关系，学科系统性与内容整合化的关系，教材内容的固定性与教育方式多样化的关系。在教学组织形式上的改革，主要包括基于校园网构建弹性化教学组织的形式，在传统班级教学制的基础上进行改进，采取"大班导学＋小组讨论"的教学组织形式。

三、创新能力的评估

(一) 创新能力测评的概述

创新能力测评体系的主要作用是对广大劳动者,尤其是在校学生进行创新基础知识、创新思维培养、创新方法训练和创新成果应用等相关的教学培训,在挖掘和培养潜在能力的同时,使其通过相关测评考试,获得社会认可的证书,提高就业创业的竞争力。2003年,国家劳动和社会保障部职业技能鉴定中心制定的《核心能力评测大纲——创新能力(试行)》规定,创新能力可分为三级,即初级、中级和高级。经过接受创新能力的正规培训,并通过全国创新能力统一考证的学员可获得该中心颁发的职业技能鉴定中心创新能力水平等级证书。

对高校大学生进行创新能力评估,有利于促进高校教学管理体制的改革。合理的创新能力评估体系有助于推进创新教育,有利于大学生创新能力的开发和培养,有利于发现和选拔创造性人才,有助于大学生正确地认识自我,找到努力的方向。

在大学生创新能力综合评估中需注意几个问题:一是转变教育思想观念,树立创新教育理念;二是评估体系既要有利于拔尖人才的成长,又要有利于创新意识的普及;三是评估体系应该坚持道德的指向性;四是大学生创新能力评价应渗透课堂教学主渠道;五是应配套建立和完善大学生创新激励制度。

(二) 创新能力评估指标体系的要素

对大学生进行创新能力评估的指标要素包括创新意识、创新精神、创新实践能力三个一级指标。三者共同构成了有机的统一整体,完整地揭示了创新能力的要素内涵。创新实践能力是创新素质的核心要素,是创新意识和创新精神等内在创新素质的外在表现形式;创新意识是创新活动的出发点和内在动力,也是影响创新能力培养和开发的重要内在因素;创新精神主要是创新者的人格特征和精神状态,为创新能力的发展提供了保障系统。

1. 创新意识

创新意识包含创新欲望和创新理想。其中,创新欲望指个人对新知识、新事物有强烈的好奇心,充满求知欲,积极参加讨论交流,大胆发表意见,关心社会变化,关心科技发展,对创新实践活动富有激情。创新理想则指创新者具有坚定的创新志向,而且在创新过程中,创新体验经常得到升华,能感到充实和幸福,愿意向他人倾诉创新理想,能制定创新目标和措施。

2. 创新精神

创新精神包含创新情感、创新意志和创新性格。其中,创新情感是指创新者情感丰富,意念坚定,对创新学习活动充满激情,崇尚科学,追求真理,能保持愉快向上的心理状态。创新意志是指创新者在创新实践中能够吃苦耐劳、持之以恒，面对挫折不放弃，百折不挠，坚持寻找战胜挫折的途径。创新性格是指创新者具有崇高的创新理想和探索客观规律、追求真理的坚定信念，为人生价值而奋斗的奉献精神，具有独立精神和合作精神，能够独立思考，果断行动，善于发现和解决新问题。

3. 创新实践能力

创新实践能力包含创新学习、创新特长和创新技能。其中，创新学习是指创新者学习意识强烈，能主动思考、主动探索、主动创造，具有知识创新与知识重组的能力。创新特长是指创新者在科技发明、演讲辩论、文学艺术、体育运动等方面具有一项或多项特长。创新技能是指创新者动手操作能力强，能设计实验方案，调试实验设备，通过实验操作获得实验结果，能将创新想法进行物化，设计制造出具有一定实用价值的创新产品。

（三）创新能力测评范例

实际上，目前创新能力测评的方法还处于发展阶段，尚没有统一的标准。不同国家和组织都有不同的测评版本，这里选取一个范例以供参考，如表2-1所示。

表2-1 创新能力测评

序号	题目	无	偶尔	时有	经常	总是
1	我不附和别人的说法					
2	我喜欢刨根问底，弄清原因					
3	我常常从别人的谈话中发现问题					
4	我对周围的事物有好奇心					
5	我喜欢有想象力的科幻故事					
6	我喜欢做新鲜的事情					
7	我希望成为与众不同的人					
8	我喜欢自己制作好玩的玩具					
9	遇到困难时我不会气馁					
10	我脑子里常常有各种古怪的想法					
11	我不迷信、不盲从权威					
12	我总是能从不同的事物中找出相似性					
13	我喜欢探究事情的真相					
14	我不太相信书上写的都是对的					
15	我喜欢幻想自己作为穿越剧的主角					
16	我喜欢拆开机器一看究竟					
17	我喜欢向朋友描述看过的电视剧					

续上表

序号	题目	无	偶尔	时有	经常	总是
18	我希望自己成为伟大的人					
19	我觉得我和同事相处得很好					
20	我尊重别人提出的不同意见					

计分方法：选"无"记 1 分，选"偶尔"记 2 分，选"时有"记 3 分，选"经常"记 4 分，选"总是"记 5 分。将 20 个问题的积分加在一起即为总分。

总分在 80 分以上者，创新能力水平较高；总分在 70~79 分者，创新能力水平中等偏高；总分在 60~69 分者，创新能力水平中等；总分在 50~59 分者，创新能力水平中等偏下；总分在 50 分以下者，创新能力水平较低。

本章小结

本章对创新的类型和创新思维进行了系统的学习。通过本章的学习，我们了解了创新、创新思维、创新技法的概念，以及在日常工作和生活当中注重创新思维的培养、提升以及创新技法的训练。

课外训练

主题 水杯的创意项目。

目标 培养创新能力。

活动步骤 活动步骤如表 2-2 所示。

表 2-2 活动步骤

步骤	内容
步骤一	将学生组成若干小组
步骤二	水杯设计的头脑风暴： 当面对水杯这个非常成熟的产品时，你会从什么角度出发进行设计创新？外观？结构？功能？营销？请列举出你在这一创意过程中想到和注意到的问题
步骤三	创意设计阶段： 从水杯的外观、结构、功能、材料等角度上进行创新，有何想法
步骤四	生产阶段： 从水杯的批量化生产、企业管理流程等角度上进行创新，有何想法
步骤五	销售阶段： 关于这款水杯的营销，你有何创新的方法
步骤六	分组讨论： 分组讨论，挑选出最佳方案

第三章 创业素养与创业能力

学习目标

知识目标

1. 了解创业素养的内涵和对创业的影响。
2. 认识创业所需的创业能力。
3. 分析创业能力培养的路径。

能力目标

1. 掌握创业应具备的创业素养。
2. 掌握创业所需的创业能力。
3. 掌握提升创业能力的路径。

知识导读

创业能力是当今世界最为稀缺的社会资源,在知识经济和信息化时代的 21 世纪,改变我们命运的只有我们自己。创业能否成功,与创业者的素养关系密切。创业活动是由创业者主导和组织的商业冒险活动,要成功创业,创业者不仅需要富有开创新事业的激情,还要有冒险精神和面对挫折、失败的勇气,以及各种优良的品质,创业意识,能处理创业活动中出现的各种挑战、问题的知识和能力。

案例导入

一言八亿潘石屹

多年前,随着海南楼市泡沫的破灭,冯仑等人决定将万通移师北京,派集团财务部经理潘石屹打前锋。

潘石屹奉冯仑的将令,带着 5 万元差旅费来到了北京。初到北京的潘石屹在怀柔县(现为怀柔区)政府食堂吃饭时,听旁边吃饭的人说北京市给了怀柔县四个定向募集资金的股份制公司指标,但没人愿意做。在深圳待过的潘石屹知道指标意味着什么,但他却不动声色地跟怀柔县体改办主任边吃边聊:"我们来做一个行不行?"没想到体改办经过商议后同意了。潘石屹很兴奋,立即将这个信息告诉了冯仑,冯仑马上让他找到负责人准备办理手续,不要耽误。万事俱备,潘石屹打电话问冯仑:"准备做多大?"潘石屹催促冯仑快做决定,冯仑和其他经理商量后告诉潘石屹:"8 最吉利,就注册 8 亿吧。"北京万通就这样,在什么都没做的情况下,拿到了 8 亿元的现金融资。

这就是潘石屹"一言八亿"的传奇故事。

(资料来源:编者根据相关资料整合,2019 年)

提出问题

1. 在现实生活中你知道哪些类似以上案例描述的人和事?请举例分析。
2. 如果让你选择创业,你认为什么才是真正的创业能力?
3. 在创业实践中,如何提高自己的创业能力?

第一节 创业素养

教师箴言

成功,是给那些有创业素养的人,给那些善于独立思考的人,给那些具有锲而不舍精神的人。

核心概念

创业素养是创业素质与修养的内在统一,创业素养的内涵主要包括知识、能力和精神这三个方面,这三个方面是相辅相成的。创业素养是大学生从事创业实践活动的前提条件,也是创业能否取得成功的关键性因素。

学习重点

掌握创业应具备的创业素养。

一、创业素养的内涵

（一）创业素养的含义

创业素养是创业素质与修养的内在统一，创业素养的内涵主要包括知识、能力和精神这三个方面，这三个方面是相辅相成的。创业素养是大学生从事创业实践活动的前提条件，也是创业能否取得成功的关键性因素。知识层面主要包含必备的专业、经营管理、创业、国家及地方政策等方面的知识，必须掌握这些知识并能灵活运用。能力层面主要包含创新能力、社会实践能力、交际能力的培养等。精神层面主要是指创业者自身具有的坚持不懈、吃苦耐劳、锲而不舍的创业精神，以及开阔的眼界、敏锐的反应、过人的胆识等。知识的宽度、能力的强度和精神境界三者的高度融合，共同构成了创业素养的内涵。

虽然成功的创业还需要市场、技术、资金等很多其他外在条件，但是创业素养的高低是决定创业成败的重要因素，在创业过程中起着不可替代的作用。

创业素养是创业教育的重要内容。1994年，联合国教科文组织在泰国曼谷召开了有关创业和创业教育的专题会议，发表了题为《培养创业精神》的报告。该报告将一个人的创业素养概括为以下四大能力：启动能力、强化能力、持续努力、实施能力。四大能力包括了22个要素和指标，具体如表3-1所示。在论述创业素养中，《培养创业精神》报告特别强调了创业者的"道德和社会责任"素质。因此，创业能力作为一种能影响社会进步的强大力量，学校教育和相关组织机构在思考和实施创业教育过程中，必须要有意识地强调创业者的社会和道德责任，使其具有的创业能力与人类社会的进步相一致，给人类带来进步与发展。创业素养呼唤创业教育。考察目前国际上的创业教育走势，创业教育的目的不仅仅限于使学生掌握劳动谋生的技能，更重要的是，为未来培养具有创业精神的公民和塑造创业文化。而且，创业教育并不限于特定的年龄阶段、学科领域和学习时限或者是特定的群体，而是贯穿于整个教育领域，面向所有的学生。创业教育的宗旨是改善人的生活质量，培养自主自立、意志坚定、创造革新和自信自强的人。

表 3-1　创业素养的能力结构（UNESCO，1994）

四大方面	要素/指标	内　涵
1. 启动能力（Triggering for action proficiency）	1. 自我概念（Self-concept）	积极地认识自我，把握自己的命运
	2. 敏感性（Awareness）	实际感受周围的环境特点，采取相应的行动
	3. 有雄心（Ambition）	渴望实现某一目标，以顺应或挑战现行规则的方式做事
	4. 首创性（Initiative）	超越常规，采取行动
	5. 承担风险（Risk-taking）	在预期结果不确定的情况下，权衡利弊，做好抉择
	6. 灵活性（Flexibility）	顺势而变，见机行事，调整/适应变化的情境
	7. 毅力（Perseverance）	坚持不懈，努力克服目标实现过程中的种种困难
	8. 自始至终（Follow-through）	做事不半途而废
	9. 自律（Discipline）	坚守做人做事的原则
2. 强化能力（Empowering for action proficiency）	10. 信息能力（Information seeking）	搜寻信息/对自己有特别帮助的建议
	11. 职业技能（Occupational skills）	完成某一类型工作的必要技能和专长
	12. 社交技能（Social skills）	与他人和谐相交/相处
	13. 管理技能（Operational/Managing the tasks）	能做好任务管理
3. 持续能力（Sustaining for action proficiency）	14. 善待成功（Coping with success）	对成功保持平常心，不忘乎所以
	15. 善待失败（Coping with failure）	坦然接受失败，重新确定目标
	16. 合乎道德（Moral and social）	个人的成功与社会利益相统一
4. 实施能力（Operations for action proficiency）	17. 预见（Hunch）	直觉地做出决策
	18. 识见（Recognizing）	把握与行动相关的各种机会
	19. 计划（Planning）	制订合理有序的、实现某一目标的计划，制定清晰具体的短、中、长期目标
	20. 执行（Executing）	实施计划（执行力）
	21. 评价（Evaluating）	监控行动的进展、达成目标的水准和绩效的质量
	22. 反馈（Feedback）	吸纳/利用相关建议和批评，持续改善行动计划、过程和质量

（二）创业素养的发展历程

1998年10月，联合国教科文组织召开了世界高等教育会议，并发表了《21世纪的高等教育：展望与行动世界宣言》，明确指出："为方便毕业生就业，高等教育应主要关心、培养学生的创业技能和主动精神。毕业生不仅成为求职者，而且要逐步成为职业岗位的创造者。"从此以后，国外高校更加重视创业教育，重视对大学生创业素养的培养，纷纷开设大学生创业管理教育有关的课程，不少高校还设立创业学首席教授职位和成立创业活动中心等研究机构来实施创业教育，培养大学生的创业素养，而且颇具规模。在欧洲、日本、印度、韩国以及我国台湾、香港等地的许多高校也纷纷开设了创业管理教育课，大力培养大学生的创业素养，寄希望在新一股的全球创业浪潮中，为青年学子赢得创业的先机。

我国创业教育理论研究起步较晚，开始于20世纪90年代初期。1990年，从"提高青少年创业能力的教育联合革新项目"开始，由国家教育委员会基础教育司劳技处牵头，成立了该项目的国家协调组，进行创业教育的实验和研究。项目取得的研究成果主要有《关于创业教育的若干问题》《创业教育的目标、课程与评价》《继续教育领域实施创业教育项目研究报告》《农村教育综合改革与创业教育》《素质教育与创业教育》《创业教育系列丛书》。以上研究成果分别对创业教育的目标、课程设置、继续教育领域实施创业教育、农村教育综合改革与创业教育、素质教育与创业教育、创业教育实验等问题进行了有价值的探索，总结和反映了创业教育实践过程中的主要理论问题，并为创业教育学的诞生奠定了良好基础。

目前，我国创业素养的理论研究和实践总结都还不够。理论上，对于创业素养的基本概念、创业素养的能力构成、创业素养的培养等问题还有待于进一步探索和研究。实践上，我国高职院校的大学生创业素养的培养和大学生创业活动仍处于初级阶段，中国创业素养培养的实践探索、理论研究以及政策推动远远不能满足现实发展的需求。因此，在我国强调"以人为本""创建和谐社会"的今天，高校更应关注大学生生活中的创业现象，通过创业教育，培养大学生的创业素养，激发大学生的生命潜能，引导和帮助大学生走上成功创业的人生之路。

二、创业素养对创业成功的影响

（一）创业素养提出的背景、意义

21世纪是知识经济时代，更是创新时代。创新时代呼唤对创业人才的培养，而创业人才的培养也在呼唤着我国高等教育的转型，把大学生培养成未来职业的创造者是高等教育义不容辞的责任。联合国教科文组织在《21世纪的高等教育：展望与行动世界宣言》中明确提出：培养学生的创业技能应成为高等教育主要关心的问题。面对知识经济和经济全球化及我国市场经济发展的迫切需要，我国也把全面推进素质教育作为教育工作的战略重点，作为深化教育改革的中心环节。实施素质教育，就是全面贯彻党的教育方针，以提高全民素质为根本宗旨，以"培养学生的创新精神和实践能力"为重点，造就全面发展的社会主义事业建设者和接班人。由此可见，素质教育的重点是培养创新精神和实践能力，而大学生的创新精神和实践能力实际上就是开拓事业的素质和修养，即"创业素养"。因此，创业教育是素质教育的重要内容，而创业素养是21世纪大学生必须具备的重要素养。深化教育改革必须大力推进素质教育，推进素质教育必须大力加强创业教育。

在当今时代，着力培养和提高我国高校大学生的创业素养，有着深远的意义。它不仅是减轻我国高校毕业生就业压力的一个战略举措，而且是振兴我国各行各业的需要，更是我国参与全球经济竞争与合作的需要。高等院校作为人才培养的主力军之一，承担着各行各业人才培养和教育科技创新的重任。在人才的生命潜能中能否具有创业素养，关系到各行各业的繁荣兴旺，关系到各行各业的创新竞争力，关系到国家民族的未来。因此，在我国高校大力培养大学生的创业素养是真正体现办学个性特色的需要，更是大学生健康快乐成长、弘扬生命价值和意义的发展需要。

（二）创业素养的重要性

在"大众创新、万众创业"的方针政策下，创业热潮是澎湃于浩渺商海的一道风景，广大有活力、有抱负、高素质的大学生也在这股创业热潮中一显身手。创业一方面可以解决自身的就业问题，获得精神和物质上的满足；另一方面可以创造更多的就业机会，在一定程度上解决更多人的就业问题。这无疑是缓解就业压力的一个现实而非常有效的途径。

现代创新理论的提出者约瑟夫·熊彼特指出，创业家是经济发展的发动机，是经济发展的力量源泉。"中国梦"呼唤万千创业家，创业的梦想人人有，但成功的创业者到底需要什么样的素质，是创业之前必须用心研究和思考的基本问题。从创业者到创业家是一个修养、修炼的过程，是一场人生的修行。创业素养是迈向成功的基石。

三、创业应具备的创业素养

创业是一场距离超长的马拉松赛，过程充满了不确定性，只有排除艰难险阻才能取得最后的胜利。创业者不会因为比别人有更好的机会而赢得市场，也躲不过一些不可避免的错误。因此，创业者应具备一些必要的素养才能成功创业。成功的创业者身上具有一些基本的创业素养，这些基本素养赋予他们创新创业的能力和不怕失败的行动，从而使得他们成为远见者、创新者、领导者和团队协作者。

千百年来，诚信被中华民族视为自身的行为规范和道德修养，使人们形成了其独具特色并具有丰富内涵的诚信观。通过调查我们也发现，几乎所有的榜上企业家都认为诚信是非常重要的。做事情首先是做人，做人必须讲诚信，做大事者忌与无诚信之人来往，没有诚信不可能创造财富。

机遇，即时遇，通常被理解为有利的条件和环境。在社会的发展中机会很多，许多人遇事瞻前顾后，犹豫不决，导致许多机会白白错过。只有善于把握机遇的人才能够赢得更多的成功，创造更多的财富。因此，善于把握机遇是创业者应具备的一种素养。

创新精神是一种勇于抛弃旧思想旧事物、创立新思想新事物的精神。具有创新精神，可以使创业者充分发挥潜能，打破条条框框，开创新局面。创新精神是一个国家和民族发展的不竭动力，也是一个现代人应该具备的素质。

凡事讲究实际、实事求是，不妄动，动必以礼。创业是一项需要全身心投入的事业，不是打打闹闹，只有具备积极务实的态度和重行的精神方能创业成功。通过务实重行，建立自己过硬的产品和服务，取得市场和消费者的认可和信赖，这才是企业长盛不衰的保证。

活到老学到老，我们已经进入知识经济时代，终身学习越来越成为人们生存和发展的第一要务。终身学习的价值在于培养一种学习习惯，不断提升我们的自身能力和素养，以适应事业发展和社会发展的需要。

勤奋是我们人生路上的基石，是所有成功者的普遍特征，他们在巨大热情或美好愿景的鼓舞下，身先士卒，勤奋不辍，面对工作总是全力以赴、追求卓越，力求每一次都交出一份最佳的成绩单。

一个人具备从事领导活动的能力，即具备敏锐的观察力、丰富的想象力、敏捷的思维能力等，已日渐成为衡量创业成功的重要标志。现在不是一个人单打独斗的年代，优秀的领导才能无疑会提升领导者的影响力和个人魅力，从而扩大其追随者队伍。

坚韧执着是创业者坚定的个性，坚持不放弃，愿意不断学习并尝试新方法，才有可能收获美好成果。面对创业中的艰难险阻，坚忍不拔，有无比的耐性和持久性。愿意做出牺牲，有不达目的誓不罢休的坚持，能够承受市场挫败的耐力，是成功创业者必备的重要特质。

能善于根据各方面的条件或已发生变化的情况，运用自己已有的经验和知识，快速做出判断。能对问题从总体上加以认识和把握，以一种高度简练的方式洞察问题的实质，并迅速解决问题或对问题做出某种推论。

创业需要胆量，需要冒险。冒险精神是创业家精神的一个重要组成部分。创业要有勇于承担风险的意愿和准备，创业会有很多曲折的道路，也会碰到很多艰难险阻，需要做好准备，需要能承担风险。

第二节　创业能力

教师箴言

创业只有"知己知彼",才能"百战不殆"。

核心概念

创业能力指拥有发现或创造一个新的领域,致力于理解创造新事物,包括新产品、新市场、新生产过程或新方法等能力,运用各种方法去利用和开发这些能力,然后产生各种新的结果。

学习重点

掌握创业所需的创业能力。

一、创业能力评估

创业者在具有一定创业素养的基础上,在创业开始之前,需要评估自己的优势和劣势,看看自己是否具备创业能力。创业者可通过认真思考并回答以下问题,来初步判断自己是否有创业能力。

你适合创业吗?作为创业者或者小企业的领导者,在拓展业务、定位市场、财务管理和员工管理等各种细节,经常需要做出决定,而这些决定常常要求在压力环境下迅速独立完成。创业需要热情、需要理念,更重要的还需要你的能力,你的策划和组织能力如何?你的团队组建和管理能力如何?你的决策和综合管理能力如何?你的创业风险(包括资金风险、竞争风险、团队分歧风险、核心竞争力缺乏风险)规避能力如何?

能长时间保持创业激情吗?列举出你选择自主创业道路的原因,确认创业的道路上无论碰到什么困难,都将激励你勇敢地坚持下去。至少你的创业冲动足以使你长时间保持创业的激情。

认真回顾你个人拥有的技能、经验和意志。因为有可能在相当长的一段时间内,企业的业务没有进展,有可能会出现与员工发生思想激烈碰撞的现象,不理解你、不支持你的现象也可能会经常发生,这将会使你感到郁闷、孤独,你承受得了吗?你准备如何承受?

你的身体和精神状态适合创办企业吗?创业过程充满了挑战,意味着长期而艰苦工作的开始。同时,创业也意味着创业者需要更加努力、自觉地工作,将牺牲很多休息时间。身体健康是承受创业高强度体力和精神压力的前提,你的身体健康状况是否允许你从事这样的工作?

你的家人支持你创业吗？和睦的家庭环境是事业成功的基础，创业之初你的家人对你的影响很大，家人是创业成功的重要因素；你确信你的家人会支持你吗？

创业始终伴随着风险，你准备好承受创业初期的风险了吗？在确定了创业目标后，创业者接下来的问题是：创业的风险有哪些？创业最坏的结果是什么？能否接受？能否从困局中走出来？

典型案例 3-1

雷军的远见

2010年春天，雷军成立了小米公司。传统手机厂商是把硬件卖给用户，用户与厂商之间互动较少。小米公司做的互联网硬件，和传统硬件最大的不同在于销售硬件不再是一个孤立的生意，购买者既是客户又是用户，小米依靠内容和服务吸引用户持续消费。而且，小米把电子商务作为主要销售渠道，节省渠道成本，主打性价比，利用社交网络营销，取得远超线下的传播效果。

2015年，雷军回望历史，认为小米的顺势而为有三大红利：第一，互联网的红利，小米高度依赖电子商务和社交媒体，其实小米的成长和社交媒体的成长是同步的。第二，中国制造的红利，这让小米可以将全部生产外包出去。第三，消费的红利。2014年，小米的营收增长了227%，估值已经逼近千亿元，经过F轮融资之后，更有观点认为，小米能够问鼎"全球未上市科技公司估值第一"的宝座。

（资料来源：编者根据资料编写，2019年）

二、创业能力特点

创业能力指拥有发现或创造一个新的领域，致力于理解创造新事物，包括新产品、新市场、新生产过程或新方法等能力，能运用各种方法去利用和开发这些能力，然后产生各种新的结果。

这里的创业能力，特指核心能力。核心能力是企业成长并获得市场竞争优势的本质因素。20世纪初，美国福特公司在众多的汽车厂商中脱颖而出，关键是该公司拥有大规模生产汽车的能力，使得汽车成本大幅度降低，成为大众买得起的消费品。这些企业正是具备了一定的创业能力，才能很快地实现了创业跨越，在规模、速度、利润以及资本积累等方面才能跨入快速增长的轨道。

创业能力是一种核心能力，具有如下特点：①价值优越性。核心能力应当有利于企业效率的提高，能够使企业在创造价值和降低成本方面比竞争对手更有优势。

②异质性。一个企业拥有的核心能力应该是独一无二的，这是企业成功的关键因素。核心能力的异质性决定了企业之间的异质性和效率差异。③不可仿制性。核心能力是企业在长期的生产经营活动过程中积累形成的，深深地印上了其特殊组成、特殊经历的烙印，其他企业难以复制。④不可交易性。核心能力与特定的企业相伴而生，虽然可以为人们所感受到，但无法像其他生产要素一样通过市场交易进行买卖。⑤难以替代性。和其他企业资源相比，核心能力受到替代品的威胁相对较小。

拓展链接

为自己代言

聚美优品的CEO陈欧是一名典型的大学生创业者，他的大学生创业经历要追溯到他的上一个创业项目GG游戏平台。陈欧16岁的时候考上了新加坡南洋理工大学，作为一个资深的游戏爱好者，在大四的时候陈欧决定在游戏领域创业，凭着有限的资源做出了后来影响力巨大的GG游戏平台。作为当时没有任何资源的大学生创业者，那时的创业经历是非常艰苦的。据陈欧回忆，那时候他为了节省成本，不得不每天都吃最便宜的鱼丸面，最后吃得都有些"厌恶"了。

后来，陈欧出售GG平台，获得了千万元级别的收益，也为自己后来的创业道路做了极好的铺垫。而他创造的GG游戏平台，仍然是现在东亚地区最受欢迎的游戏平台之一，全球拥有用户超过2400万。

陈欧的创业能力成就了他：我是陈欧，我为自己代言！

（资料来源：编者根据资料整理编写，2019年）

三、创业所需的创业能力

创业能力是一种特殊的能力，这种特殊能力往往影响创业活动的效率和创业的成功与否。一个创业成功的人，除了有一技之长外，还要具备良好的创业能力。在市场经济条件下，企业之间的竞争是非常激烈的。作为创业者，不能只凭一时的热情，如果既不去了解创业的特点，也不去了解创业者应具备的心理品质和能力，认为别人能创业成功，自己也一定能成功，那么结果往往是以热情开始，以失败告终。所以，对于创业者来说，创业能力是非常重要的。

创业能力一般包括决策能力、经营管理能力、专业技术能力、交往协调能力、创新能力、商业洞察能力。

(一）决策能力

决策能力是指创业者根据主客观条件，因地制宜，正确地确定创业的发展方向、目标、战略以及具体选择实施方案的能力。决策是一个人综合能力的表现，一个创业者首先要成为一个决策者。创业者的决策能力通常包括分析能力、判断能力和创新能力。大学生要创业，首先要从众多的创业目标以及方向中进行分析比较，选择最适合发挥自己特长与优势的创业方向和途径、方法。在创业过程中，能从错综复杂的现象中发现事物的本质，找出存在的真正问题，分析原因，从而正确处理问题，这就要求创业者具有良好的分析能力。所谓判断能力，是指能从客观事物的发展变化中找出因果关系，并善于从中把握事物的发展方向的能力。分析是判断的前提，判断是分析的目的，良好的决策能力是良好的分析能力和判断能力的总和。创业实际上就是一个充满创新的过程，所以，创业者必须具备创新能力，有创新思维，无思维定式，不墨守成规，能根据客观情况的变化及时提出新目标、新方案，不断开拓新局面，创出新路子。可以说，不断创新是创业者不断前进的关键环节。

（二）经营管理能力

经营管理能力是指对人员、资金等的管理能力。它涉及人员的选择、使用、组合和优化，涉及资金的聚集、核算、分配、使用、流动等。经营管理能力是一种较高层次的综合能力，是一种统筹运用能力。经营管理能力的形成要从学会经营、学会管理、学会用人、学会理财四个方面去努力。

运用经营管理能力，要合理确定企业的经营形式和管理体制，设置管理机构，配备管理人员；搞好市场调查，掌握经济信息，进行经营预测和经营决策，确定经营方针、经营目标和生产结构；编制经营计划，签订经济合同；建立、健全经济责任制和各种管理制度；利用和管理劳动力资源，做好思想政治工作；加强对资源的开发、利用和管理；加强机器设备管理、物资管理、生产管理、技术管理和质量管理；合理组织产品销售，加强销售管理；加强财务管理和成本管理，处理好收益和利润的分配；全面分析评价企业生产经营的经济效益，开展企业经营诊断等。

（三）专业技术能力

专业技术能力是指创业者掌握和运用专业知识进行专业生产的能力。专业技术能力的形成具有很强的实践性。许多专业知识和专业技巧要在实践中摸索，逐步发展、完善。创业者要重视创业过程中知识积累的专业技术方面的经验和职业技能的训练，使理论知识和经验在加深理解的基础上予以提高、拓宽；对于新知识和经验要勇于探索，在探索的过程中要详细记录、认真分析，进行总结、归纳，上升为理论，形成自己的经验特色并积累起来。只有这样，专业技术能力才会不断提高。

(四)交往协调能力

交往协调能力是指能够妥善地处理与公众(政府部门、新闻媒体、客户等)之间的关系,以及能够协调下属各部门成员之间关系的能力。创业者应该做到妥当地处理与外界的关系,尤其要争取政府部门特别是工商及税务部门的支持与理解,同时,要善于团结一切可以团结的人,求同存异,共同协调发展,做到不失原则、灵活有度,善于巧妙地将原则性和灵活性结合起来。总之,创业者搞好内外团结,处理好人际关系,才能建立一个有利于自己创业的和谐环境,为成功创业打好基础。

协调交往能力实质上是一种社会实践能力,需要在实践活动中学习,不断积累总结经验。

(五)创新能力

创新是知识经济的主旋律,是企业化解外界风险和取得竞争优势的有效途径。创新能力是创业能力素质的重要组成部分,它包括两方面的含义:一是大脑活动的能力,即创造性思维、创造性想象、独立性思维和捕捉灵感的能力;二是创新实践能力,即人在创新活动中完成创新任务的具体工作的能力。创新能力是一种综合能力,与人们的知识、技能、经验、心态等有着密切的关系。具有广博的知识、扎实的专业基础知识、熟练的专业技能、丰富的实践经验、良好心态的人相对容易形成创新能力,它取决于创新意识、智力、创造性思维和创造性想象等。

(六)商业洞察能力

商业洞察能力是指深入事物或问题的能力,是人们对个人认知、情感、行为的动机与相互关系的透彻分析。商业社会要谋求发展,必须有极强的发现新兴事物、发现现有事物发展方向的个人能力,创业者的敏感,尤其是对商业机会的快速反应显得尤为重要。

典型案例 3-2

两间帽店

一个制帽公司,在一个大城市繁华街区有两间店铺,其中一家持续亏损,需要尽快找到解决方法。亚当斯被派往实地调研,他的老板要求他判断和找到亏损的店铺,并找出亏损原因。全过程不得询问任何一个人。两天实际调研后,亚当斯发现是店铺的位置表面上很理想,实际上大多数人根本注意不到该店,因此持续亏损。根据亚当斯的研究建议,几个月后租约到期时,甲店铺搬家了。诀窍其实没什么了不起的,就只是用一般常识来分析情况,再用多一点的常识来想出解决之道罢了。

(资料来源:编者根据资料组织编写,2019年)

第三节　创业能力培养路径

> **教师箴言**
>
> 最成功的创业者是那些于山穷水尽时在夜里想如何攻克难关，在早上醒来能想到解决办法的人。

> **核心概念**
>
> 创业素养与创业能力密切相关。创业需要一定的创业能力，创业能力中的决策能力、经营管理能力、专业技术能力、交往协调能力、创新能力、商业洞察能力都与创业者具有一定的创业素养相关，因此，创业素养是获得创业能力的基础。

> **学习重点**
>
> 学习并掌握创业素养与创业能力培养的路径。

一、创业能力培养的基础

创业素养与创业能力密切相关。创业需要一定的创业能力，创业能力中的决策能力、经营管理能力、专业技术能力、交往协调能力、创新能力、商业洞察能力都与创业者所具有的创业素养相关，因此，创业素养是获得创业能力的基础。

当代大学生想走上创业之路，就要有创业观念，要有才、有胆、有识，同时要有坚忍不拔的意志，克服创业过程中的困难，按照创业素养的培养规律，重视创业素养的自我培养，注重培养自己的能力，锤炼自己的胆识，培养创业人格、创业思维、创业意识与技能。

（一）以创业素养为基础培育创业能力

十年树木，百年树人。创新型人才的培育是一个长久而巨大的工程，不是一朝一夕的事情，正如美国百森商学院迪蒙斯教授所说："真正的创新创业教育，应当着眼于为未来的几代人设立'创业遗传代码'，并将其作为创业教育的基本价值取向。"因此，高职院校要与时俱进，树立新时代的培育理念，培育创新型人才就要以创业素养为基础。高职院校要从培育学生创新创业素养入手，注重提高学生的创新创业知识储备，培养学生创新创业的综合能力，让创新创业的精神融入学生的生活、学习、思想、行动中，融入现实的职业生涯规划中，为实现人生目标而不懈努力。

1. 把握需求，树立正确人才观

高职院校要时刻把握市场的需求，以培养适应市场需求的创新创业型人才为目标。对于不同的学生要用不同的方式培养，并不是人人都适合创业，高职院校要因材施教，把培养学生的能力放在重要的位置。要把握创新型人才成长的规律，通过开展创新创业教学改革，将创业教育与专业教育有机融合，既培养学生的基础知识，又培养学生的创业精神和创业能力，使学生明白创新创业能力是人才的本质属性，提升创新能力必须具备创业素养。

2. 明确创业素养内涵，适应创业人才需求

在"大众创新、万众创业"的背景下，社会表现出了强烈的创业人才需求，鼓励人人参与创新创业。高职院校作为人才输送的重要窗口，要明确创业素养的内涵，从提升学生的创业素养入手培养创业人才。创业素养的内涵主要包括知识、能力和精神三个方面，这三个方面是相辅相成的。创业素养的提升是大学生从事创业实践活动的前提条件，也是创业取得成功的关键性因素。因此，高职院校要加强大学生创业素养的内涵建设，将创业素养的提升融入创业人才的教育培养方案中，更好地提升大学生的创业能力，为社会培养具有知识、能力和创业精神的知识型、技能型、创新型人才。

3. 完善创业素养，提升创业能力

在新时代，社会在不断变化，人工智能、"互联网+"和5G技术在不断发展，职业结构和用人要求也在不断地发展变化，因此，大学生的职业意识、知识能力也要不断地变化，才能跟上时代的步伐，这就对大学生的职业素养提出了更高的要求。职业素养的提升要求学生有较强的学习能力和创新能力，不断地去获取新知识、新技能，并能运用知识和创新知识。要具有立足创业、敢于创业的思想准备，把自己的职业期望与社会需求统一起来，着眼未来，树立终身学习的观念，保持良好的竞争心态，提高素质，完善自我。在自我创业素质的完善中提升自己的创业能力，以适应快速发展的社会需求。

（二）创业素养与创业能力的综合培养

大学生要学会认知，学会做事，学会共同生活，学会生存。创业涉及方方面面，需要与不同的人和事打交道，对人的创业素养与创业能力要求很高。从事创业的人既要懂经营，又要善于管理；既要协调处理各方面的关系，又要当机立断、临危不乱、指挥若定；既要能言善辩，又要学会谈判和处理好公关；既要开拓创新，又要不怕挫折、困难。因此，对创业者本身的创业素养和创业能力的综合性要求很高。联合国教科文组织把"学会认知、学会做事、学会共同生活、学会生存"作为21世纪教育的四大支柱，并把其作为开启未来人生大门的四把"钥匙"。"学会认知"就是指教人掌握认知的方法，学会学习的方法、手段，培养人发现问题、分析问题和解决问题的能力。"学会做事"就是指要培养人的创新能力、应变能力和驾驭处理复杂突发事件、危机的能力。"学会共同生活"就是指要培养人的团结协作能力和团队精神，培养人的竞争意识和管理能力。"学会生存"就是指要不断增强

人的自主性、判断力和个人的责任感，培养人的交际能力、语言表达能力、判断能力等。因此，要注重创业素养和创业能力的综合培养，提高创业能力，才能使自己在创业时"走得出""站得住""干得好"。

高职院校的大学生要提高自身的创业素养和创业能力，就要在读书期间改变学习方法，不仅要专注于课堂上与教师的交流与知识的吸取，更重要的是善于利用大学图书馆和课外的知识读本；不仅要努力掌握专业知识，还要尽可能多地学习、掌握与创业目标相一致的科学知识，要形成专业扎实、结构合理、文理兼通的网络知识结构，为未来创业所需要的广泛知识应用做好准备。任何创业素养与创业能力的提升都是在掌握和运用知识的过程中逐步完成的。要学会将学习、思考、实践综合起来，经过自己的消化、吸收转化为运用知识的手段和本领，进而为创业素养与创业能力的提升打好基础。

二、创业能力培养的环节

马克思唯物辩证法认为：外因是事物发展变化的重要条件，内因是事物发展变化的根本原因，外因只有通过内因才能起作用。因此，创新氛围只是高职院校创业文化的外在表现形态，是外因。高职院校的校风、学风等多种实际校园风尚会影响每一个学生。培养学生构建以新时代中国特色社会主义思想为指引的独特价值观，促进学生提升自身创业素养，学生才能释放创业潜能，实现人生价值。因此，高职院校在学生的创业能力培养中发挥着重要的作用。

（一）营造校园创业文化氛围，培养创业能力

大学生创业能力的培养要在思想上和精神上注意锤炼自己。要树立自信、自强、自主、自立意识，不断进取，提高创业能力。自信就是指对自己充满信心，相信自己有能力、有条件去开创自己未来的事业。自信赋予人主动积极的进取精神，相信自己能够成为成功的创业者，尤其在遇到失败和挫折时更需要自信。自强就是指在自信的基础上，通过企业的实践，不断提高自己各方面的能力，进一步磨炼自己的意志，建立起自己的形象，敢说敢当，敢作敢为，不贪图眼前的利益，不断进取，使自己成为强者。自主就是指具有独立的人格，具有独立性思维能力，不受传统和世俗偏见的束缚，不受舆论和环境的影响，能选择自己的道路，善于设计和规划自己的未来，并采取相应的行动。自主还要有远见，有敢为人先的胆略，能把握住自己的航向。自立就是凭自己的头脑和双手，凭借自己的智慧和才能，凭借自己的努力和奋斗，建立起自己的生活和事业。在思想上和精神上注意锤炼自己是培养创业能力的重要环节。

因此，以学生创业能力培养为指向，营造校园创业文化氛围很重要。高职院校营造"大众创业、万众创新"的社会氛围责无旁贷，这是高职院校提高学生创业素

养的重要手段，也是高职院校培养学生创业能力的首要任务。创业沙龙活动是提升学生创业素养、培养学生创业能力的有效途径和行为保障。可通过校团委管辖的各种社团、学生处管理的各类学生组织，利用校园的网络、校报等传媒，举办各种"创业导师讲座""企业家讲座""创业论坛""校友创业演讲会"等活动，通过创业导师、企业家、成功创业的校友、开展创业活动的同学，对创业政策的宣讲、创业成功经验的交流以及企业中创业人才的典型人物宣讲等方式，激发学生创业的潜能，正确引导学生创业的舆论导向。

（二）参加校企合作实践培养创业能力

校企合作夯实创业基础。大学生缺乏社会经验和各方面阅历，当前高职院校应积极开展校企合作，通过校企合作让大学生在校期间可以直接参加企业真实项目培训和实践操作训练，在产教融合中熟悉行业产业状况，利用与专业人士交流的机会获得更多的来自市场的创业知识。在社会实践中，大学生是活动的主体，他们的创造性将被调动起来，自身具备的潜能和各种基本素质也将发挥出来。学生通过校企合作的实践活动夯实创业基础，可迅速提高组织能力与合作意识，更快地积累经验，创新能力也会在社会实践中得到培养和提高。高职院校的学生在实践中不断学习思考，明白创业是知识不断积累的过程，是创业能力不断提升的过程。

大学生应参加各类创业大赛。首先，高职院校要积极组织学生参加省、市、校举行的各类创业设计和创业大赛等活动，通过大学生撰写创业计划书、大学生遴选创业项目等方式，培养不同类型和专业方向的学生掌握创业竞赛要领，不断打磨和锻炼，形成具有团队精神的竞赛团队组织。其次，围绕"互联网+"开展的一系列大学生创新创业大赛、"挑战杯"大学生创业计划竞赛、"创青春"全国大学生创业大赛等赛事，培养大学生自己讨论团队组建方案以及竞赛运行方案等，在竞赛中发挥团队精神，体验创业认知，从而提升创业素养。最后，大学生要积极参加创业实践项目。高职院校要积极深化职业教育人才培养模式改革，做好专业与产业、职业岗位对接，专业课程内容与职业标准对接，教学过程与生产过程对接。职业院校通过与各类企业联系，建立多种产教融合、校企合作基地，组建校企共建的产业学院，让学生到实训基地、产业学院参加企业的实践实训项目，熟悉并融入企业的生产过程，在开展各类实践项目中提升学生的创业素养，实现创新创业能力的培养。

拓展链接

自信的故事

小泽征尔是世界著名的交响乐指挥家。在一次世界优秀指挥家大赛的决赛中，他按照评委会给的乐谱指挥演奏，但他敏锐地发现演奏中不和谐的声音。起初，他以为是乐队演奏出了错误，就停下来重新演奏，但还是不对。他觉得是乐谱有问题。这时，在场的作曲家和评委会的权威人士坚持说乐谱绝对没有问题，是他错了。面对一大批音乐大师和权威人士，他思考再三，最后斩钉截铁地大声说："不！一定是乐谱错了！"话音刚落，评委席上的评委们立即站起来，报以热烈的掌声，祝贺他大赛夺魁。

原来，这是评委们精心设计的"圈套"，以此来检验指挥家在发现乐谱错误并遭到权威人士"否定"的情况下，能否坚持自己的正确主张。前两位参加决赛的指挥家虽然也发现了错误，但终因随声附和权威们的意见而被淘汰。小泽征尔却因坚持己见而摘取了世界指挥家大赛的桂冠。

（资料来源：编者根据资料组织编写，2019年）

三、创业能力获取途径

推进大众创业、万众创新，就要不断提升大学生的创业素养，培养创业能力，提升人才培养质量，满足社会的人才需求，实现国家经济的不断发展与增长。

（一）完善培育体系，提升创业能力

要以创业素养为突破口，完善高职院校的培育体系。要多方统筹资源，建立灵活的管理办法，积极为学生创新创业提供有益条件，形成与社会需求相对应的培养体系。

1. 形成完善的课程体系

课程体系的完善对于做好大学生创新创业素养培育工作十分重要。要把创业素养的培养有机地融入创新创业教育课程中，作为人才培养方案的有机组成部分，才能有效地提高学生的创业素养，提升学生的创业能力。完善的课程体系的形成并不是高职院校单方面可以完成的。在大众创业、万众创新的背景下，大学生创新创业教育要重新定位，要创新授课形式，丰富授课内容。课程体系的形成不仅要考虑地方经济服务的需要，还要考虑企业人才的需要，可以与政府、行业、企业积极沟通，对接各方需求，构建适合本校学生实际情况的课程体系，推动学生创新创业教育的发展。

2. 多方建设培育实践体系

创业实践体系的形成是提升大学生创业素养的重要途径。在创新创业发展的历程中，高职院校经历了"2+1"或者"2.5+0.5"等不同的发展过程，而这1或者0.5就是高职院校用于学生开设实践课程的学年数。每所院校开展学生实践活动的方式和地点都不相同，甚至同所院校的不同系部、不同专业也都建立了自己的实践基地，这些共同构成了一所院校的实践体系。实践体系并不是职业院校独自构建的，而是通过专业建设和教学中学生实践的需要，与行业、企业沟通联系，多方共同培育建立的。学生通过实践活动，在实际操作过程中不断形成自己的知识、能力，提升自身的创业素养。大学生在校期间要积极参与创业实践活动，如大学生创业大赛、创业计划书大赛、"大学生创业众创空间"、"创新创业孵化园"等，使自己能够在真实的创业环境中领悟创业真谛，提升创业素养。实践环节能使大学生在学校期间积累创业经验，是培养创业能力的有效途径。

（二）多渠道收集信息，获取创业能力

高职院校多开设了创新创业指导课，教授学生创业管理、创业心理等方面的内容，以帮助大学生打好创业知识的基础。首先，大学图书馆和创业实训室也都提供创业指导方面的书籍，大学生可以通过阅读增加对创业市场的认识。其次，创业是目前媒体报道的热门领域，无论是传统媒体，如报刊、图书、广播、电视，还是新媒体，如网站、微信、个人自媒体等，每天都提供大量的创业知识和信息。此外，各地创业中心、大学生科技园、留学生创业园等机构的网站，也蕴含着丰富的创业知识。通过这种途径获得的创业知识，往往针对性较强。同时，商业活动无处不在，大学生平时可多参与创业活动的交流，向商界人士请教，向专业机构咨询。这种通过人际交往途径获取成功人士最直接的创业经验与技巧，将使大学生在创业过程中受益无穷。

（三）社会服务与实践助推创业能力

随着职业教育的发展，高校与政府、行业、企业间共同构建了各项教育服务体系。首先，高职院校为了让学生学习创业知识，出台了一系列创新创业教育管理规定，将创业教育学习课程列入了学分制中，提高了学生参与创业学习的积极性。其次，高职院校与社会、行业、企业多方合作融合，构建了学生创业实践服务体系，出台了一系列的激励政策，鼓励高职院校的学生参与实践活动；高职院校将创业实践活动列入了学生的必修课程并计入学分，鼓励学生自行联系实习实践单位；同时也调动一切社会资源，主动联系行业企业等，助推学生在实践中获得创业能力；高职院校与社会各部门联合组建了法律援助中心，为学生在创业实践中遇到的知识产权、股权结构、融资纠纷等提供咨询和维权服务，解决大学生创业过程中遇到的实际问题和困难。一系列的社会服务与社会实践，都提升了学生的创业能力。

高职院校的学生可以投身于真正的创业实践。在毕业前后进入创业启动阶段，可以单独或与合伙人轮流租赁或承包一个小店铺，或加工、修理，或销售、服务等，在真实的项目实践中提高自己的创业能力。这些活动会成为大学生步入社会大课堂的第一步。同时，大学生参与真实创业实践，既为将来开展创业活动积累经验，也有助于培养分析问题和解决问题的能力、组织协调能力、管理能力、应变能力、语言表达能力等，还有利于增强他们的创业意识和创业热情，为其提供应对挫折、面对各种困难的心理准备，促使其创业成功。

大学生在校期间还可以通过参与社团组织活动、创业见习、职业见习、兼职打工、求职体验、市场和社会调查等真实活动来接触社会，了解市场，磨炼自己的心志，提高自己的综合素质和创业能力。

> **典型案例3-3**
>
> ### 南京工业职业技术学院创业先锋云曙先
>
> 社会实践在云曙先身上涂上了浓墨重彩的一笔。在校担任科技联盟主席、电子科技协会会长期间，他带领社团同学投入科创成果推广、社区义务家电维修、专业发展前景与企业调研等社会实践活动中。每个周三和周末，他都带领电子科技协会成员在校内外开展免费家电维修，他的这一行为受到江苏公共电视台的关注并予以报道。2012年5月，云曙先联合南京大学、南京邮电大学、南京中医药大学等八所高校举办社团科技文化联合作品展，展示了175件科技类作品及设计作品，《东方卫报》和栖霞广播电视局对这次活动进行了报道。2012年暑期，学校选送他参加第六期江苏省菁英人才培训班，在青奥志愿服务创意比赛中，他用一天的时间做出了一个创意多功能综合服务板凳，取得第二名的好成绩；他带领的小组在溧阳开展了5天的实践活动，走访创业农民、体验农村劳作，帮扶困难群众，慰问孤寡老人，溧阳电视台一直跟踪报道。
>
> 为了增加创业实践的体验，云曙先做过兼职，销售袜子，做过婚庆服务，在汽配厂打工……他在校内创业园运营邮艺图文店，与校外实体公司洽谈项目，与江阴泰阳成索业有限公司合作智能刹车线在线检测系统项目和智能老人失忆提醒综合装置项目，与南京中医药大学老师合作智能可控升降除烟命门艾灸盒项目。积累了一定的经验和资金后，在南京工业职业技术学院金蝶大学科技园注册了南京博唯奋发智能科技中心个人独资企业，接着，又成立了南京云思顿智能科技有限公司。他收获了创新的果实，实现了创业的梦想。
>
> （资料来源：编者根据网上资料组织整理，2019年）

本章小结

本章对创业素养、创业能力以及创业能力培养的路径等知识点进行了系统的学习。通过学习，需要掌握创业素养内涵，充分认识创业素养，并了解创业所需的创业能力；尤其重要的是，要理性分析自己的创业素养与创业能力，通过多渠道提升自身创业能力。

课外训练

抓住机会

目标 学会识别创业机会，提升个人创业能力。

背景 麦克出身贫寒，做过勤杂工和推销员等。他依靠不懈的努力而自主创业，最终成为一代富豪。少年时，其他孩子从安全门逃票看电影，但是麦克却不，他找到电影院负责人，说："让我把守安全门。"结果不仅获得了这份非正式工作，而且形成了影响他一生的观念：只要肯动点脑筋就能赚钱。后来麦克到芝加哥闯天下，看到报上有很多招收泥瓦匠的广告。因为战后经济回升，美国的建筑业非常热门，泥瓦匠供不应求。于是，麦克便在一家报纸上刊登了培训泥瓦匠的广告。他租了一间店铺，挂上培训部的招牌，请了一位熟练的泥瓦匠，教材是砖瓦、水泥及沙子。他的这一计划非常成功，每天都有众多的工人来参加培训。当时建筑公司聘用人员需要分别招募木匠、水泥工、粉刷工等，实在是一件麻烦事。麦克便组织了一个专门机构为建筑公司代理这些事项，而且采取分工负责和流水作业，效率很高，受到建筑公司的欢迎。就这样，委托建筑与工程承包之间的中间商便出现了。后来，麦克成了"大西洋及太平洋建筑公司"的董事长。

讨论问题

1. 上面的材料体现了哪些创业能力？
2. 创业过程中如何运用这些能力？

活动步骤

步骤一：随机分组，6～8人组成一小组，讨论问题1和问题2。

步骤二：小组把讨论的结果以PPT形式呈交给教师。

步骤三：教师组织学生讨论每组的作业并点评总结。

第四章 创业市场调查

学习目标

知识目标

1. 了解创业市场调查的内涵。
2. 了解创业市场调查的特点。
3. 认识创业市场调查与一般市场调查的异同。

能力目标

1. 进行一次创业市场调查。
2. 总结出一次成功的创业市场调查应该具备的要素。
3. 进行一次行之有效的创业市场调查。

知识导读

创业是一项高风险的活动,基于创业时间和机遇短暂的窗口期,很多时候我们创业的机会可能只有一次。面对这一次的机会,我们如何将机会变成现实,将创业的想法落实成真正的生意,甚至是事业呢?这就需要我们在创业前进行比较科学和全面的创业市场调查,对创业主观和客观条件进行全面的调查,从而识别出真正的创业机会和创业路径,提高创业成功的概率。

案例导入

通过创业市场调查找到市场空白之处

在当前"大众创业、万众创新"政策的鼓舞下,许多有想法的大学生都成了创业者。但创业之路并不如想象中平坦和受到瞩目,更多的是不停地发现问题和解决问题的日常琐碎。如果创业前有做更细致和科学的创业市场调查,创业之路会不会走得更加顺利呢?答案是肯定的,以下是成功的案例。

来自福建的大学生杨建军通过创业市场调查发现一个非常好的相对空白的市场,他决定创业,专门从事家用电器的清洗工作。随后他用仅 5 000 元的创始资金成立了漳州市丑小鸭网络科技有限公司,该公司通过网站、微信和微博等新媒体平台接单,每天基本都可以接到30多张订单,清洗50多台家用电器,他获得了初步的成功。

张荣耀通过调查发现消费者对大件衣物的清洗工作有强烈的需求,于是创立了e袋洗公司。e袋洗自诞生伊始就有着互联网的基因,用户可以通过网上下单,e袋洗公司会派专人上门收需要洗的衣服,洗完之后包装好再送回给用户,十分方便。而且,e袋洗还抓住了用户怕麻烦的心理,与传统的洗衣店复杂的产品服务定价方式不同,e袋洗,顾名思义就是一袋洗,就是公司给用户提供一个标准袋,用户根据需求往里面塞衣物,只要能塞得下,几乎都是一口价——99元一袋。当然,有一些贵重的衣物或者是特殊的材质还是要采取差异定价。但这样的营销模式和定位深深地抓住了用户的痛点,让用户不断重复下单,用户也体验到了e袋洗服务的便利性,2013年才成立的e袋洗在2018年营业创收将近50亿元,创下了一个奇迹。

当然还有很多的案例,比如有的大学生通过访谈和无记名的创业市场调查,发现大家对于家庭用品的收纳整理以及换季衣物整理大为头痛,就开设了专门为年轻人和家庭整理收纳的创业公司,并迅速获得了市场的认可。

所以,好的创业市场调查是成功创业的开始。

(资料来源:编者根据真实案例组织整理,2019年)

提出问题

1. 如何通过创业市场调查发现日常生活中的市场相对空白点?
2. 如何实现用户痛点与创业机会的有效转化?
3. 如何提升创业市场调查的有效性?

第一节 创业市场调查内容

教师箴言

做好创业市场调查,心中有数,创业就可以更淡定、更从容。

核心概念

市场调查是一种将市场和消费者连接在一起的特定营销活动,用于识别市场机会、组织活动和评价营销活动的效果及其后续步骤。创业市场调查是创业者针对未来潜在的市场机会进行调查、研究、识别和分析等系列活动,并从中识别出创业机会和创业路径的市场活动。

学习重点

区分创业市场调查和一般市场调查的不同,并设计出行之有效的创业市场调查内容。

一、市场环境调查

市场环境调查特指针对创业者或者创业企业的市场环境调查,是指对影响创业活动的外部因素所进行的一系列市场调查的总称。它是从宏观上调查和把握可能对创业产生影响的外部因素及产品的销售条件等。市场环境调查的内容和对象基本上都属于不可控制的因素,包括政治、法律法规、社会、经济、文化、技术等,它们对所有创业活动都会产生巨大的影响。因此,每一位创业者都必须对主要的环境因素及其发展趋势进行深入细致的调查研究,以尽量让自己的创业活动处于较为有利的市场环境下,进而达成创业的目标。

(一)政治法律环境

在国内创业,政治环境是首先要考虑并且进行了解的要素,党和国家的路线、方针、政策,尤其是创业政策和行业、产业政策以及法律法规等,都需要创业者深入了解。比如,当前国家对大学生创业有着各种优惠和扶持政策,大学生更应该响应国家对"大众创业、万众创新"的号召,在学好本专业的知识技能的基础上,发挥个人优势,立足地方特色,开展国家政策鼓励、市场前景广阔、经济效益良好的创新创业活动,将创业与个人发展、团队成长联系在一起,以创业带动就业,开创"双创"工作的新局面。在法律环境方面,创业大学生需要关注市场的准入机制、门槛与禁止性条款。大学生创业一般都缺乏资金、人力和技术实力,只有尽可能地去了解到更有利的低准入领域,争取用尽可能少的资金去进行创业,创业才有机会变成现实,也才有可能成功。而禁止性条款,就是创业大学生绝对不能做法律法规禁止的事情,比如,有的大学生想在校内搞代课 APP 的开发,这就有悖于学校的规章制度,也违反了社会的公序良俗。

(二)社会经济环境

社会环境有广义和狭义之分,这里指的一般是狭义的社会环境,就是组织生存和发展的具体环境。比如唱卡拉 OK 是一个我们认为再正常不过的简单行为,但在卡拉 OK 作为新生事物刚进入中国的时候,则引起了很大的争议。主要原因是当时中国的社会环境还相对比较封闭和保守,人们对于这种释放自我、展现自我的事物还不太适应。但现在,我们看到了改革开放 40 多年后,国人对新生事物更多的是持一种谨慎而欢迎的态度,所以我们才能看到唱吧、抖音这一类释放自我、展现个性的 APP 的创业成功。经济环境的重要性就更加自不待言了,随着我国经济的不断发展,整个社会的需求发生了巨大的变化,社会的主要矛盾也转化为人民日益增长的美好生活需要和不平衡不充分的发展之间的矛盾。许多原本不存在或者不明显的需求逐渐显现,人民对美、对健康、对高品质生活的向往正是青年大学生创业的巨大推动力和奋斗方向。

(三)文化环境

文化是某一地区人类生活要素的统称,是一种说不清、道不明的东西,难以定论衡量,但在生活中又真实存在,并对我们的创业活动产生巨大的影响。比如我们在国内创业,就要考虑国人对于一些新生事物的接受程度,以及是否会跟我们的传统文化有冲突,是否会造成受众群体的不适。如果出现了与文化相悖的情况,轻则创业的项目无法落地发展,重则会对自己的前途事业甚至对个人产生影响。

(四)技术环境

技术环境一般是指影响市场和营销的外部技术因素的总和。有些基础技术甚至会对商业和创业产生决定性的影响,比如我们现在生活中随处可见的"扫一扫"支付,其基础技术和核心之一就是二维码技术。如果二维码技术没有被发明出来,那么现在无论是微信还是支付宝,带来的便捷性都无从谈起,也就无所谓移动支付时代的出现了。所以,作为大学生创业者,我们要充分了解当今社会科学技术的发展情况,了解其最新动态,争取站在巨人的肩膀上,去更好地完成创业使命,而不是重复投入资源,浪费人力、物力进行重复的技术开发研究。我国当前科学技术突飞猛进,在无人机、人工智能和工业机器人领域积累了大量的基础科研成果,大学生完全可以在充分了解和掌握这些技术的基础上,进行集成创新和二次开发,争取在各领域取得更大的创新创业成果。

二、市场需求调查

俗话常说"有需求就有市场",需求直接决定了市场的深度、广度以及持续性。了解市场的真实需求和痛点,是进行创业前一项非常重要而且必不可少的准备工作。所谓需求,指的是人们在某个特定的时期在各种可能的价格下愿意并且能够购买到的某种具体商品的数量。而市场需求调查,就是个人或企业针对市场消费需求进行的调查和研究。

进行创业市场需求调查,我们可以从以下四个方面入手。

(一)宏观市场调查

宏观市场是相对于具体的微观的市场行为而言的,通常来说,指市场主体无法通过市场行为直接改变和影响的要素和变量,一般包括但不限于社会经济发展水平、政治环境、法律法规、社会风俗文化、科学发展水平、宗教和人口、民族等要素。虽然宏观市场不算真正意义上的需求市场,但宏观市场的方方面面都会对真实的市场需求产生重要的甚至是决定性的影响。由此可见,创业者要对宏观市场进行方向性和根本性的掌握,哪怕不能对宏观市场的趋势进行相对准确的把握,也不能偏离社会总体需求的大致方向,只有这样,才能保证创业的方向是准确的,是符合人民群众日益增长的物质文化需求和对美好生活的需要的,是有价值和有发展前景的创业。

(二)消费者调查

消费者构成了市场需求的主体,所以这种针对消费者的消费行为、使用习惯和态度的调查是非常关键和必要的。可以说,创业是否成功,归根到底就是要看消费者是否认可和买单。正如大众媒体经常说的那样,叫好不叫座的产品是没有意义的,叫座不叫好的产品也是没有价值的,只有叫好又叫座的产品才是真正的好产品,才是具有生命力的好产品。但消费者只是一个整体的概念,市场上真正的消费者是由不同年龄、不同地域和不同生活习惯的人群所组成,可以按照不同的要素、条件和市场定位分成不同的群体。在创业前,创业者就必须对消费者进行详细的调查,清晰地明白自己的产品或服务是为哪些消费者服务的,或者说,哪一类消费者需要自己的哪种产品和服务。只有做好消费者调查,使产品和服务具有明确的市场定位,创业才有可能获得成功。

(三)产品调查

产品通常是那些能够供给市场,被人们使用和消费,并且能够满足人们某种需要的事物。产品既可以是有形的物品,也可以是无形的服务、观念、组织形式,或者是它们的综合体。消费者调查是为了搞清楚自己的产品可以供给哪些消费者,而产品调查则是为了搞清楚市场对自己的哪些产品有需求,虽然终极目的是取得创业成功,但调查的出发点和路径却不大一样。但有时候产品调查也不是万能的,因为产品调查只能基于当前消费者曾经或者有过类似的产品体验才能获得准确的参数,如果针对的是一项全新的产品,产品调查的效果会出现较大误差,或者根本无从谈起。只有在产品真实投放市场后,消费者才能从真实的产品中获得体验,创业者才能从市场需求的变化中得知产品真实的受欢迎程度和认可程度。

（四）广告调查

广告即广而告之的意思，广义的广告除了营利性广告之外，还包含政府、政党和其他社会组织的非营利性广告，而狭义的广告专门指营利性广告，尤其指企业针对潜在的市场和顾客群体进行的针对自身产品的介绍性和服务性的解释、答疑和推广的音视频和其他宣传方式的过程的统称。广告调查指利用市场调查的相关方式方法，对影响广告活动的有关因素和状况、发展情况进行调查研究的一切有关活动的总和。广告可以说是营销模式里最有效、最直接但也是资源耗费相对较大的一种方式，所以创业者必须搞清楚自己的产品需要什么样的广告，什么样的广告形式适合自己的产品，广告需要如何进行投放。当然，进入21世纪之后，随着移动互联网的迅猛发展，广告也从传统的电台、电视、海报等拓展到短信、网页、微信和其他渠道，广告的成本也开始日渐下降，但广告的有效性也同时出现下降的趋势。所以对于大学生创业者而言，要对广告进行详细的调查，明白自己的目标客户群体在日常生活中最常接触的广告形式和渠道，以尽可能找出最有效和最低成本的广告形式，获得最大的市场效果。

> **典型案例 4-1**
>
> ### 女性用的刮胡刀
>
> 吉列公司得益于两次世界大战和全球卫生观念的普及，生意越做越大，但其对象始终只限定在男性身上，对于更为广阔和消费力更强的女性却始终有点无能为力。20世纪70年代，吉列公司的高层决定改变这个状况。吉列公司委托几家市场咨询公司进行了全球范围内针对女性用品的缜密调查，经过调查发现，在美国30岁以上的女性当中，多达六成的女性会因为保持形象的需要而去刮除腋毛和腿毛。但当时的市场上却没有专门针对这一需求的产品，有这一需求的女性只能通过购买男性刮胡刀和刮胡泡沫来满足。而且，即便如此，女性在这一需求上的消费每年高达7 500万美元，社会通常认为，作为女性刚需存在的化妆眼影和眉笔消费全年不过也就6 300万美元，而花在染发剂上也就5 500万美元，结果实在让人震惊。
>
> 有鉴于此，吉列公司决定大举进军女性刮毛刀市场，成本却没花多少，这又是怎么一回事呢？原来，吉列公司的刮胡刀系列产品都是分成两部分的，手柄部分是可以重复使用的，而刀头部分则是可以拆卸替换的。吉列公司推出的女性专属刮毛刀，其实只对女性刮毛刀产品的手柄部分进行了定制，换上了女性喜爱的粉色等鲜艳的色调，刀柄也从男性喜欢的直柄换成了女性更容易抓握的曲柄，还特地压制了菊花的标志，突出了女性的特点，刀头部分则是完全沿用了男性刮胡刀的可替换刀头。在宣传口号上，吉列公司

针对女性的心理特点，强调产品是因应女性的要求而设计的，定价低廉，不伤腿部皮肤。产品一经推出，就迅速占据了全球市场，经此一役，吉列公司终于进入了其梦寐以求的女性用品市场。

客户的需求就是公司最好的产品源动力，做好市场需求调查，打造成功的爆款产品不是梦！

三、竞争对手调查

竞争对手是指在某个领域或者行业里，拥有相同或者相似资源的个人或组织，而且目的或愿景也相同或相似，并且其产生的行为会产生利益影响，所有这些个人或组织都可以成为竞争对手。当然，竞争对手这个概念也并非绝对，因为在当前新的经济和社会条件下，许多商业经济活动都存在主动或者被动跨界的情况，也就是看上去不算竞争对手，但实际对方的行为还是会对我方的经济利益产生影响。做好竞争对手调查，通常应该注意这以下五方面。

（一）直接竞争对手调查

直接竞争对手指在资源、目标、愿景、目标客户群体和利益都一致的个人或组织。对于直接竞争对手，我们要给予最大限度的重视和关注。如果我们是市场的先行者，那么我们就要对市场后来者进行仔细的调查和研究，虽然先行者拥有先发优势，但后来者也拥有相应的后发优势，他们有我们作为学习的榜样，在资源的耗费和前期的投入上会比我们节省许多，而且作为后来者，一般较为容易出现集成创新，所以我们要高度关注；如果我们是市场的后来者，那么我们就要以最大的精力和资源去调查和研究当前该领域市场的"领头羊"以及与我们实力最接近的其他后来者，从"领头羊"身上，我们要学习进入这个行业或领域必须具备的条件和资源，以及所有的门槛条件；而从与我们实力最接近的其他后来者身上，我们要学习的是他们所具有的核心竞争力和差异化的定位，作为我们创业的参考，进而思考如何在市场中实现差异化共存，构建自己的优势。

（二）间接竞争对手调查

间接竞争对手指产品不一样，但目标客户群体一样或者出现较大程度重合的个人或组织，竞争对手之间会产生利益上的冲突。比如小区里小语种儿童教育公司和乐高培训服务公司，虽然两者在商业策略和领域上都不尽相同，但由于服务对象都是相同年龄段的儿童，而且小区及附近的儿童数量在一定时期内都是相对稳定的。哪怕家长有充足的经济实力，但儿童的接受能力和时间都是有限的，所以儿童如果去乐高培训了，很可能就没时间和精力来上小语种课，两家就成了间接竞争对手。对于间接竞争对手，我们有时候也要转变思路，将竞争性的思维转为合作性的思维，寻求合作，增强自身的竞争优势。比如小语种儿童教育公司可以与跆拳道、舞蹈教育或者儿童健身公司合作，开设联合课程，或者可以根据家长给孩子报班的需求进行课程时间调整，让孩子可以在相对宽松的时间安排下去学习课程，既解决家长和孩子的烦恼，也让双方或者多方之间寻求到利益的结合点，减少直接的商业竞争和碰撞，进而达到双赢。

（三）替代性竞争对手调查

替代性竞争对手是指目标客户群体一样或者类似的个人或组织，其产品相对竞争对手具有很大的优势，有很大概率能够替代竞争对手的个人或组织。以小语种儿童教育公司为例，最容易出现的替代性竞争对手就是小区附近的公立院校和语言学习网站。在相关政策的鼓励下，公立学校针对儿童会开展各种第二课堂活动，甚至还是免费的；而语言学习网站具有互联网的成本优势和价格优势，线下实体商家的成本较高，则难以与之竞争。

（四）潜在竞争对手调查

潜在竞争对手是指提供的产品有一致性或相关性的个人或组织。潜在竞争对手可能是周边相关行业的个人或组织，也有可能是来自上下游相关行业的个人或组织。如小区小语种儿童教育公司的潜在竞争对手可能是其他小区教育公司，也有可能是居住在小区内的外国人。潜在竞争对手虽然在短期内不用耗费太大的资源和精力去关注对方，但是也要给予一定的重视，对其运行要进行跟进和分析，提早识别潜在竞争对手的策略，在潜在竞争对手成为直接竞争对手时，则不至于束手无策。

（五）非行业利益攸关方

非行业利益攸关方是指那些自身具有强大实力和优势，当所在的领域出现飞跃式发展或者较大利润时，可能采取跟进策略、成为竞争对手的个人或组织。比如小区小语种儿童教育公司，如果其招生很火爆，并且持续了一段时间，其他外语教育大机构就会迅速跟进，在这个区域或者附近区域设立分校或教学点，以抢占市场。

> **拓展链接**
>
> **瑞幸咖啡的转角战略**
>
> 　　中国的传统国民饮品是茶，但是进入21世纪以来，我国对于咖啡的需求迅猛增长。咖啡进口量从1998年的1.39万吨增长到2015年5.92万吨，进口咖啡年均增长率约为13.7%，位居全球前列。但在中国的咖啡市场上，长期存在并占主导地位的都是洋品牌，比如星巴克、咖世家（Costa Coffee）。国产的咖啡品牌代表是华润集团的太平洋咖啡，但由于起步较晚，而且咖啡在华润集团中并不居于首要位置，因此一直不温不火，无法与洋品牌抗衡。
>
> 　　但瑞幸咖啡的出现改变了这一现状。瑞幸咖啡在创立前，其创始人和创始团队针对当前中国市场上存在的洋咖啡品牌及其运营策略进行了详尽的调研和分析，他们得出结论，洋品牌尤其是星巴克，他们采用的策略是CBD策略，也就是通过占领白领众多的CBD、商圈和金融区的中心位置，达到品牌的经营目的。但市场上更多存在的是中小型写字楼，由于位置相对偏僻、人流相对少以及空间不足等情况，是洋品牌无法或者不屑于进入的市场。
>
> 　　瑞幸咖啡创始人看中了这个相对空白的广阔市场，决定采取反向的开店操作，在创业初期暂避洋品牌的锋芒，通过占领中小型写字楼的转角处，开设通过网络下单现场提货的转角咖啡店，迅速占领新中产更为密集的主流消费人群市场。瑞幸咖啡这一战略既避开了势力强劲的竞争对手，又获得了相对便宜的店租地段，还收获了大量的消费者，可谓一举多得。得益于"转角战略"的成功，瑞幸咖啡获得了风投资本的青睐，经过多轮融资后，瑞幸咖啡的估值已经接近30亿美元。这家2017年才创设的中国咖啡企业，创造了一个新的神话。
>
> 　　在创业前，分析对手，学习对手，模仿对手，超越对手，会让你的创业之路更为畅顺。

第二节　创业市场调查方法

教师箴言

　　外行看热闹，内行看门道。要做好创业市场调查，我们也得掌握一定的"门道"。

>核心概念

调查方法是通过各种途径和方法,间接了解被调查对象的情况和状态的研究方法的总和。

>学习重点

不同的调查内容需要不同的调查方法,只有灵活地掌握各种调查方法,才能更好地完成创业市场调查,获得准确的数据作为创业的依据。

一、现场观察法

现场观察法是调查者根据一定的研究目的、研究提纲和研究指引,通过实地观察工作的方法,以自己的感官和辅助工具直接观察被研究对象,进而获得所需数据或资料的一种调查研究方法。这种方法的优点是能直接观察到调查对象的情况和变化,对调查对象有直观的认识和了解,而且收集数据比较简单和直接,数据量也比较大,具有较高的参考价值和感性认识。而缺点在于,调查获得的数据非常庞大和粗浅,调查者很容易被调查对象的表象所迷惑,忽略了在表象掩盖下可能存在的本质规律,而且这一方法需要调查者有较高的专业能力和观察能力,也需要有足够的耐心和精力,否则很容易错过或者遗漏信息,造成信息数据统计的失真;还有这种方法的成本比较高。具体来说,现场观察法有以下三种不同的操作方式,这三种操作方法可以单独使用,但更多时候是混合或者交替使用,其具体操作说明如下。

(一)直接观察法

直接观察法,顾名思义就是调查者在现场对某个行业或者企业的运营进行直接观察的方法。这种方法适用于观察那些周期相对短的、操作公开化的和人流量大的创业项目。比如我们坐在奶茶店里,就可以轻松地观察和统计到奶茶店的人流量、销售量,以及通过成本核算法算出大概的毛利率和了解目标潜在客户对产品品类的反映和需求等。还可以通过不同路段奶茶店的销售情况去推断路段情况对奶茶店销售的影响,可谓最简单直接的创业市场调查方法。但在直接观察完之后,还需要对调查的原始数据进行整理,去粗取精,去伪存真,应用现代化的手段,比如计算机技术或者更先进的大数据技术对原始数据进行筛选和整理,从而得出较为精确或者有价值的数据,再从数据里提取出对创业有帮助的趋势性和方向性的结论,这才是直接观察法的核心所在。

(二)阶段观察法

有些创业项目可能需要比较长的周期,或者具有间歇性的特点,为了能完整地掌握其工作或运作周期,必须分阶段对这些项目进行观察。农业类、策划类和会展类的创业项目都具有这种特征。比如，创立一家会展策划类的或文化传播类的公司前，可以先通过观察同类企业的运作过程，一般会展策划企业从项目开始，都是投标、中标、了解、策划、反馈、修正、落实、执行、总结等几个明确的操作阶段和流程，其操作具有明显的阶段性特征。在对其进行观察的时候，并不需要在每个阶段的每个时间点都进行观察，只需要在每个阶段具有代表性的初始时间点进行观察，将其最有代表性的操作进行观察和记录，就可以得出较为精确的结论。但对于阶段观察法，最关键的就是要掌握每一个阶段需要进行取样的时间节点，因为时间节点不一样的话，可能直接导致数据的失真和偏离，对最终调研结果会产生影响。在进行阶段性操作的时候，最好能寻求行业内有经验的从业者的帮助，可以进行比较精确的操作，尽量少走弯路错路。

（三）间接观察法

有些创业项目由于各种因素，无法进行直接的观察，只能采取比较间接的观察方式，比如通过产品进行反推、根据数据进行推测和利用机器或软件进行监控等。比如软件开发类、科技类的创业项目都具有这类特征。假设创业者想知道一些关于软件类创业企业的运作和盈利情况，但由于软件类企业一般是进行幕后开发的，其开发过程对外界而言就是一种相对的黑箱，除非企业自己基于宣传的目的进行主动公开，否则外人也无法得知软件类企业在开发这个软件过程中所付出的成本和具体付出的人力资源成本。作为创业者，可以通过其公司的大概规模和组织架构，然后用企业进行立项的时间和成品发布的时间，再辅以各种企业主动公布的数据去测算大致的成本，从而对计划创业的项目进行大致的测评。对于其产生的用户体验也是一样，准确的用户体验只有企业自身才会掌握，而且基于宣传的目的，企业一般会筛选出正面的信息进行公布。所以只能对这类信息进行基于间接观察的猜测处理，可以用行业内较为主流的产品标准作为评测标准，利用现今掌握的人力资源，进行一个标准化和统一性的测试，并对测试结果进行统计，高于标准的，我们可以认为体验是较高的；低于标准的，我们就可以推测用户的体验较差。最后再综合数据，得出概况性的结论。

> **典型案例 4-2**
>
> ### 高尔夫球场里的大生意
>
> 众所周知，高尔夫球是一项贵族化的运动，无论是其会籍费还是玩一场球都所费不赀，一般都是商务人士以球会友或者洽谈生意，以下说的是在高尔夫球场的创业故事。
>
> 在20世纪的美国，一位叫瑞德的美国青年在高尔夫球场里做球童，有一次他发现，两位打球的人在一场球赛里将3个高尔夫球打进了湖里。要知

道，高尔夫球是很贵的，玩球的人不在乎，但是这位看球的小伙子动起了脑筋。他想到，光一场球赛就有3个球打进了湖里，那长年累月下来，湖里该有多少个球啊？

于是他想验证一下自己的设想，在当天营业时间结束后，他借口说落了东西在球场里，要返回去拿。他偷偷潜入湖底，发现湖底密密麻麻的全是高尔夫球，他大感振奋。第二天开始他就捞起湖底的球，经过简单的重新喷涂后，以半价出售给球场，他因此赚到了第一桶金。从此他不再做球童，而是专门做捞球的生意。

但毕竟捞球的生意毫无门槛可言，当别人发现瑞德的秘密后，瑞德的收入迅速下降了。他思考了许久，于是决定成立一家专业的公司，专门回收高尔夫球，将高尔夫球按照品质分类，重新喷涂，然后出售给高尔夫球场或者玩家，迅速成为行业的首创者和巨头。

二、模拟实验法

模拟实验法原本是一种自然科学的实验方法，指的是那些难以直接利用研究对象做实验的时候，有时候会利用模型来进行实验，或者通过模仿实验对象制作实验模型，或者是通过模仿实验对象的某些条件进行的实验，我们都可以称之为模拟实验。以此类推，所谓模拟实验法，应该类似沙盘实验，就是对难以进行现场观察的对象采取模拟实验的方法，尽可能地模拟出一些关键的条件和要素，然后进行推演的一种创业市场调查方法。模拟实验法的优点在于能模拟出一些不常见或者需要比较长时间才能完成的情况，数据比较多，而且成本相对比较低。但其缺点也是非常明显的，经过模拟出来的情况毕竟不是现实的情况，与现实的情况还存在较大的差距，以此方法得出的统计数据作为创业决策依据时，我们只能将其作为参考，而不能完全作为决策的依据。要全面地做好模拟实验法，我们可以从以下几个方面着手。

（一）通过模拟产品的特质进行创业市场预测

通常来说，创业团队很难一开始就推出一个开创性的产品，即原始创新。创业团队基于成本和能力的限制，更有可能做出集成创新的产品去迎合市场的需求，从而积累经验和经费。集成创新的优势是创业团队可以根据现有市场存在的产品去改良，从而设计出符合市场要求的产品，获得创业的成功。一般来说，成功的产品都具有一些共性的特质，比如尊重客户的用户体验、符合用户的特殊需求和个性，或者是具备某些地域特征等，创业团队可以通过模拟产品的这些特质，去预测市场的反应，从而创造出具有巨大销量的产品。

（二）通过模拟创业团队的市场操作预测竞争对手的反应

市场并非只有一个市场主体，哪怕创业者想做的是一个全新的、革命性的、开创性的产品，但只要进入的是一片新的市场，而且利润率足够高，那么竞争对手就会很快跟进，甚至还会利用后发优势进行竞争。针对这种情况，创业团队必须通过模拟市场操作，包括可能采取的应对策略、广告营销策略、后续研发战略等，然后测算采取这些行动所要花费的资源和代价，思考是否值得去采取这一可能出现的操作。如果是利大于弊，那肯定可以采取行动；但如果出现不利的可能状况，那么创业团队就应该进行更全面的模拟，看是否有遗漏的方面，假设结果一如既往的明确，创业团队的下一步行动就应三思而后行。

（三）通过模拟极端情况预测可能出现的市场反应

创业的过程不可能一帆风顺，哪怕是市场上再成功的独角兽公司，也会遇到挫折或危机状况。对于新生的创业团队来说，其抗压能力和应对风险的能力都较弱，更加需要花精力去模拟可能出现的危机和挫折，并预测可能出现的最坏的后果和情况，并对此拟定应对策略，从而提高创业团队的生存概率。

拓展链接

网飞公司的大数据模拟实验

我们看到的传统电视剧，都是编剧先写出剧本，影视制作公司投资拍摄，拍摄杀青后，再由播出的电视台或者网站购买其版权，再在指定时间播放。但网飞公司（Netflix）反其道而行之，用了一种反向的操作模式，然后大获成功，它是怎么做到的呢？

网飞公司原来是美国最大的DVD和VCD出租企业，但进入21世纪之后，伴随着网络技术和网速的突飞猛进，原本稳定而且收入颇丰的影碟出租模式遭遇了增长的极限，网飞公司迫切需要找到一个新的增长极，通过市场分析后，其决定进军媒体视频在线播放领域。虽然这不算跨界，但业务形式从原本出租影碟到现在的用户按照季度或年度收费的转变，仍面临巨大的风险，网飞公司用大数据模拟实验的方法，将这次冒险变成了一次巨大的成功。

为了尽可能保留原有的老客户，网飞公司将之前出租影碟的内容都放在了新平台上，供用户点播观看。但对于平台转型后的首个自制剧，公司内部一直举棋不定，最后决定用数据模拟的办法，将所有受欢迎的元素综合在一起，尝试打造出一部热门剧集。在剧集播出的时候，网飞公司还一改传统的电视剧周播或者日播等"挤牙膏"的播出模式，改为一次性播出第一季13

集,让订阅用户一次性看个够。结果剧集播出后大获成功,直接将网飞公司的订阅用户数推至2 900万户的高位。接下来,网飞公司还利用同样的模拟实验原理,打造出了《女子监狱》等题材生僻的自制剧,继续引领着电视剧市场的新风潮。

现代的大数据和云计算技术其实给我们的创业提供了不少的技术保障,我们可以通过模拟实验的方法,去寻找市场暂时未被发现的蓝海或者相对空白的市场,尽可能提高创业的成功率。

三、访问调查法

访问调查法是调查者通过各种方式与被调查者进行直接或间接的接触,收集有关资料的一种社会调查研究方法。访问调查法的优点在于,访问问题和流程是经过严格设计与标准化设置的,问题较为稳定,得出的答案也不会过于偏离主题,而且调查双方有着较为直接的交流;但缺点在于,这种方法的成本非常高,而且对于调查者的素质要求较高,调查者对于访问调查的掌控和进度直接决定着调查的结果和质量。通常来说,通过访问调查法获得的样本量不会太多。况且,这种方法对于被调查者而言保密性差,被调查者可能基于保护隐私的目的而拒绝回答问题,甚至会中断整个访问调查,从而前功尽弃。通常来说,访问调查法不外乎有以下四种模式。

(一)面谈访问

面谈访问就是调查者与被调查者进行面对面的访问调查。在这种访问方式中调查者可以观察被调查者的神情和肢体语言,从被调查者的反应去掌控访问的进度,但这种方法的进度比较慢,而且样本量不可能太大。一般而言适用于个性化和注重用户体验的创业项目,比如针对客户个人的教育项目和注重隐私性的服务类创业项目等。

(二)电话访问

电话访问就是调查者通过电话与被调查者进行访谈的一种访问方式。这种方式的优点在于可以在短时间内有相当数量的调查量,但缺点也很明显,在现今社会,需要被调查者腾出很长一段时间来耐心倾听调查电话是很难的,而且陌生来电很容易被认为是骚扰电话。此外,电话访问因为选择样本的标准不同,很容易造成极大的结果偏差。所以,从当前的商业营销实践来看,电话访问更多以免费赠送礼品等形式吸引被调查者,从而获取调查信息。

(三)网络访问

网络访问是调查者通过网络对被调查者进行访谈的一种方法,由于当前移动互联网的普及,我国的网络直播技术非常发达,调查者完全可以打破时间、空间的限制,通过语音或视频等形式对被调查者进行访问,达成访问的目的。但这种方式对调查者的素质要求也非常高,对被调查者的时间要求也不低,所以应该算是一种打破了空间障碍的面谈访问法。值得我们创业者注意的是,网络访问的误差也非常大。

(四)集中访问

集中访问可以归纳为面谈访问,是面谈访问的一种特殊的形式。集中访问在操作和特征上有其独特之处。集中访问一般指调查者与被调查者面对面进行访问,传统的面谈访问一般是一对一的,这样会导致样本量太小,进度太慢,许多企业并不会采用,尤其是对于创业企业而言,这样的成本和回报根本不成正比。而集中访问对于那些不太讲究精细化访问,但又重视用户体验的企业或者创业企业而言就显得非常实用。企业可以通过召集一定数量的潜在客户或者客户,一次性召开大型的调查活动,调查活动还可以被包装成客户的回馈活动或者是纪念活动,这样客户的心理接受程度也比较高,而且参与效果也会更好。当前互联网企业也非常重视用户体验,经常利用周年庆或者一些传统节日作为主题,召开各种形式的线下活动,让客户从线上走向线下,对企业的产品和服务产生更强的认同感,也会给企业提供更准确的反馈信息。

第三节 创业机会的识别

教师箴言

创业机会无处不在,但能发现创业机会的人不多,这就需要我们去寻找并识别它们。

核心概念

机会指具有时间性的有利情况。而创业机会则是指具有较强吸引力的、较为有利于创业的商业时间机会。创业者可以利用这一机会,为目标客户提供有价值的产品,创业者自身也可以以此获益。

学习重点

知道什么是创业机会,找到创业机会并抓住机会,实现成功的创业。

一、创业机会概述

如前所述，创业机会有着非常短暂的时间窗口，创业机会出现的时间不会很长，而且不容易被发现。这就需要创业者首先从定义和内涵上了解什么是创业机会，然后知道它有什么特征，最后才能知道如何去抓住它，并利用它实现成功的创业。创业机会的定义在前文已经提及，在此不再赘述，而对于创业机会经常会出现的情况，我们可以归纳为以下四种。

（一）政策的变化与调整

这里所说的政策的变化与调整可以分为鼓励性和禁止性或者不提倡两个方面。所谓鼓励，就是国家通过补贴或者税收调节等手段去提倡和鼓励某些产业的发展，比如近些年国家大力提倡新能源汽车、芯片和环保产业，由此诞生了大量的创业机会。创业者可能没有充足的资金和科研实力，但也可以通过在国家鼓励的领域进行创业，从而借助国家政策的扶持，走过创业最初的艰苦时期，使创业企业走上正常发展的道路。所谓机会，有时候不一定来自鼓励性的政策，禁止性或者是不提倡的政策也有可能诞生巨大的创业风口。比如我国从多年前就开始淘汰和关停落后产能，对许多传统厂房园区的改造就让相关的文创产业开始发展，成就了许多成功的创业企业。所以说，无论是鼓励性政策还是禁止性政策，都会产生创业的机会，不同的事物在不同人的眼里有不同的解读，我们要善于发现身边的每一个机会。

（二）科学技术的进步和革新

科技是第一生产力，科学技术的进步和革新会极大促进生产力的发展，这几乎是人尽皆知的真理。而每一次科学技术的进步，都会诞生大量的创业机会。近些年来，基因技术获得了迅猛的发展，原本仅存在于实验室的基因测序技术也开始有所普及，如金域和华大基因等都是近些年崛起的企业。

（三）产业结构的变革和转换

传统的第一产业与迅猛发展的第三产业相结合，很容易产生全新的创业机会。如传统单纯的农业收入很低，农民脱贫致富难，但在移动互联网的拓展和帮助下，许多传统的藏在深山和偏远地区的优质绿色农产品被开发了，通过这些平台实现了"飞上枝头变凤凰"的跃迁。像某地的富硒大米，原本只是农民的自留粮，但经过包装和销售，现在变成了"网红爆款"产品，售价一跃升为原来的十几倍，农民的收入也实现了跨越式的提升。这种概念还同时被许多大电商平台所利用，淘宝推出了"淘乡甜"，拼多多推出了"多多助农"，京东也推出了"地方特产扶贫馆"等平台着力主推各地原生态绿色的农产品。同样是第一产业与第三产业相结合，许多地方大力打造"农家乐"和生态农业旅游项目,也衍生出了大量与之相关的上下游产业,极大增加了农民的收入,切实助力了精准扶贫和国家全面脱贫战略的实施。

(四)社会观念的变化和发展

随着改革开放的不断深入和社会经济的发展,我国的社会观念也产生了绝大的变化,许多传统的观念也在不断地发展。对于创业者来说,这些都应该是我们要着重分析和研究的领域,因为这里面会蕴含着许多巨大的商机。传统的中国社会是家族制的,比较喜欢与家人围在一起共同进餐,这也形成了中国人独有的餐桌文化。但改革开放后,我国社会经济迅猛发展,许多家庭由原本的大家族家庭瓦解成核心家庭,甚至出现更为灵活和碎片化的家庭组织形式,在家里做饭和吃饭就成了相对奢侈的事情,由此外卖行业也迎来了大发展,饿了么从创业到被阿里巴巴收购也不过短短的10年时间,美团、达达甚至还有大量地方性的外卖平台,都获得了不俗的成绩。其他如社会养老机构的大量设立,也与老龄化社会与居家养老模式的退潮有关,这些同样也可以成为全新的创业机会和风口。

二、创业机会评估

所谓评估,就是用客观和设定好的程序去评价和估算某个事物的发展情况和状态的过程。创业机会评估,就是根据一些特定的指标,去评价和估算创业机会的价值、程度和可以利用的机会。按照通常的评价标准,创业机会评估可以从以下几个维度进行。

(一)实现能力

实现能力是指发现一个可能的创业机会之后,能将这个创业机会最终落实成真正创业的所有条件的综合,比如资源、创业伙伴、人脉、能力、特长、爱好和环境等因素。有时候即便发现了一个真正的创业机会,但因为不具备相应的资源能力,也无法将其变成真正的创业机会。例如,中小企业融资难、融资贵是当前我国经济社会发展中长期存在的问题,其原因是历史形成的,并非短时间内能改变的。由于我国对金融机构的管制比较严格,对设立银行类金融机构的门槛要求比较高,即便有大量的机会,但由于没有大量的资金,不具备实现的能力,创业者通常难以在这一领域大展身手。

(二)风险指标

风险就是生产目的和成果之间存在的差异和不确定性的总和。创业是一项高风险的社会活动,但高风险并不等于高回报,高回报只存在于可能性之中,并非必然,所以风险指标是每一个创业者都必须慎重考虑的问题。首先,我们要考虑的是资金上的风险，如果一个创业机会在前期就要求投入大量的资金，在没有获得风险投资的前提下，这种操作的风险太高，必须要慎重考虑和谨慎进入；其次要考虑的是时间成本和机会成本，创业除了需要大量的资金投入，还需要创业团队付出大量的时间和精力。除此之外，创业机会的可替代性、技术门槛等也是需要重点考虑的风险指标。可替代性就是创业机会是否容易被其他的产品和领域所替代，技术门槛就是创业机会对技术的要求，如一些缺乏核心专利技术的产品，技术要求不高，也特别容易被仿造的，就不适合作为重点的创业考量。如之前曾经风靡一时的自动搅拌茶杯，就由于仿制的简便性和结构的易破解，最先制作的厂家仅仅享受了不到一个月的优势期，而后其他厂家迅速跟进，这个市场马上出现了饱和，原有厂家的大量投入即付之东流。

（三）变现能力

变现能力就是一个创业机会从创业项目实现到真正盈利的能力。有些创业机会能落实为创业项目，也能顺利地运作，但其短期或者中期的变现能力非常弱，甚至不明朗，这对于普通创业者而言就是一个值得考虑的关键指标。正如移动互联网借助 4G 大建设时期实现突飞猛进的发展，诞生于其中的社交软件也是众多经济学家和创业者看好的风口之一，但社交软件普遍都存在变现能力弱的特点。大学生创业者对这种需要较长表现周期的，或者是变现能力不明朗的项目，必须慎之又慎。而更多的应该选择那些变现能力强、变现周期短、变现操作明确的项目，成为我们的初始创业项目或者是创业的主项目。对于那些变现周期比较长的项目，但前景又非常看好的，我们可以分出一些不占用太多主要业务的资源去进行尝试，即便该项目不成功，也不会对创业项目的大局造成严重的影响。

（四）窗口周期

窗口周期就是创业机会出现在公众面前，从真正被意识到直至市场饱和的过程。如果窗口周期过长，其他创业者会跟进，甚至大型企业会进行试探，这对普通创业者而言就非常不利；如果窗口周期过短，除非提前做好了准备并且准确预判了窗口周期的出现，否则创业者很难能抓到这个稍纵即逝的机会。

三、创业机会把握

创业机会稍纵即逝，创业者哪怕准备再充分、资源再充足，也很难说能完全把握得住。只有先苦练"内功"，做好自己，进行最充分的准备，才有机会在纷繁复杂的市场风云变幻中把握创业机会，实现创业成功的梦想。真正把握创业机会，可以从以下几个方面着手准备。

（一）提升创业者和创业团队的核心能力

大学生创业者的首要任务是学习，扎实掌握专业知识和技能。只有做好知识的储备，才能在创业过程中以专业知识为基础，实现有基点和落脚点的头脑风暴。大学生创业者可以用扎实的专业知识为原点，构建属于自己和团队的核心能力。

（二）提升创业的专注度

创业的竞争无处不在，创业的状况纷繁复杂，在创业机会来临之际，接受考验的除了创业者及其团队的能力之外，更多还考验他们的专注度。大学生创业者相对于多次创业者和大企业、跨国公司，并不具有其他层面和意义上的优势，可以说专注度就是我们最大的财富和战略优势。只有我们高度专注于创业本身，深挖每一个可能的细节，才有可能真正把握住创业机会，实现真正成功的创业。

（三）保持对于创业谨慎的乐观

乐观者和悲观者面对同样情况的所思所想和行为通常是不一样的。大学生创业者对创业本身要抱有谨慎的乐观。没有乐观的情绪，就不可能在创业初期诸多不利条件和匮乏的情况下坚持下去；但过度和盲目的乐观，对于创业也是无益的。把握创业机会不能仅仅靠乐观和热情，更要有切实解决问题的能力和执行力，真正将乐观的情绪内化于心，做到战略上乐观，战术上重视，一个一个地解决出现的实际问题，将创业机会真正把握在自己手里。

（四）积累解决问题的经验

大学生在人生经验上就相对欠缺，对于解决问题的经验也相对缺乏。但缺乏的东西正是我们所需要的，创业过程是一种磨砺，把握机会的过程更是一种人生的历练。在创业前，大学生创业者就要通过各种社会实践和模拟项目，去积累解决问题的经验，哪怕只是可供参考和可能性的经验，都会有助于更好地把握创业机会。

（五）对于机会的出现要有坚定和快速的反应

在创业机会来临之际，更多只能依靠创业领袖和创业团队的共同努力，坚定自己的信念，充分运用在准备期筹备的资源和手段，果断和坚定地抢占创业机会，获得先发优势。万一发现出现了先行者也不要紧，创业者要做的就是仔细和全面观察先行者，按照准备的节奏进行跟进和处理。市场是变幻莫测的，创业团队本身就存在着极大的不可预知因素，先行者未必是幸存者，但反应最快的必然会获得更多的优势。

拓展链接

左手的商机

通常我们都习惯用右手去做精细的活儿，但其实我们身边的左撇子可不在少数。左撇子也叫"左利手"，也就是在日常生活中习惯用左手的人，关于日常的写字、抓握等活动，左撇子都是用左手去完成的。根据统计，左撇子在世界总人口中占到9%~10%。但可惜的是，由于我们日常生活中的物品，比如鼠标等，都是给右手习惯的人设计的，许多天生的左撇子迫于压力，慢慢地改用了右手。但还有一些改不过来的，怎么办？

有一位北漂女孩就看中了这个商机，做起了"大生意"。2001年，年仅20岁的林薇中专毕业后到北京中关村打工。她开始在一家服装公司从事保洁工作，不但工资非常低，还经常被老员工欺负，于是她萌生了自己创业当老板的念头，但苦于人生地不熟，而且缺乏创业的机会，但她一直留意着身边的机会。一次偶然的工作间歇，让她听到了两位左撇子女白领的抱怨。两位女白领在茶水间里"吐槽"鼠标都是为习惯用右手的人设计的，她们用起来别扭自不待言，效率还特别低，经常被老板训斥，连公司的剪刀她们都用不惯，经常导致手部受伤，影响工作进度。林薇听到这里就想，这就是自己创业的好机会啊。她赶紧上网寻找资料，她惊喜地发现，在国外已经有公司开展了专门针对左撇子的业务，但国内市场还是相对空白的。

林薇在解决货源问题后，马上从北京最好的商圈租下一个小店铺。2002年，属于她自己的左撇子商店开张了！出乎她意料的是，根本就用不着宣传，因为小店几乎成了当地的一大话题。来买东西的左撇子不少，但来看热闹的人更多，很长一段时间里，小店几乎成为商业街的一个网红景点。得益于网络的力量，林薇的生意越做越大，随后还做起了针对顾客特殊需求进行的左撇子定制用品服务，比如特制的左撇子乐器和工程器具等。虽然她小店里的东西价格不便宜，但非常畅销。

左撇子我们在生活中虽然说不算常见，但肯定也是见过的，为何我们就让商机这样白白溜走了？把握机会，谁都能创业成功！

课外训练

主题 模拟头脑风暴创意大会。

目标 初步掌握头脑风暴活动的组织、流程、关键和重点,并尝试组织一次完整的头脑风暴活动。

活动步骤 活动步骤如表4-1所示。

表4-1 活动步骤

步骤	内容
步骤一	由教师或由全体学生投票选出一名主持人,主持人负责在白板或者黑板上记录各小组对于问题的阐述和理解,不得加以评论
步骤二	第一小组介绍需要通过创业解决的具体问题或者点子
步骤三	任何小组不得对任何成员或小组的意见提出批评
步骤四	如果场上因为小组成员出现难以理解或者冷场等情况,主持人只允许以案例或者定义解释的方法对遇到的困难进行解释
步骤五	鼓励任何小组或者小组成员对任何一个意见进行发散性的思考和解释
步骤六	由主持人对讨论的过程给予掌控,以免讨论偏离既定的方向和目标
步骤七	分组讨论,主持人进行总结并挑选出最佳方案。主持人将所有整理好的观点进行归纳和整理,会后各小组对观点以自己的理解进行阐述,最后得出小组的结论,然后小组间进行互评,并检讨谈论过程中的得失

第五章　创业项目构思

学习目标

知识目标

1. 了解创业项目的内涵。
2. 了解创业项目的特点。
3. 认识创业项目对创业成败的决定性作用。

能力目标

1. 从日常生活中发现创业项目。
2. 指出一个能真正落地的创业项目应该具备的特质。
3. 在各种条件制约和环境变化的不可控因素下调整战略、落实项目的构思。

知识导读

创业项目是前所未有的，具有开创性的特点。与普通项目的产品不同，创业项目的成果是形成一个现实的生产力，既可以通过普通产品来实现，比如新市场的开拓，是基于销售某产品的能力而从中得到获利能力，也可以通过提供一种创新的服务来开拓全新的市场，产品或服务的选择在创业过程中有时候起着非常关键的作用。

案例导入

智能手机普及后的新商机——一键刷机

得益于 4G 网络的普及，智能手机也"飞入寻常百姓家"，在智能手机时代，你有什么感到不方便的地方？根据各种口径统计数据得知，当前我国安卓操作系统的智能手机用户已经占到所有手机用户的 80% 以上。如果你不是一个科技狂人，也不是一个对手机操作系统有着较为深入研究的 Geek（极客），那么估计你的答案会跟我一样，对，那就是刷机。

安卓手机系统由于其开放性和易用性等特点，即便在安全性上有所欠缺，但当前仍牢牢占据着智能手机操作系统市场的霸主地位。安卓手机由于经常需要升级换代，但其代际升级系统一般不太完善，这就需要用户经常对其进行刷机操作。对于一般的用户而言，这是一个非常麻烦的事情。来自广州某职业技术学院的雷同学就敏锐地观察到了这个痛点，迅速与朋友开发了刷机精灵这个傻瓜式的一键刷机软件，这下连入门用户都可以自行操作刷机了。

由于项目的新颖性和切入点非常巧妙，创业团队迅速获得了百万元级别的天使投资，在注册成立公司后，千万元级别的风投资金也迅速跟进。在雷同学毕业后的一个月，腾讯的CEO马化腾亲自拜访该公司，迅速以6000万人民币的金额全资收购该公司，并将刷机精灵整合至腾讯旗下的旗舰软件中，成为一个基础模块。

从开始创业到被全资收购，雷同学用了不到两年的路，我们分析其成功创业的经验时不难发现，他是从智能手机普及中找到了一个独到的切入点，并真正地解决了用户的痛点，然后获得了丰厚的回报。

提出问题

1. 如何发现生活中的痛点？
2. 如何理解生活中的不便利就是我们最好的创业项目这个看法？
3. 如何将痛点转化为创业项目？

第一节　创业项目核心要素

教师箴言

找到一个好项目，创业就成功了一半。

核心概念

创业项目是指创业者为了达成创业目的的具体落实和实践的工作。创业项目可以按照性质划分，分成实体创业项目和网络创业项目；也可以按照行业划分，分成销售类、服务类、饮食类；更可以按照方式来划分，分成加盟式创业、自主式创业。

学习重点

从生活的平凡中发现痛点所在，转化成具有可行性和可操作性的创业项目。

一、创业项目评估

对于创业项目,我们要对其进行全方位多角度的评估,才能决定是否将其落实,真正进行创业。

(一)项目的独特性

一个好的创业机会,必然具有特定的市场定位,专注于满足顾客某一方面专属的需求,同时能为顾客带来独有的效果。因此,评估创业机会的时候,可以首先从项目的独特性来判断可能创造的市场价值。创业带给顾客的专属价值越高,创业成功的机会也会越大。

项目的独特性可以从两个方面来判断,一是创业项目产品的独特性。创业项目的产品既可以是一种具体的产品,也可以是一种无形的服务,甚至可能只是一种观念或者是某种资源的组织和整合形式。但无论是什么样的产品,只要产品本身是独特的,在市场中是唯一的或者是不可取代的,那么这样的创业项目就值得投入。在生活中,许多成功的创业企业就是具有产品的独特性,比如许多常见的软件类企业,都是围绕一个具有独创性的软件产品进行打磨,从而打造出成功的互联网企业。二是创业项目市场定位的独特性。市场定位可以是专门针对某种顾客群体或者细分市场,也可以是只针对某一区域或者部分区域的特定人群。具有地域性的创业项目,通常会具有浓厚的地方特色,专门为某一种群体服务,对该群体而言,这样的项目具有归属感,很容易建立起对项目的依赖感和归属感。

(二)项目的可行性

项目的可行性可以说是一个项目能否落地并开始运营的根本所在,主要做的是通过对创业项目的主要内容以及配套条件,诸如市场需求、原料供应、社会环境、资金资源等情况,从经济、社会、文化等多角度进行调查研究以及深入分析,并对创业项目落实后可能获得的经济和社会效益进行预测以及评估,从而判断该创业项目是否值得投入,以及如何投入的,为决策提供判定依据的综合系统分析法。

(三)项目的可持续性

在核定了项目的独特性和可行性后,还有一个很重要的指标就是创业项目的可持续性。有的项目是独特和可行的,但如果进行可持续运营的话,效果不好或者根本没有经济价值可言,或者说很容易出现替代品。

(四)项目的前期成本

在确定前面一系列创业指标之后,最后一个值得明确的关键指标就是项目的前期成本。除非有充裕的资金支持和很看好该项目的前期天使投资存在，创业者才有充足的项目前期资本，多数天使投资和风险投资也是理性的自然人或法人，他们进行投资的目的很明确，就是要获得超额的回报。如果前期投入过大，对于投资人而言也是存在巨大风险的，因为很多时候，进行天使或者风险投资只是投一个概念而已。如果没有刚才说的这个机遇，作为普通的创业者，资金都是很有限的，面对琳琅满目的市场机遇，暂时只能挑选那些门槛比较低的，以及那些资金需求比较小的进行尝试，等创业项目走上正轨以后，再去尝试那些曾经看似"高攀不起"的项目。

二、创业项目风险认知

我们可以将风险理解为生产目标和生产成果之间的不确定性，这种不确定性可简单区分为两方面：一方面强调的是风险表现为生产投入的不确定性，另一方面则强调风险表现为生产成果的不确定性。具体到创业项目风险而言，就是创业者对创业目的和计划获得的成果与创业投入（包括资金、时间、技术和精神成本的投入）之间的不确定性。而创业项目风险认知，则是指在创业之前，做好对创业项目需要投入的所有综合成本与获得所有的创业回报之间的可能比例的衡量以及判定，这一方面决定了创业者是否进行该创业项目，另一方面也决定了创业者如何进行该创业项目，以及需要特别注意的问题和预防可能存在风险所做的措施。

（一）进行创业劣势以及转化分析

我们对于创业项目的认知必须全面，既要看到优势，也要看到劣势，要客观分析。劣势方面要采取措施予以转化，要有针对性分析。在自身不足方面，从人员、设备、原材料、技术和方法、环境等方面展开分析，这将是后续制定对策措施的重要依据，我们需要对劣势方面进行转化，或采取措施防止发生损失，或将损失减到最低。在劣势分析方面，要分析竞争对手，分析自身有哪些方面不如对手，因为进入市场，竞争对手一般会采取措施阻止他人进入，这可能导致创业项目失败，因此需要有措施来预防。也需要对环境劣势进行分析，项目是在特定地点选择时机实施的，总会受到一些限制，特别是在环保、安全方面，是否存在问题，需要对此进行仔细研究。还要预测创业当地有哪些可能存在的规定或风俗习惯将对项目造成制约。

所以，在创业之前，进行全面的劣势以及转化分析，是一个必要而且关键的步骤。

（二）利用项目策划书进行 SWOT 分析

SWOT 分析法可以说是最经典、最直观有效的风险分析方法，根据前面的分析，我们已经掌握了项目的初步情况，而在写项目策划书之前，需要对多个项目进行对比、评价，决定选择一个最合适的项目，进而编写项目策划书。

项目策划书的内容大致有以下几个部分。

第一部分，项目及目标描述。这里只需要简单说明创业项目和创业目标即可，因为这个策划书是为了进行 SWOT 分析而做的，SWOT 分析如表 5-1 所示。

第二部分，SWOT 分析就是外部环境的机会与挑战分析、内部优势和劣势分析，这个分析非常直观，对应的方块可以进行有针对性的分析。

第三部分，制定对策措施，可以用矩阵的方式来编写。

表 5-1　SWOT 分析

选项	优势 S	弱势 W
机会 O		
挑战 T		

这样就有四个方面的对策：

SO：基于我们的长处，如何抓住机会。

ST：我们的长处，对于威胁或风险制定合适且不过当的措施。

WO：在机会面前，我们的劣势转化为优势的措施。

WT：我们的劣势要面对挑战或竞争或风险，如何采取措施转化或稳守，减少损失等方面的措施。

应该有针对性地制定以上措施，比如，在 WO 措施方面，对于创业者来说，很多情况下由于学习能力还不够，或对资源的掌控还不到位，即使机会来了，可能会错失，这里要充分认识到这种可能性，在制定措施的时候，应做些预防措施。

再比如关于 WT 方面，在资金实力不如竞争对手的时候，创业者就没必要与对手一样拼价格，否则大家都赚不到钱，对方资本雄厚可以承受得了，创业者实力不够就很快会出局。

第四部分，经济可行性分析。重点应该阐述在经济上这个方案的可操作性和可行性，其实就是一种变相的经济风险分析。

第五部分，实施计划与控制措施。如何实施该创业计划，面对可能存在的风险会采取何种对应措施，其实也是一种风险应对措施分析。

典型案例 5-1

昙花一现的泡面食堂

如果有人问你，大学期间让你感到印象深刻的味道有哪些？很多人可能会有不同的答案，有人会想起校园里花开的味道，有人会想起食堂饭菜的味道，有人会觉得是草地上青草的味道，但估计不少人会回答，宿舍里泡面的味道最让人难忘。

是的，许多学校因为各种管理制度的存在，学生总会囤一些泡面以备充饥。常吃泡面则会觉得索然无味，但许久不吃了，又让人怀念。

2018年的夏天，第一家泡面食堂开业了，主打的就是那些没吃过的印在包装封面的泡面，虽然泡面本身是一种廉价亲民的食品，但泡面食堂的价格却一点也不亲民，较为便宜的基本都要10~12元，比较贵的豪华套餐居然要价66元甚至更高，但大家为了体验情怀而蜂拥而至，泡面食堂居然出现了一时盛况，有人还拍了抖音网红短视频。

客观来说，泡面食堂固然是独特的和可行的，而且前期成本非常低，但从创业风险的角度分析，其原材料和准入门槛基本不存在难度，任何人想进行替代都可以说是轻而易举的事情，故此判定项目最大的风险在于可替代性和不可持续性。

果不其然，看到泡面食堂的门槛如此之低，各地纷纷跟风开起了泡面食堂，甚至还有更细分的牛肉面食堂和炒面食堂等，但对于泡面，其实谁都可以轻易买到，而且都可以通过添加原料的办法办到。在拍抖音和朋友圈的热潮过后，消费者的热情迅速退去，泡面食堂也变得无人问津了。

对于那些最早开展泡面食堂以及迅速抽身的经营者而言，赚到第一桶金就已经是最好的结局。后期跟进想持续经营的创业者，都遭遇了大幅度的亏损。所以，对于创业项目的综合评估和风险分析，创业者必须慎之又慎。

（资料来源：编者根据真实案例组织整理，2019年）

三、创业项目机遇分析

机遇是指突然遇到的好的环境和机会，是一种对客观存在的主观判断。具体到创业机遇，是指具有一定持续时间的客观存在对创业者具体创业有正面促进作用的政策、环境或者社会经济变迁情况，创业者可以在此环境下提供全新的产品或服务，并获得社会的认可和收益。进行创业机遇分析，是创业前准备阶段中一个必不可少的环节。创业机遇并不意味着创业者只能被动地等待机会或者好运的降临。创业者要做的，就是主动出击，但主动不代表盲动。进行创业机遇分析，正是要在看似平淡的日常生活中看出不一样的机会来，然后抓住机会，进行创业，并获得成功。

做好创业项目机遇分析，通常应该注意以下四个方面。

（一）政策分析

任何个人、企业、行业和产业都要受到国家政策环境的影响，政治制度、法律法规、产业制度和政策等的变迁都会产生全新的创业机会。比如，对于"海淘"（即海外/境外购物）和进口的政策放宽，就直接催生"海淘"这个全新的电商行业，许多原本不起眼的商家也迎来了迅猛发展的机会，如之前在电商市场一直不起眼的小红书、唯品会和网易考拉等，都是借"海淘"政策一跃成为头部电商。

还有就是5G时代的来临，2019年6月6日，中华人民共和国工业和信息化部向中国电信集团有限公司、中国移动通信集团有限公司、中国联合网络通信集团有限公司、中国广播电视网络有限公司四家企业颁发基础电信业务经营许可证，批准四家企业经营"第五代数字蜂窝移动通信业务"，比起之前公布的2020年商用路线图计划，整整提前了一年。对此媒体评论称，5G提前落地，除了中美贸易战的催化作用这个外因条件外，更重要的因素还是中国无论在硬件抑或是软件、理论上都已经为5G时代的到来做好了充分的准备。其中，就拿移动互联网最基础的设施基站来说，三大运营商预计2019年全年完成建设5G基站79万个，5G相关投资额为322亿~342亿元，可以说是万事俱备，只欠东风。5G时代绝对不仅仅是网速变快那么简单，与之相关的，就现在市场的常规分析而言，物联网、远程医疗、大数据、云存储和计算、无人机、环保监测等都会迎来属于自己的机会，原本许多传统行业借助5G这个催化剂，完全有可能催生出不一样的变化，这也是国家大力提倡"互联网+"政策的用意所在。比如，业界和媒体讨论得最多的5G概念就是"万物互联"，利用5G超强的网络带宽再加上IPV6技术，可以说世界上任何一个物体，甚至连一粒沙子都将获得自己的网络身份，这样人类对于资源的控制深度将会达到前所未有的地步。换而言之，在5G时代，再也不会存在说找不到东西的情况，因为只要我们持有任何一个网络终端，都可以很简便地获得任何一个所有物的位置和状态，并加以操控。这样人类对于资源的使用深度和效率都会达到一个极致的程度，资源的浪费也会大幅度下降，一个全新的时代——万物互联网时代将会来临。

（二）社会分析

改革开放40余年，我国的经济社会发生了翻天覆地的巨变，人民的可支配收入持续增长，物质文化需求持续增加，第三产业在国民经济中所占据的比例日益提升，这对创业者而言是值得仔细研究的课题。改革开放初期，我国的市场经济仍不发达，许多商品和服务只处在"有"的阶段，刚实现温饱的国人，对于商品和服务的个性化需求也不高，创业者基本上只要填补市场的空白就可以成功。比如之前一直被视为舶来品的咖啡，近些年在国内的消费日益兴旺，而电影票房、旅游、深度定制产品的市场也被持续看好，这些都表明了我国的消费结构升级在持续进行中。

（三）产业分析

改革开放初期，中国是一个农业大国，许多创业都围绕着"三农"问题进行展开。当前伴随着我国城市化进程的不断加深，许多产业乃至于产业结构本身都面临着深层次的调整和变革。比如改革开放初期的"三来一补"产业，随着我国环保政策日益收紧以及薪资水平的提升，开始迁移到东南亚等新兴市场国家。而随之兴起的高端制造业，比如工业机器人、人工智能、无人机等，则构成了我国全新的工业产业结构。对产业进行全面的分析，有助于创业者把准产业的动向，尽可能在朝阳产业，也就是国家和社会政策鼓励的产业上下功夫进行创业，以保证创业的成功率和可持续性。

（四）特定市场分析

特定市场也可以称为细分市场，是指企业或者个人可以依据某种特定的标准将统一市场的客户有意识地分成数个群体，识别出其中一个群体与其他群体之间需求存在明显差别的市场行为。这也就是创业者经常流传的一句俗话，即"远看一片红，近看一点蓝"。那一点蓝，就是创业者们梦寐以求的蓝海。

> **拓展链接**
>
> #### 二孩政策带来的新商机
>
> 2015年10月，中国共产党第十八届中央委员会第五次全体会议宣告我国的二孩政策全面落地，一个新的时代开始了，许多商机也继而涌现。
>
> 首先就是与二孩政策相关度最高的月子中心行业，之前实行计划生育一孩政策的时候，由于生育意愿的持续下降以及生育年龄的不断提高，虽然国人慢慢转变了不在家里坐月子的观念，月子中心也越开越多，但生意一直不温不火。但自从二孩政策实行之后，许多有生育意愿的夫妇纷纷进行生育，而且因为是二孩，夫妇生育年龄偏大，许多经济水平能负担的家庭都选择让生育后的妇女前往月子中心坐月子，以便于恢复。这一下就带旺了整个月子中心行业，选择坚守的商家也因此获利颇丰。
>
> 其次是与之相关的母婴用品行业。随着科学育儿和精细化养育观念的普及，消费者对于母婴用品的选择也变得多样化和挑剔起来，许多原来根本不存在或者用不上的母婴用品，在当前也成了标准配置，比如针对妊娠纹的消除膏、吸鼻器等，都是新生事物。
>
> 还有就是后续的早教和托管机构，虽然有许多妇女因为生育了二孩而选择作为全职妈妈，以方便照顾家庭和孩子，但选择继续职业生涯的妇女依然

不在少数，早教和幼儿托管机构市场也随之变得火爆起来。

所以创业机遇分析，最重要的是进行政策分析，只有深入解读并分析国内外政策的变迁，创业者才能在创业中把握时代风向，站立潮头，立于不败之地。

第二节　创业项目模型构建

教师箴言

机会只垂青于那些有准备的人。

核心概念

模型构建指利用专业的知识，对创业过程中可能遇到的情况、问题及其对策进行模拟和推演的过程。

学习重点

学会对可能进行的创业项目进行模型构建，尤其是针对创业项目的核心竞争力、可能性风险和最大盈利点进行的模型推演，会给我们之后的创业提供不可估量的帮助。

一、创业项目核心竞争力培养

核心竞争力是指那些能为企业和个人带来相对竞争优势的资源、资源配置方式或整合形式。创业项目的核心竞争力也就是经常说的"人无我有，人有我优，人优我特"，简单来说，就是客户只能选择一个创业团队，也不能选择别的创业团队的根本原因和竞争优势。根据人力资源和社会保障部劳动科学研究所和宜信公司在2016年联合发布的《中国青年创业现状报告》，中国当前的青年创业项目，产品和服务缺乏核心竞争力和核心技术是失败的最主要原因，这种情况在所有创业失败的情况里占比超过83%。这与许多创业者的直观感受都不一样，通常认为，创业最主要的矛盾和困难是资金缺乏，但事实上，根据此份报告，单纯由于资金缺乏而导致的创业失败只占总数的16.7%，许多创业团队存在最关键的问题还是因为产品、服务和技术高度雷同，缺乏核心技术和竞争力，最终因创业项目缺乏自我更新能力而导致失败。

（一）拥有独占专利

根据《中华人民共和国专利法》的规定，我国认可的专利有发明专利、实用新型专利和外观设计专利。其中，发明专利比较好理解，就是一种全新的发明创造，创业公司完全可以围绕着发明专利来进行创业活动，比如一个科研团队发明了一种癌症的超早期筛查技术，于是他们迅速注册了一家基因检测公司，这家公司围绕这项专利开展经营活动，在造福了许多潜在癌症患者的同时，自己也获得了不菲的收益。实用新型专利可以是对一种已经存在的或者曾经存在的事物进行外观或内涵改变的专利，当然这种专利是有实用价值的，而不仅仅是外观那么简单。

（二）拥有数量优势

有时候创业也不一定需要走创新或者发明的路线，只要能把数量的优势发挥到极致，也是一种不可替代的核心竞争力。比如我们日常生活中最为常见的名创优品就是一个典型的案例，名创优品的核心竞争力其实非常简单，它不过就是通过不断开设分店，将同一种货品的采购量加到极致，在供货商处争取尽可能低的采购价格，并且致力于降低流通环节的损耗和降低 SKU（库存量单位），说起来简单，可要说能做到的也就名创优品、无印良品、ZARA 和 H&M 等少数大品牌，真可谓"大道至简"。

（三）拥有先发优势

先发优势即平时所说的"头啖汤"效应了，一个行业的先发者总是拥有规则的制定权和许多后来者无法企及的优势。这个典型的案例就是新浪微博了，新浪网原本在国内门户网站中一直不温不火，也由于缺乏一个独特的产品，一直得不到广泛的关注，用户活跃度也比较低。但在自媒体时代初期，得益于 4G 技术的普及，移动互联网在中国迅速普及，手机变成了一个日常生活必不可少的终端系统。新浪网敏锐地抓住了这个历史机遇期，将很多资源投入微博的建设中，在各种传统媒体和新媒体上大力宣传新浪微博，重金邀请各行各业具有话语权的名人注册新浪微博，开设官方认证的微博账号。事实也证明，正因为这一系列组合拳的有效性，新浪微博成为信息的主要载体和来源，一时间甚至取代了许多传统媒体的发布首发权的地位，许多新闻发布会和第一手消息都首先出现在新浪微博。随后，新浪微博还做出了一个非常惊世骇俗的举动，就是把新浪微博改名为"微博"。新浪微博成为最大赢家，虽然中间也曾经出现过像腾讯微博这种有实力的挑战者，腾讯也为此投入了大量的资源，但由于新浪微博巨大的先发优势，最终的胜利还是属于新浪微博。

（四）拥有协同优势

协同优势可以有两方面的理解，一方面是上下游的协同优势，就是公司在某个产业内拥有较为完整的上下游配置，在市场竞争中具有较强的抗风险能力；另一方面则是产品或者服务拥有多产品间的联动协同优势，产品之间可以实现优势互补，强强联合，充分抢占消费者的心理主导权。第一种情况正是我国当前产业政策和国家政策鼓励的情况,假设一家芯片公司,如果收购了上游的硅矿和原材料企业,同时也拥有了下游的应用芯片产品的手机生产企业,那么这家公司在市场上的抗风险能力就会比较强。第二种情况也较为常见,当前小米和阿里巴巴都在打造这种全系列智慧智能家电系统,只要一个统一的APP或者网页入口,消费者就可以远程操控家里的电器,还可以实现许多在科幻片里才能出现的全屋家电联动功能,可谓十分方便。

二、创业项目可能性风险预测

创业是一项高风险高回报的社会实践活动。跟前文论述的稍有不同,前文的创业风险认知更多是从创业项目尚未投入实际运作前和实际运作初期所能碰上的整体性的风险去进行论述的。而这里论述的创业项目可能性风险预测,更多侧重的是创业项目投入实际运营后,可能遇到的风险。可能性一般是指事物发生或者出现的概率,它包含于事物自身并预示着事物的发展趋势,是一种客观的量化指标。要做到较为全面而客观、科学的创业项目可能性风险预测。

(一)利用分析工具进行项目可能性风险预测

风险预测,一般从人才、资金、技术、设备设施、原材料、方法、环境几个方面分别进行分析,找出与项目目标相关的各因素,创业者可以用鱼刺图来方便地找出关联因素,如图5-1所示,再用排列图的方法分析影响因素的权重。

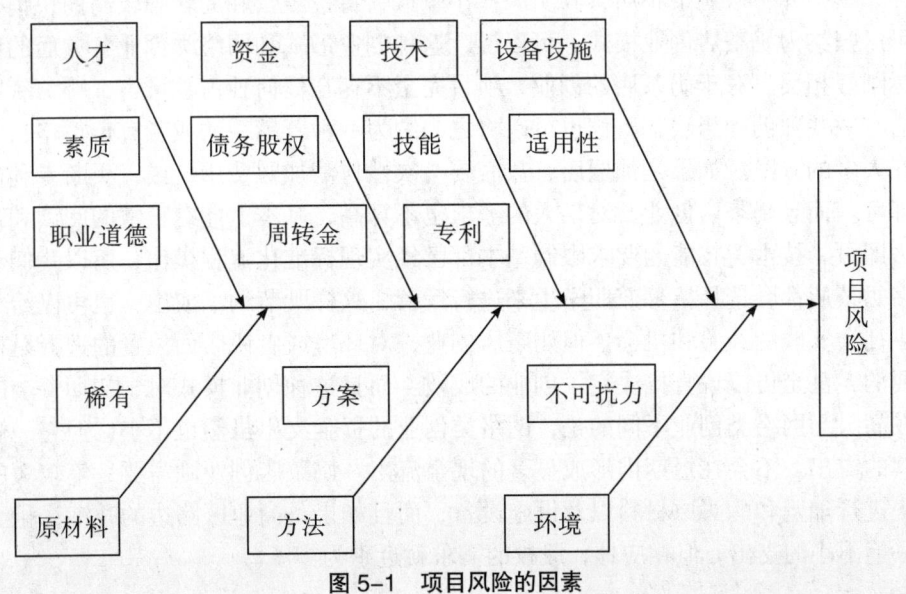

图5-1 项目风险的因素

以上仅是示意图，具体项目具体分析，列出关联的因素，针对各因素统计或用专家法估计可能影响的程度，可用排列图的方式将主要因素按权重大小进行排列。

光看图大家可能还没有什么太感性和直观的认识，在此我们就以青年大学生创业者最经常从事的两种创业模式——网络类创业和奶茶店创业，用分析工具来进行分析，就会得出比较直观的结论。

首先是网络类创业。这是一个比较大的门类，通常而言是创业者制作出一个满足某类客户群体某种特定需求的网页或者APP进行创业的一种模式，对于这种创业类型，项目的独占性很重要，也就是成功的方案直接决定了创业的成败，而执行创业方案的人的因素也至关重要，创业团队人员素质就显得极为重要，尤其是对于技术、技能和专利的需求更高，因为开发的过程重点在于人，而且研发和制作人员还要具有较高的职业道德水准，要求保守团队或企业的商业秘密。但这类项目对店面或者说环境的要求不算高。关于资金，网络类创业前期的资金需求不算很高，周转资金只要能维持基本的研发和运作就可以了，前些年这类创业资金最大的成本是服务器，现在也因为云服务器的出现而变得极其低廉，创业团队完全可以根据客户数量的变化随时扩充带宽。但由于这类创业项目的长期性和持续性，团队成员对于未来的预期导致对股权的要求较高，创业团队成员尤其是技术骨干一般会要求较高的初始股权，这也需要创业领袖对利益分配进行较好的平衡和权衡。网络类创业对设施设备的要求不算高，除非是对图形和美工要求较高的，即便如此，基本也是一次性投资即可。

其次是青年大学生创业者最常选择的也是毛利率较高的奶茶店创业。奶茶店创业并非单指开一家奶茶小店，其实一些小餐饮、特色经营和周转率较高的快销行业都可以归纳为奶茶店创业模式。可以说，这种创业形式和网络类创业各方面的风险指标刚好相反。对于奶茶店的创业，项目完全不存在任何独占性可言，哪怕有些奶茶店有一些独创和想法，我们也可以将之归纳为一种营销手法或者宣传策略，并不存在太多的方案。如果是加盟店，只需要一次性付清加盟费用，或者买断专利使用权即可。而且奶茶店创业，对工人的需求也不算高，基本上能有正常的阅读和理解能力即可，技术、技能的要求限制基本都已经实现标准化流程操作，所以我们看见许多奶茶店都会选择招募兼职学生来进行运营，这样既节约了成本，也可以给学生提供社会实践的经验和机会。但奶茶店创业，对环境或者说店面位置的选择是极为重要的，甚至可以说直接决定了创业的成败。而且这种创业模式对于初期资金的需求较高。与网络类创业不同的是，网络类创业的资金支出虽然也不小，但它一般是持续的支出，不会在短期内形成显著的现金流出。奶茶店创业则需要一笔较大的资金去进行加盟和购买原材料以及设施设备，而且如果是商业区路边的旺铺，租金也是一笔不小的支出。但相应地，股权的需求就近乎为零了。

（二）利用分类法进行项目可能性风险预测

风险评估按三个指标进行分析和衡量：

（1）损失概率。损失概率是指风险损失在一定时间内实际发生损失或预期发生损失的数量与所有可能发生损失的数量比值。如安全指标千人重伤率，这个指标在一些风险比较大的行业是经常用的，每个企业指标不同。

（2）损失程度。损失程度指发生一次风险事故所造成的损失的绝对额。

（3）损失变异性。损失变异性指损失的波动程度。

风险按损失严重程度分为：严重类风险，这类风险的发生可能导致项目目标无法实现。比如政策变化、战争等导致产业转移，项目失去继续下去的意义。适中类风险，这类风险发生可能推迟项目目标的实现。比如台风、地震等自然灾害损失，需要重建后才可以使项目继续。轻微类风险，这类风险不影响项目目标的实现。

三、创业项目最大盈利点评估

盈利是一个企业开展生产经营活动的终极目的所在，对创业项目的最大盈利点进行科学、客观和全面的评估，正是每一名创业者在创业前都应该完成的任务。通常来说，创业项目的盈利点不外乎有以下几种模式。

（一）差价模式

如果创业团队做的创业项目的主要产品是有形商品，一般就是采取这种差价模式来进行盈利的，其道理简单来说就是低买高卖，做中间商赚差价，但这个差价得合情合理，而且创业者要有独特的渠道或者独特的不可替代的商品，因为现在在网络上买东西太方便了。从现行的商业理论而言，采取这种盈利模式的，一般要走体验路线或者是精品路线，辅以为消费者提供不可替代的服务。所以采取差价模式作为创业的最大盈利点，要不就是拥有独特的商品，让客户心甘情愿地到线下的实体店为这种商品买单；要不就是商品虽然在网上可以方便地买到，但是顾客对商品的性能或者体验不了解，商品的单价也比较高，创业团队可以为顾客提供全面的体验服务，让顾客可以在线下实体店获得较为全面的商品体验，或者是对商品提供附加服务，让顾客买单。

（二）广告模式

广告模式是过去直至现在最为常见的一种盈利模式。采用这种模式的一般是网络类的创业，最为常见的模式就是设立一个网站或者APP，用户可以免费登录或使用，但只要用户浏览或者点击了广告，广告主都会给予一定的点击费用，如果客户通过该广告链接完成了一次有效的交易，广告主也会给予该单交易费用一定比例的提成。当然，随着广告模式的不断发展，现在也有新广告方法的出现，比如用户行为分析和软文，都属于广告模式的变种和分支。

（三）平台模式

平台模式就是创业团队通过设立一个交易平台，平台交易的既可以是实体的商品，也可以是某种服务，当然这些被交易的商品和服务都必须是符合国家法律规定的，是符合公序良俗的。平台模式具体的赚钱方法一般有两种，一种是交易抽佣，就是从每笔交易中提取一定数量的服务费或者交易手续费进行盈利，但用这种模式的平台必须具有相当的交易量，而且在平台的早期一般不能采取这种模式，即便要收费也是采用交易免费、店铺租金收费的模式，以及天猫商城进行差别收费的模式；另外一种是资金沉淀模式，就是直接向用户收取的费用很少，甚至不直接收取用户的使用费用，但在使用前要求用户交纳一定数额的押金，然后企业通过押金进行其他的金融操作进而盈利。押金的设置通常而言要比较合理，过高的押金会吸引不了大量用户，过低的押金会让用户违章使用或者不足以抵消创业团队提供商品和服务的成本，从而使创业陷入危险的境地。而且，各级政府基于保护消费者权益和金融秩序的考虑，不断加强对商品服务押金的管理。所以想采取资金沉淀模式进行盈利，还要符合政府相关的管理法律法规，不能违法经营。

（四）直接付费模式

直接付费模式就是使用者或者说用户直接来为商品或者服务付费。具体来说，直接付费模式也有几种方法，第一种是需要时付费，就是用户平时使用软件或者服务都是免费的，或者是免费试用，之后就需要用户付费继续使用；第二种就是周期付费模式，现在各大视频网站的会员、各种软件的年费会员都是采取这种模式进行盈利的；第三种就是基础的功能免费，但进阶功能和服务收费；第四种就更为彻底和直接了，就是一次性为服务或软件进行付费，之后永久性免费使用。现在许多苹果系统的第三方小应用软件和游戏都采取这种盈利模式。

（五）先免费后收费模式

具体来说，一般有以下几种方法：第一种是一定范围或者次数、人数内免费，超出收费，一般是软件服务或者网络服务采取这种盈利模式；第二种是部分功能免费，高级功能收费，一般也是网络或者是 APP 采取这种盈利收费模式；第三种是一段时间内免费，继续使用就收费，微软的软件多数采取这种盈利模式；第四种是原本的软件或者服务免费，但会推荐一些其他收费的附加项目或者活动、服务，微信就是采取这种模式盈利的。

> **拓展链接**

看上去不赚钱的东西其实更赚钱

这个世界上，赚钱的办法有很多，其实有时候，看上去免费的东西，会让使用者付出更高的代价，也就是花更多的钱。但从商家的角度而言，这就是一门好生意。

这里说的是一些看上去很便宜甚至白送的机器，比如胶囊咖啡机、打印机、家用游戏主机等，这些机器赚钱的模式都是一样的，首先他们以非常便宜的价格，如果在搞促销的时候，甚至是半卖半送的价格将他们的机器卖给你，开始的时候甚至还送你许多使用的配件，但等你用这机器习惯了，你就会发现，继续要让它保持这项功能，就要花上不菲的价格去购买一些耗材和其他配件，对于胶囊咖啡机而言就是咖啡胶囊，对于打印机而言就是硒鼓、墨带和墨盒，对于家用游戏主机来说就是专用的游戏光盘或者卡带了。这时候你会发现，你买不了几次耗材和配件，商家就把原来白送给你的机器价钱给全赚回来啦！

所以，我们作为创业者，要站在消费者的角度去考虑，刚开始要降低消费者或使用者的使用成本或试用成本，只要你的产品或服务足够的优秀，那么肯定会有消费者愿意为此买单的。我们要做的就是用工匠精神去把产品和服务打磨到极致，剩下的，酒香自然不怕巷子深。

（资料来源：编者根据相关案例整理编写，2019年）

第三节 创业项目模式选择

教师箴言

创业没有套路，但创业还是存在有一定规律性的东西，那就是模式。

核心概念

模式是指主体行为的一般方式，处于理论和事件的中间环节，具有一般性、简单性、重复性、结构性、稳定性、可操作性等特征。创业模式是指在创业的实践中那些可复制的、具有一般性特点的、具有可操作性的操作方法。

学习重点

学习创业项目研发模式、服务模式和营销模式，掌握这些模式的基本规律和特征，争取在未来的创业实践中学以致用，少走弯路。

一、创业项目研发模式

研发是一个创业型企业保持其核心竞争力的必要手段之一,研发的成果可以是有形的,也可以是无形的,如果一个创业团队放弃了研发,那也就是这个团队宣告解散的开始。可以毫不客气地说,做好研发,就是做好创业的基础工作之一。但创业团队由于资源有限,也不可能在研发上投入过多的资金和精力,如何做好研发和财务的平衡,将会是创业团队面临的一大挑战。而创业项目的研发模式,常见的有以下四种。

(一)直接研发模式

顾名思义,直接研发模式就是由创业团队自身直接进行研发,资金费用和资源全部自己承担,这样做的好处在于如果获得了重大的突破和改进,那么由此产生的研发成果就会全部归创业团队所有,甚至还可以申请相应的专利权,从而获得长期和稳定获利的可能性。但这样做的前提是,创业团队必须有比较充裕的资金和人力资源用于研发,但这一切正是许多创业团队在创业初期所缺乏的。而且,创业团队在研发上投入大量的资金,势必会减少在其他方面资金的投入,而且研发是一项相对长期和持续性的经营活动,并非短时间内可以看见成效的,甚至大量的投入后还不一定能够看见成效,这就会对创业团队的正常运营造成严重的影响,甚至还会影响团队的士气,让团队成员产生负面的情绪,影响团队在其他方面的表现。

(二)合作研发模式

合作研发模式就是创业团队可以与其他创业团队,或者是科研院所、高校、自然人以及法人共同合作研发新产品和服务,大家共同出资,共担风险,共享收益。这样做的好处在于创业团队可以相对少地投入资金和人力资源到研发项目中,而且还能通过合作分散风险,万一出现研发失败的情况,也不至于伤筋动骨。但合作研发如果产生了成果,自然要与合作方共享收益,相应获得的研发成果也会减少,如果出现著作权以及专利权的纠纷,还可能会引发长期的诉讼,进一步侵占创业团队本已稀缺的资金和精力,严重的甚至可以拖垮一个稚嫩的创业团队。但如果校企双方能在前期签订明晰的责权利合同,那么这种模式还是一种非常适合青年大学生创业采用的研发模式。

(三)委托研发模式

委托研发模式是创业团队出资,通过委托第三方专业的研发机构,如科研院所、高校以及部分有实力的科研企业,对某一项或者几项项目进行研发的行为。委托研发的最大好处就是将研发工作交给了专业的机构负责,创业团队可以全心全意投入其他的运营活动中,如果受托方获得了研发的成果,创业团队只需要按照原来合同的约定付出相应的代价,就可以获得该成果。但这样做最大的问题在于,研发的主动权和进度全部都不能被创业团队所掌握,如果遇上了不认账的受托方,创业团队仍有可能陷入漫长的诉讼周期中,耗费创业团队的资金和精力。委托研发模式对资金的要求较高,一般只适合资金较为雄厚的以及已经获得了融资的创业团队。其中,硅谷模式就是一种典型的委托研发模式。

(四)直接购买模式

直接购买模式是最简单粗暴的一种方法了。创业团队事先甚至可能并不知道有适合自身的研发成果,但一些负责研发的专业机构,在做出了研发成果之后,或主动公开,或被动为创业团队得知,创业团队认为该项成果能极大促进自身创业项目的进程,遂出资购买该项研发成果。这样做的好处是创业团队完全不用顾虑早期研发的资金和人力资源,但最大的弊端在于,这样的机会可遇不可求,而且真正能获得认可的研发成果,肯定不止一家创业团队看中,甚至会有具有雄厚实力的大企业看中,创业团队的经济实力与之无法相比,又何谈能够购买研发成果。而且,这个模式比委托研发模式需要更多的资金,毕竟研发机构前期也投入了大量的资源去进行研发,难得做出了成果,寻求高回报也是正常的企业行为。

拓展链接

不断研发创新的大疆无人机

大疆创立于2006年,是一家非常年轻的公司,短短十几年,是什么让大疆成为全球无人机行业的领头羊和独角兽?答案就是不断的研发和创新。

大疆早在2012年就推出了首款航拍民用无人机,彻底奠定了其作为一所高科技公司的地位。大疆将大量的资源投放在了研发和创新领域。正是得益于强大的创新和研发实力,大疆在2017年实现全年营收149.3亿元,占据了全球无人机市场70%以上的市场份额,甚至还占领了美国无人机市场85%的市场份额,这对一直自诩高科技强国的美国来说简直不可思议。

当前大疆继续加强对消费级无人机的开发,还集中精力继续研发各种行业应用无人机,其中已经形成规模的有农业无人机、快递无人机、能源无人机、公共安全无人机、媒体无人机、基础设施无人机和建筑无人机等,也都获得了相关行业的认可和肯定,并被广泛地予以应用。

研发是一家创业企业保持核心竞争力的重要措施,但能把创新写进公司的名字里,变成自己的基因和使命,最后还能做到的,估计也没几家,但大疆肯定是其中的一家!

(资料来源:编者根据相关案例整理编写,2019年)

二、创业项目服务模式

服务是指为他人做事,并使他人从中受益的一种有偿或无偿的活动。虽然说创业项目本身是可以提供商品的,但服务是所有企业都不可或缺的一部分。在现代社会激烈的商业环境中,良好的服务甚至可以成为企业核心竞争力的重要组成部分,我们熟知的海底捞就是其中的佼佼者。所以做好创业项目服务模式的选择,对创业项目的持续推进也有着较为重要的作用。按照通常的理解,创业项目服务模式可以分为以下几种。

(一)按照服务对象来划分,可以分为直接服务模式和中介服务模式

直接服务模式就是创业团队直接与服务对象接触,为服务对象提供服务的模式,像海底捞这些都属于我们常见的提供直接服务模式的机构。直接服务模式可以说是最为常见也是最为常用的一种模式。直接服务模式创业的优点在于能在客户和企业之间构建最直接的联系,如果企业的产品或服务是真正具有竞争力的,创业企业很容易获得客户和市场的认可,并在相对短的时间内创造出最大的商业价值,形成指数级的传播效应,并获得最大限度的市场回报。但缺点在于,如果创业企业提供的商品和服务出现问题,创业团队具有不可推脱的责任,市场对创业团队的质疑会是直接而且致命的。中介服务模式,也可以称为间接服务模式,就是创业团队只提供中介服务,连接其真正提供服务和享受服务的双方,致力于消除交易双方信息不对称的创业服务模式,比如瓜子网、贝壳网和58同城都是这种模式的代表,这种模式当前也常见于移动互联网创业。这种模式存在的根本原因在于信息不对称现象的客观存在。信息不对称在我们的生活中长期并客观存在,比如我们经常说中国的农业为何处于相对较低的发展水平,其中一个很重要的原因就是我国暂时还缺乏相对完善的农业信息服务机制。所以青年大学生创业者千万不要以为中介服务就是简单地进行信息的加工和整理。如果能把中介服务做好,找到当前我国供给侧改革和产业化政策中的信息不对称痛点,将其做通、做透,完全有可能创造出一个全新的信息服务独角兽。

(二)按照服务形态来划分,可以分为实体服务模式和虚拟服务模式

实体服务模式就是创业团队为服务对象提供看得见、摸得着的服务的模式,比如你在淘宝网上购买了家政清洁服务,家政阿姨就会上门来为你打扫卫生;你在饿了么上下了单外卖服务,外卖小哥就会上门给你送餐;等等。所有人民群众对美好生活的需要,都是创业者创业时可以去思考和切入的地方。青年大学生创业者在生活中应该善于观察和体验,去发现和找出生活中不便利或者不完善的地方,就是我们创业的最好想法。而虚拟服务模式,则是创业团队提供的服务是虚拟的,有时候

甚至只是一种概念。当前我们身处一个信息爆炸的时代，但在这海量的信息流里，却存在信息良莠不齐、泥沙俱下的现象。作为身处其中的一员，我们每天都会为处理大量的无效信息而感到疲惫不堪。虚拟服务或者说知识付费的创业者可以尝试为目标客户提供梳理信息和整理归纳有效信息的服务，从而实现客户与创业者的双赢，当然这一切要建立在保护隐私和网络安全的基础上。

（三）按照服务时间来划分，可以分为实时服务模式和延时服务模式

实时服务模式就是创业团队为服务对象马上提供服务的一种模式，上面所举的例子绝大部分是实时服务的案例。而延时服务可以理解为预订服务模式，就是客户先下单，而这个订单会在未来某个时间点内进行兑现。其实很多服务既可以是实时的，也可以是延时的。

三、创业项目营销模式

营销模式是创业团队获得盈利的关键所在，营销做得好，哪怕有时候产品或服务仍存在可以改善的地方，但社会也会给予认可，在市场上也会有较大的销量；反之如果营销做得不好，就是俗话说的"酒香也怕巷子深"，不但创业团队无法继续运营下去，创业者的抱负也会无法施展。创业项目的营销模式总的来说有以下几种。

（一）硬营销模式

硬营销模式也可以称为"脑白金模式"，就是通过反复的灌输，尝试在用户、目标用户或者潜在用户意识里形成一个相对固定的印象，这种营销模式一般通过一两句朗朗上口的广告词来实现，而这一模式的开创者就是脑白金这个品牌。从千禧年开始，"今年过节不收礼，收礼只收脑白金"的广告就开始红遍大江南北。现今，这类的营销广告依然层出不穷，就比如"瓜子二手车，没有中间商赚差价""58同城，一个神奇的网站"。但这种营销模式一般要求有大量的广告预算，而且营销的时间跨度要求比较大，一般来说，创业团队较少采取这种模式。传统的硬营销模式需要在同一时间段内，同时在电视、广播、广告站牌和户外宣传栏等媒体媒介进行全方位的广告轰炸，才能在短时间内达成较好的导入和宣传效果。我们应该还记得，在许多洋品牌进入中国时，为了提高知名度，都曾经运用过这一营销广告手段，并且收到了不错的效果，比如我们耳熟能详的宝洁公司，就长期对旗下的产品使用这一种营销宣传模式。现在我们打开网页时，弹出的广告窗以及网页上的浮动广告和广告条栏，其实都是属于硬营销模式的一种。创业团队完全可以采用这种营销模式，利用大数据的用户肖像功能，只针对目标用户进行广告的投放，增强有效的转换率，同时也可以节省营销费用，达到更好的宣传效果。

（二）软营销模式

软营销模式也可以称为软文模式，就是营销方通过看似与产品和服务无关的文章或概念，让目标客户从思维上接受了营销方设定的概念和意象，进而引导目标客户购买营销方的产品和服务的营销手法。这种推广方式虽然不太直接，而且需要比较长的时间进行铺垫，但对创业团队比较友好的是，这种方式花费比较小，但其最大的缺点就是宣传效果的不可控性。

（三）软硬两手抓的结合营销模式

这种营销模式也容易理解，就是在重复多次的硬广告营销的基础上，辅以软营销的手段。虽然说起来较为轻松，但是要真正做到两者的有机融合，却绝非那么简单。典型案例是前些年曾经在网络上引发现象级效应的一款网页游戏。这款游戏是由江西一家网络游戏公司制作的，是一款网页游戏，与传统的网络游戏客户端相比，该网页游戏最大的优势就是打开网页就可以玩，对网速和客户端的限制较小，很适合在碎片化时间娱乐，受到许多上班族的欢迎。该游戏作为一款后起的网页游戏，可以说无论在画面或者游戏方式上都没有过多的出彩之处，但其却在营销上选择了与众不同的形式。这款游戏采取了网页跳出广告的办法进行营销，并选择了古天乐和张家辉这两名香港艺人作为形象代言人。他们在这个基础上，还让两位代言人录制了一段非常简短的介绍视频，由于两位艺人都是香港人，说的普通话不太标准，尤其是在代言人张家辉进行自我介绍的时候，大家听成是"渣渣辉"，每次打开网页的时候，这个游戏的弹出框都会跳出来说一次广告词，网民都被逗乐了，不仅疯传这段小视频，还为这段视频进行了许多二次创造。制作公司发现后，顺道推波助澜，使营销效果得到加强。得益于这种病毒式的软硬结合的营销模式，这个游戏的登录数和活跃用户数实现了爆发式的增长，公司也获得了丰厚的利润，也从一家网游后起之秀一跃成为国内前列的网页游戏制作公司。

"吴晓波频道"的软营销

2019年3月17日，A股上市公司全通教育于晚间发布公告称，将以增发股份的方式收购杭州巴九灵文化创意股份有限公司96%的股权，而被收购的这家公司，正是"吴晓波频道"的全权运营公司，在2017年巴九灵公司完成A轮融资后，其市场估价已经高达20亿人民币。有人可能会问，吴晓波作为一名经济学家，他做的这个公众号为什么会这么值钱呢？

吴晓波是国内著名的经济学家，早年以《大败局》和《激荡三十年》等著作而为人熟知。2014年5月，他看到罗辑思维和得到APP等知识付费产品产生了巨大的影响后，遂开设"吴晓波频道"以团结自己的粉丝。2015年1月25日，"吴晓波频道"发布了一篇题为《吴晓波：去日本买只马桶盖》的文章，在全国范围内的微信朋友圈传播，许多公众号和微博也由此引发了关于马桶盖和制造业升级的大讨论。

随后，"吴晓波频道"还独辟蹊径，采取了软营销的手法，获得了耀眼的销售数据。该公众号首先是通过系列文章，介绍了国外主要是日本的许多匠人精神和精致的用品，然后又推出了系列文章，去寻找那些流落在中国民间的坚守工匠精神的匠人们以及他们打磨的产品，随后该公众号宣布，他们将会开启一项旨在支持民间匠人坚定传承、坚守工匠精神继续打造器物的计划，也就是"匠人加速计划"，还宣布了重点扶持的匠人以及品牌名单，最后宣布，所有这些富有工匠精神的器物，在"吴晓波频道"都可以买到，而且这些东西都是限量版，售完即止。随即就引发了一阵抢购的风潮，该公众号也获得了较丰厚的盈利。

"吴晓波频道"这种先说情怀后说买卖的营销手法，完美符合了当前正处在消费升级的城市新中产阶级的口味。由此我们看到，真正好的营销，不是赤裸裸地卖东西，而是主要卖情怀、销售概念，接下来的销售也就水到渠成了。

课外训练

主题 模拟投资路演会。
目标 撰写和修改创业计划书，进行创业路演活动。
活动步骤 活动步骤如表5-2所示。

表5-2 活动步骤

步骤	内容
步骤一	制作创业计划书和路演PPT 假设你与团队成员想创业，创业的行业不限，首先你要与团队成员一起做出创业计划书和路演PPT

续上表

步骤	内容
步骤二	十分钟演讲： （1）创业的初衷。 （2）为什么选择这些伙伴作为创业团队的成员，他们各有什么优势。 （3）说明你们这个项目的核心竞争力。 （4）说明你们这个项目的风险以及如何解决和防范。 （5）说明项目的最大盈利点所在。 说服评委给予团队进行天使投资
步骤三	评委的评分点： （1）项目的可行性和可操作性。 （2）团队的组成结构和互补性。 （3）项目的核心竞争力。 （4）项目的风险及其应对策略。
步骤四	评委点评环节： 评委对所有团队的项目进行点评，并当场宣布哪些团队获得天使投资和获得多少模拟投资额

第六章　创业团队组织与建设

学习目标

知识目标
1. 了解创业团队的内涵。
2. 认识创业团队对创业的重要性。
3. 初步认识组建创业团队的步骤。

能力目标
1. 组织创业团队是否只是寻找与自己看法一致的人。
2. 一个优秀的创业团队的领导者应该具备什么样的特质。
3. 充分认知团队自身存在的优势和劣势,并尝试通过学习和实践去修正。

知识导读

俗话说:"一个好汉三个帮,一个篱笆三个桩。"纵观国内外成功的创业案例,一个优秀的创业团队是必不可少的,创业团队的组织与建设直接决定着一个项目是否成功。创业团队是因创业这个共同目的而组建的集体,团队让成员们从原本相对独立的个人状态成为一个在心理上相互认同、在行为上相互影响的工作集体。

案例导入

饿了么创业的"兄弟连"

那是 2008 年 4 月一个平常的夜晚,上海交通大学在读研究生张旭豪和舍友康嘉如常回到宿舍,这时已经是晚上 10 点多,学校的食堂早已关门,饥肠辘辘的他们边打游戏边打算叫外卖来充饥。他们随手拿起手机给几家餐馆打电话订外卖,结果这些小餐馆要不就是已经打烊,要不就是因为太晚了不送外卖,这顿夜宵他们最终还是没能吃上。

于是,张旭豪和同宿舍的几个舍友一合计,认为这是一个创业的大好机会:餐馆不愿意送,哪怕愿意送效率也不高,而且还要雇用一个配送团队,也不划算；而客户想订外卖，但苦于餐馆没有这个服务，尤其是在天气不好的时候，到食堂打饭是一件非常痛苦的事情。关键在于，客户愿意为吃上外卖而买单。

于是，张旭豪和舍友们就这样热火朝天地开始创业了。随后的故事我们也知道了，他们将"饿了么"从一本薄薄的广告小册子发展成了一家外卖网站，随后还发展成了一个经过五轮融资后市值超过5亿元的大公司。虽然最后公司被阿里巴巴收购，但直到这一刻，最初的创业伙伴们依然站在一起。

提出问题

1. 团队和集体、群体的异同点是什么？
2. 一个好的创业团队应该具备哪些特质？
3. 在创业实践活动中，如何组建一个好的创业团队？

第一节　创业团队结构设计

教师箴言

组织一个靠谱的创业团队，创业路上将不再孤单。

核心概念

创业团队有别于普通的集体，因创业这个共同目的而组建的，是一个在心理上相互认同、在行为上相互影响的、共享创业收益、共担创业风险的工作集体。当然，还有一个更为宽泛的概念，就是把在创业中的利益攸关方，诸如天使投资人、风险投资人和创业导师等参与者也包含在创业团队中。

学习重点

从0到1设计一个创业团队，并掌握组建创业团队的主要因素。

一、创业团队整体结构设计

组织创业团队绝对不能抱着"打地鼠"的心态，出现问题才东一榔头西一棒子地去敲，绝对不能头痛医头、脚痛医脚，首先要有宏观的结构设计和想法，从整体上对创业团队进行设计，创业团队的整体结构设计应该遵循以下六大准则。

（一）尽可能精简创业团队成员

首先必须确定核心的创业领袖，明确统筹指挥的管理职能，发挥团队主心骨的作用。其次要因事设职，充分挖掘每个团队成员的能力和发挥其长处，使信息、资源和技术互通有无，明确团队各个角色的定位，职能整合，匹配人岗，减少冗员，构建起精简的组织结构，使成员之间高效灵活地合作。

> **典型案例 6-1**
>
> 以校园二手网站为例，小明主要负责网站的建设和技术，还有日常的维护，其他的必需业务也只有营销和研发这两个模块，专业的技术、运行维护以及财务模块可以等到网站的 PV（页面浏览量）、UV（独立访客浏览量）以及交易量上去之后再设立，所以用图表说明的话，小明的创业团队初期只需引入两位创业伙伴即可（如表6-1所示）。
>
> 表6-1 创业初期小明创业团队的构成
>
> | 技术和运维模块 | 营销模块 | 研发模块 |
> | --- | --- | --- |
> | 1人 | 1人 | 1人 |

（二）尽可能给予创业团队成员最大的授权

创业初期的业务量虽然不大，但因为没有十分明确的分工，这就要求给予团队成员充分的授权，提高成员的主观能动性和工作效率。当然，在团队成员开展工作之前，需要建立一个内约机制，使所授权力既受到制约，也能更加发挥个人的主观能动性，减少创业初期因为分工不明确造成的业务交叉和资源耗散，以达到收放自如的效果，避免"一抓就死，一放就乱"的局面，这个也跟授权力度的掌握程度有关。内约机制在创业团队的内部控制文件中应该有明确的体现。

（三）创业团队成员之间应该具有契合的价值观和良好的人际关系

价值观关乎每个人的原生家庭、生长环境、教育背景等，除非遇到重大的变故或者挫折，否则一个人的价值观都会保持相对的稳定状态。到了大学时期，每个人的价值观都基本形成，不会在短时期内出现重大的波动和改变。在此基础上，良好的人际关系对于创业团队来说非常重要。俗话说："物以类聚，人以群分。"拥有契合价值观的团队，已经拥有了成就良好人际关系的前提。一个良好人际关系的创业团队，创业领袖的领导力会更有力度，团队的执行力也更高。一个人际关系良好的团队，会非常容易营造轻松的环境和氛围，进而慢慢形成默契，成员往往会在其他人没发现问题时，主动去完成工作，而不一定需要通过创业领袖下达指令或者发现问题后才去匆忙弥补。

（四）要为创业团队成员营造提升自我的工作模式

与创业领袖有坚定的创业目标不同的是，创业团队成员很多时候并不具有创业的激情或者动力，有的只是基于对创业领袖本身的信任甚至是因为朋友关系才加入创业团队中来。在加入创业团队后，初期的创业团队其实许多都不具备盈利能力，团队成员在参与初期的创业开发和项目时，其目的多数是想通过项目工作过程得到锻炼，积累经验，以期提升自我能力。有鉴于此，创业领袖对团队成员需要加以引导，无论基于创业本身的需要，还是基于团结创业团队成员的需要，都要求创业领袖不断提高团队成员各方面的能力，在日常工作中要有意识地创造机会给成员，运用好成员的能力，做到"人尽其才"，还要主动去挖掘各成员的潜在能力，让每一个团队成员都成为更好的自己。

（五）团队成员素质高并且角色互补

首先，创业团队成员的教育水平、社会实践经验等都必须尽可能的高。这里的教育水平并不仅指创业团队成员的文凭或者是学历、学位等显性的衡量指标，当然这也很重要，但更重要的是指他们学以致用的能力，或者具有丰富的创业经验和与创业相关的同行业经验。其次，在此基础上，团队成员最好能实现角色互补。因为相似性格的人在成长教育环境、思维模式和所具备的技能上都会出现高度重合，无法满足创业过程中激烈竞争的需要，所以创业团队既要有能力出众的创业领袖，也要有技术超群的研发人员，更要有善于把握市场脉动的营销精英，在预算允许的前提下，财务、行政、公关等人才也会给创业过程带来极大的助力。角色互补也不仅仅指创业团队成员在专业上互补，更重要的是，在团队遇到问题时，每个人都可以从自己的角度，利用自身的社会资源和人脉网络，从不同的方面去切入并尝试高效地解决问题，这才是创业团队最急需的角色互补，也可以说是一种互相补位。

（六）团队成员要重视自身所拥有的社会人脉资源

如果用体育比赛进行类比的话，创业不是一个单项的比赛项目，而是一场综合性的奥运会，既有比赛爆发力的项目，也有既考验团队精神和耐力的项目。这就需要创业团队成员对自己身边的人脉关系进行全面梳理，动员一切力量去帮助新生的创业项目。其实每天都有许多创业项目尝试落地，但真正生根发芽并且开花结果的创业项目毕竟是少数，这就意味着创业过程非常艰难，需要社会资源给予很大的帮助。

二、创业团队营销模块设计

营销也可以称为市场营销，是个人或集体通过发现、创造和交换商品，以期获得所需之物的社会过程。营销是一个团队、一个公司乃至一个集团生存的关键所在，以及能否发展的根本业务之一。在现实生活中，凭借营销大获成功的企业可以说是数不胜数，他们所提供的产品与同行业其他产品相比似乎也并无更突出的优势或者更高的性价比。但只要营销做得好，企业的经济价值和社会价值就更容易得到实现。在创业团队中，无论何时何地，营销人才永远是最为核心关键的人才。从社会的视角去观察一个企业，营销永远是最为直观而且有效的视角，拥有优秀的营销能力，就可以在相应的行业立于不败之地。社会对于营销的认可最为简单直接，营销做得好的产品备受追捧，营销做得不好的产品销量一般较少。

而创业阶段所需要的营销人才，一般应该具备以下五个特征。

（一）必须了解行业的情况

"做一行，爱一行，精一行，专一行"是在任何行业获得成功的基础，而掌握营销行业知识是做营销的基础。与别的行业不一样，营销同时存在着比较高的经验门槛和技术门槛，这就要求营销人员必须有销售经验，而且必须具备比较高的专业技术基础。对于外行人来说，入行时需要时间，但对于团队或者企业来讲，有时候时间比金钱更重要。对于创业团队而言，因为资源的相对匮乏，创业团队一开始难以招揽到一流的营销人才，所以选择那些有一定营销经验或者在校期间有类似社会实践经验的，熟知营销规律的，并且跟创业领袖关系良好的人才是创业团队的首选。

（二）必须具有高度成长性

在营销领域，哪怕在短时间里可能存在"一招鲜"的情况，但很快同行业甚至其他行业都会迅速分析并且跟进，不但被高度模仿，甚至会出现被超越的情况。所以，在营销领域并不存在长期"吃老本"的情况，只有不断地快速地学习，才能够适应营销领域迅速演变的过程，才能更好地做好营销工作。

（三）必须具有核心的营销技能

虽然说营销领域不存在长期的经验主义情况，但构建核心竞争力，具有核心的营销技能还是必需的。营销的核心技能包含对时代市场潮流的敏锐把握能力、良好的文案表达能力和对外宣传能力。一个优秀的营销人才，起码必须具有其中的一种甚至多种能力。

（四）必须善于利用有限的资源进行营销

创业初期的团队不具有充裕的预算和成熟的部门架构，一般而言，负责营销的只能是部分成员甚至个别成员，这就要求负责营销的团队成员善于利用极其有限的预算和资源进行营销活动。当然，在当前创业团队可以更多利用网络和自媒体的力量进行营销，以获得不错的效果。

（五）必须具有强大的情报收集能力和自媒体能力

正因为创业团队预算缺乏，所以更要求负责营销的团队成员善于利用网络收集潜在客户、竞争对手、潜在市场的信息，并利用自媒体对创业项目进行宣传。作为创业团队，因为知名度的缺乏，客户主动找到创业团队的概率相对而言是极其小的，这时候创业团队必须主动出击去找自己的目标客户。而找客户的第一关就是要知道哪些人是潜在客户，这个时候就需要收集情报。足够多的情报才会产生足够多的客户，才有助于创业项目的健康发展。

三、创业团队研发模块设计

无论是对于网络型创业还是非网络型创业而言，研究与开发（R&D）都是非常重要的组成部分，有时候甚至创业本身就是围绕着一个成功的研发成果而进行的，比如饿了么就是这种模式成功的代表之一。而研发的成果可以是一种有形的产品，也可以是一种无形的服务，甚至是一种全新的商业模式。而对于身处激烈竞争环境里的创业项目而言，进行适当的研发，构建核心竞争力，是在激烈的商业竞争中立于不败之地的最大保证。构建创业团队的研发模块，通常应该注意以下三个方面。

（一）简单

当然这个简单是相对而言的。研发人员通常都存在着一个问题，就是认为技术实现越复杂、架构越繁复、功能越全面就越能体现自身的专业技术水平，这个观点本身不能说错，但对于创业团队而言，就显得不那么适用了。对于创业团队而言，衡量研发水平的唯一标准实际上是"是否能有效让业务顺利开展和发展"，就是俗称的"以结果论英雄"。假如一个产品能完美地实现开发速度快、操作简单、维护简便、后期问题少，那这个技术研发团队所做的一切就成功。而提倡"简单就是最好"的理论，就会让创业团队从结果去倒推技术研发本身，虽然这让产品本身看上去并不"高大上"，甚至有种一目了然的感觉，但假如能贯彻落实，对于创业团队在创业初期来说就是最为成功的研发项目。

（二）速度

这个速度的需求既来源于创业团队自身，也来源于市场竞争本身对创业团队的鞭策。创业团队虽然想尽快研发出成品，但因其资源有限，而市场的变化则是瞬息万变的，正所谓计划赶不上变化。所以，创业团队的研发必须高效率地去应对市场和用户多变的需求，尤其是网络型的创业，更是如此。

（三）效益

创业团队最关键的资源是资金、时间和人工成本，对于创业公司来说，有效的资源付出本身就很重要。只有当创业公司的收入补偿前期投入以后还有剩余利润，实现产出大于投入，企业才能生存和发展，资金链得以良性地不断运转和循环，这就是企业实现可持续发展的关键所在。技术人员创业，失败的多成功的少，很大程度上就是因为单纯的技术人员，更多从技术的方面去思考产品，而并非综合地从市场和客户的角度出发去研发产品，一心一意试图开发一个完美的产品或者是一种全能的技术，而忽略了一种真正的好产品是动态的，是在获取用户意见的基础上不断调整出来的。

拓展链接

小口罩里的大商机

白××在大学期间是电子商务专业的学生，2009年他毕业的时候，无论是国际还是国内都因为金融危机导致经济出现增速放缓趋势。有鉴于此，他打算走创业的道路。白××首先想到的创业项目就是做口罩，因为他的老家口罩制造行业本来就小有规模，而且前期从事口罩生产的厂家大部分都实现了盈利，他决定试试，随即便投入8万元作为启动资金，并注册了"如雪"牌口罩作为自己口罩厂的商标品牌。他先花1.2万元购入了4台生产线机器，用自己家里空置的厂房作为初始的生产车间，雇用了村里的6名妇女作为生产工人。历经4个月的尝试，"如雪"牌口罩逐渐打开了销路，恰好碰上甲型流感的爆发，市场对于口罩的需求剧增，订单跟雪片一样飞向白××的厂里，工人也必须不断赶工生产才能勉强赶上交货的进度。白××在2009年年底结账的时候，已经发现账面上有7万元的利润，这让他大受鼓舞，准备大展拳脚继续加大投入。全年的生产和销售经验让白××敏锐地意识到，只有具备新颖设计和造型的口罩款式才是受市场欢迎的，而单调的款式只能降低成本以求清仓。2010年，白××转变思路，将所有不适合市场需求的旧款式全部清理掉，随后出资聘请了一名服装设计专业的在校大学生为口罩品牌设计全新的款式，并将生产重心全面转向生产新颖款式。

白××之所以能创业成功，仔细分析主要有三点原因：一是选择了一个在当地相对成熟的产业，而且已经有了相对成熟的生产和销售渠道，避免了进入新兴行业庞大的机会成本，并且口罩属于快速消费和更新频率较快的日常消费品；二是精确判定了市场的走向和采取了全新的销售模式，在白××投入生产的2009年，恰逢中国南方雨雪成灾，随后致使甲流爆发，白××果断加大投入并采取网络渠道进行销售，一举获得大批订单；三注重新产品的研发，白××针对市场的变化，果断摒弃传统口罩非蓝即白的呆板设计，聘请设计师对口罩的外观进行全面的更新，让消费者从口罩上获得展现个性的机会，也给自己带来了可观的利润。

（资料来源：编者根据案例组织整理，2019年）

第二节 创业团队建设

教师箴言

一个好的创业团队从来不是找出来的，而是团队成员一起奋斗出来的！

核心概念

团队建设一般简称团建，是指为了实现团队绩效及产出最大化而进行的一系列结构设计及人员激励等团队优化行为。团队建设应该是一个卓有成效的沟通和互动过程，在这一过程中，领导者和参与者都会增进彼此的信任，做到坦诚相待，并愿意去寻找那些影响团队绩效的核心规律和问题。

学习重点

学会如何将来自不同教育、文化背景的团队成员完美融合成一个具有战斗力的创业团队，并发展自己的团队文化。

一、创业团队融合

创业团队融合可以说是创业团队建设的前提，孤立的个人没有融合成一个团队，也就没有什么团队建设可言。融合原本指两个或两个以上的物体在一定的温度和压力条件下，合成一个难以再区分的整体的过程，引申作为心理意义上的融合指不同个体或不同群体在一定的碰撞或接触之后，认知、情感或态度倾向融为一体的过程。而创业团队的融合，指原本出身于不同家庭、文化背景和教育背景的人，在创业领袖的推动下，在日常的创业实践中通过相互的认识、碰撞和理解，形成凝聚力和向心力的过程。

个人在社会中由于生活环境和发展的需求不同，在此过程中逐渐形成充满自身特点的心理活动。伴随个人的成长和发展，在社会中将会接触其他特点各异的个人，从而与其他人的心理活动或心理观念产生碰撞。在一定程度的熟悉和了解之后，个人之间会形成心理认知上的理解、情感关系上的共情或态度倾向上的协调，从而达到融合的状态；反之，则会形成个体之间的心理区别。从心理健康的角度来说，良好的心理融合有利于个体的成长和发展、有利于提升群体的幸福感。对于创业团队而言，团队的融合对创业的成功与否有着决定性的意义。对于创业团队的融合，创业领袖可以有针对性地开展以下几个活动。

（一）放弃个人英雄主义

当前创业环境瞬息万变，个人的力量面对庞大的信息和数据量显得力有不逮。个人的灵光一现或许能踏出创业的第一步，但只有团队的互相搀扶和鼓励才能在风云变幻的创业之路上走得更远。试想一下，如果在创业团队中创业领袖自己奉行的都是个人主义，经常一意孤行，又怎么能要求其他团队成员在日常工作中奉行集体主义和团队精神呢？所以创业领袖应该率先垂范，使自己成为团队融合的推进器和催化剂，对于团队中出现的离心倾向要尤其重视，及时采取行动，让团队早日实现真正的融合。

（二）重新解释团队的目标

正如我们常看的《西游记》的故事那样，同样一个宏大的目标，不同的人对目标的理解和解释也不一样。对于如来佛祖来说，他是站在弘扬佛法的高度去看待西天取经的，观世音菩萨是从落实佛祖的法旨去理解的，唐僧则看成是对自己信仰的一种升华，孙悟空则要求一个解脱和归宿。可以说，只有将同一个创业目标放在不同创业成员身上去进行重新解释，在交流碰撞后形成一致的创业思路，让每一位成员在其中谋求到自己的定位，这才是真正的共同目标和愿景，也才值得每位创业团队成员为之奋斗。

（三）构建和维护良好的团队环境

首先，要保证团队成员间有畅通的沟通渠道，每天都进行持续的沟通。尤其是在准备开始一个项目或者工作前、碰到问题时和即将解决问题的这些关键的时间节点进行沟通，更关键的是有矛盾的时候更要保持沟通。沟通的时候要多将语境和考虑范围置于团队的创业目标下，多想有利于团队发展的事情和做法。其次，要保证团队拥有一个和谐宽松而富有效率的工作环境，降低成员之间的不信任感，让员工拥有属于自己的安全感和舒适感，从而创造更高的工作效率。

（四）从创业团队成员的关系入手促进团队融合

在任何国家、民族和社会，将一些来自不同文化、生活环境的人组织成一个高效而具有向心力的团体都绝非易事，更何况组织里的每个人与别人的关系都不一样。这首先要求创业领袖要从每个人的角度出发，从该成员的角度去理解他与其他成员的关系，促进团队里的每一个人与其他人搞好关系。只有搞好了每个人的关系，团队才会真正做到亲密无间，最终具有战斗力。

对于每一名创业者尤其是创业领袖来说，如何在保证团队里每个人的个性和活力的前提下，还能保持团队的凝聚力，是一件很有难度的事情，而心理学的知识告诉我们，以下几种措施，或许会有所帮助。

1. 设置较高的团队准入门槛

心理学告诉我们，一个人对唾手可得的东西一般是不会珍惜，但如果他为此已经付出了一定的成本或代价，他的态度就会完全不同，这在经济学上叫沉没成本。当前国际上通用的电商超级付费会员也是采取此种原理和操作模式，国内当前就有京东、淘宝（天猫）、当当和网易等电商采用这种准入门槛会员制度，也收到了不错的成效。对于创业团队而言，当然不能采取像跨国公司那种多轮面试制度，但可以采用更灵活和人性化的面谈方式，对想加入团队的准成员进行筛选，提升团队准入的心理体验，以此增强他们对团队的凝聚力。

2. 营造一个相对独立的团队空间

团队成员只有经常相处在一起，通过日常生活的接触和交流，才能增进彼此之间的了解，进而产生认同感，提升团队的凝聚力。而做到这样的最好方式，就是营造一个相对独立的团队空间。当前许多高校和地方都会给创业团队提供创业孵化基地，哪怕团队进驻的是众创空间，也要通过位置设置或物理间隔的方式为团队创造一个相对理想的独立空间，这样更有利于团队培养感情。

3. 设置带有团队归属感和认同感的标志性和仪式性符号

运动员通过身穿一样的服装、绣有共同的标志和使用共同的旗帜，能营造一种深入骨髓的认同感和归属感。创业者也可以利用类似的办法，比如在工作时间里甚至是日常生活中都身穿统一的服饰，在办公室里放置同样的吉祥物或者是一面旗帜，平时多组织共同行动的活动和日程安排，都会有助于提升团队的归属感和认同感。

4. 通过有限的轮岗和工作安排达到共情

在工作的汇报中，团队成员有意无意地去突出自己的工作付出，而又有意无意地去降低对他人工作付出的认可，这是一种很正常的现象。虽然团队成员的术业有专攻，但如果能通过制度或者一些项目的契机，让不同岗位的成员尝试从他人的岗位或者角度去看待和处理工作，体验每一个岗位都不容易，都有着自身的压力和苦恼，将会达到不错的效果。

5. 预设一个相对较高但又触手可及的假想敌

如果要实现一个团队的团结，最好的办法是他们有一个共同的外部敌人。在面临外部强敌的时候，一个团队总是特别有战斗力的。虽然当前世界存在着各种冲突，但在科幻电影里，只要出现了外星人入侵，各国总是能放下成见一致对外，甚至还能成立地球联合政府，也就是这个道理。所以，在创业团队中，可以为团队设置一个相对较高但又可以追赶的行业假想敌，但不是真的与之为敌，只是一个追赶的目标，一如在跑马拉松的时候，有对标和跟随的对手，参赛者更有竞争意识。

二、创业团队文化建设

文化建设可以说是创业团队建设的核心。对世界上某些知名的创业企业,总能用简单的词语去归纳其企业文化,比如华为的狼性文化、谷歌的平等和不作恶文化。团队文化或者说企业文化并没有绝对的正确或者说标准答案,而是在团队或企业长期的合作运营实践中,为实现各自的人生观和价值观,并且为完成团队的目标而形成的潜意识文化。可以说,创业团队文化建设对创业的成功与否有直接的影响作用,但团队文化又与制度和规章成文的条款等不同,它是无形无质的、不可捉摸的,不能刻意去建立但又客观事实存在的。俗话说:"有心栽花花不开,无心插柳柳成荫。"我们对待创业团队文化建设也要有这么一种态度,即要注意去培养,让团队的氛围慢慢形成,朝着积极的一面去发展,让朝阳般的团队文化慢慢形成。

(一)创业团队要尝试营造携手共进的文化氛围

创业团队不是成熟的有着完整组织架构的大型企业,面对许多事情都不能通过简单下达任务去完成。在创业初期,没有那么多的思想包袱,也没有那么多的繁文缛节和申请汇报,有的只是灵光一闪的思想火花,以及"撸起袖子加油干"的实干精神。知名的谷歌也是采取这种办法,从创业伊始,谷歌就确立了将使命、透明和发言权作为自身组织文化的基本原则和基石。所谓使命,就是要让使用谷歌的客户利用谷歌的科技获得信息和资源;所谓透明,就是企业对员工要充分地公示和公布企业内的运营和财务信息,让每个员工都知晓企业当前的运营状况和财务状态,增强对企业的信心;所谓发言权,就是要保证每一个员工表达自我意见的权力,每位员工都可以针对企业的每一项议题进行评论和提议,并且企业会对此进行耐心的解答。众所周知,谷歌有成熟的黑板文化,其实这也是发言权的表现形式,任何人有想法都可以写在黑板上,其他人看到了,可以进行讨论,或者对上面的问题开展相关的研究项目,企业也会给予资源上的支持。我们知道,谷歌的许多创新性问题、算法的解决和新项目的开发,就是在这些不起眼的小黑板上完成的。可以说,谷歌的文化氛围,为其保持不断创新立下了汗马功劳。

(二)创业团队要尝试营造平等共享的文化氛围

平等绝对不是领导者的故作姿态,而是一种发自内心的对创业成员的尊重,大家一起为了一个共同的目标或梦想进行创业,其实本来就没有什么高低贵贱之分,有的只是对创业的理解和风险承担的多少而已。而共享也不仅仅是开会时大家对工作的汇报那么简单,更多的是在日常工作中将自己对创业的思考传达给其他成员,让大家基于共情产生对工作和创业的共鸣,激发大家在创业的道路上继续走下去。像现在的许多大企业,都开始实行"再创业"和"重新出发"的风潮,将企业的结构由原本的层级化、官僚化的编制转变为扁平化和项目制动态的结构模式，从结构上营造一种平等共享的企业文化，如腾讯就把组织结构整编为六大事业群，摒弃了传统的企业制度的垂直部门组织结构，激活了企业的活力，也获得了资本市场的一致看好，可谓"大船调整航向"的典型案例。

（三）创业团队要尝试营造风险共担的文化氛围

创业从来不是一帆风顺的，甚至可以说是荆棘满途。即便现在国家和社会对创业有着最大的宽容和鼓励，但从统计学的意义上来说，能成功创业的毕竟是少数人。但作为创业者，我们是不是就因此而消沉了呢？答案绝对是否定的，创业者之所以被称为创业者，就是要有这种一往无前的拼劲和闯劲，而创业团队中的成员相互搀扶，共担风险，才是创业道路上的关键。

拓展链接

简单说说星巴克的企业文化

我们都知道，现在许多企业比如阿里巴巴等都有着相互称呼ID而不称呼名字或者职位的企业文化设计，为的是淡化和弱化企业中的等级文化，这个做法是从哪个企业开始的呢？答案就是星巴克。

星巴克能从美国西部城市西雅图市场角落的一家小咖啡馆开始，一直发展成为当前世界最大、最成功、分店最多的咖啡零售商，除了人们津津乐道的品牌运营和品质控制策略之外，其在团队文化构建上的策略也是一绝。

星巴克将员工称为"伙伴"，而不是员工或者家人。员工这个称呼过分强调雇用关系，让成员觉得来到企业就是为了赚取一份养家糊口的收入，主动性和积极性欠佳；家人这个称呼，国内许多企业非常喜欢使用，在初期这固然可以形成一种不错的工作氛围，甚至让员工有归宿感。但成员来到企业工作，毕竟还是有功利的诉求的，遇到矛盾或困难时未免有点尴尬。所以星巴克称呼员工为伙伴，既强调了在一个门店或者企业当中，大家都是相对平等的关系。职位只是因为分工或者加入星巴克的先后顺序不同，但这并不代表员工在其中最终获得的认可或薪酬待遇，只要为星巴克创造了足够大的价值，上升空间也是足够的，不存在论资排辈和等级文化。即便伙伴因为各种原因要离开星巴克，这也是个人的选择，其他伙伴也会给予祝福。

他山之石，可以攻玉。我们作为创业者，想和创业伙伴们构建属于自身的团队文化，当然不能一步登天，但我们可以从模仿一些好的做法开始，慢慢坚持，相信总有一天，在团队文化建成之日，也是创业成功之时。

（资料来源：编者根据相关案例组织整理，2019年）

三、创业团队激励

创业团队激励是创业团队建设的最终落脚点和归宿。创业团队是一个责、权、利统一体,创业领袖通过授权给予团队成员一定的职责与权力,同时也需要给予他们利益,这就是考核需要解决的问题。应该制定一个考核办法,再与分配挂钩,这样才可以起到激励的作用。如果创业团队吝于激励或者不管贡献多少,干多干少一个样,给予所有的团队成员同样的激励,这样的激励都是无效的。只有首先设定一个团队成员都能接受的考核标准,然后按照公平公开的流程对所有成员进行考核,最后再根据考核结果对成员进行激励,才能收获最大的激励效果。

(一)创业团队对团队领袖的考核

团队领袖,也就是创业领袖,是创业团队的组织者和发起者,对整个团队和创业项目的成败负有最终和最大的责任。对创业领袖的考核,并非对创业领袖工作的否定,而是对其工作的建议和改善,所以对其考核可以从对团队的考核入手。如果团队是以项目制进行运营的,可以对项目进行整体考核,具体考核根据项目阶段计划工作来设定,按项目计划展开的工作是细致明确的,将这些计划列出成为考核指标,如进度指标、业绩指标、成本指标等,再加上几个综合指标即可。具体到创业领袖个人,团队成员可以对其在工作、项目、对创业进程的推进等方面提出意见和建议,帮助其更好地改进个人的工作方式和方法,以便更好地推进创业项目。

(二)创业团队对团队成员的考核

创业团队里对成员的考核,需要制定几个关键指标来考核,但实现这一考核的大前提是所有业绩均由整个团队共同努力才实现,成员是按分工做好计划的工作,发挥岗位作用,每位团队成员的工作质量对团队业绩结果都至关重要。

故而我们对成员的考核指标的制定,将是如何将工作质量的考核进行量化。部分指标量化不了的,可以制定几个档次,如:非常满意、满意、一般、差、非常差。这种设置方式,是用民主评议及领导意见相结合的方式来做评价。

成员考核指标量化部分,应该针对不同岗位围绕创业项目目标和项目计划分配的具体内容来制定。所定指标值应该是大多数人通过努力可以达到的,但又不能让他们太过轻松地达到。

(三)对创业团队进行有效的激励

基于创业项目的责权利对等原则,将考核结果与利益挂钩,也就是依据考核结果来计发奖金,是多数创业型企业普遍采取的办法。对于创业团队总体来说,是计提一个项目的资金或者收入总额下来,再由团队按事先制定的分配方案进行二次分配。

激励分配方案则依据对团队成员的考核指标来制订，方案要体现公平合理，可根据情况调整个别指标，正规化运作阶段严格执行。

激励可以选择的措施不仅是奖金分配这种物质手段，还有提升机会，部分成员参加创业的目标是积累知识，期望实现自我价值，有这些需求的成员，创造机会还是不给机会将很大程度上影响他们的积极性。

拓展链接

海底捞走心的团队激励制度

说起团队激励，大家能想到的肯定是海底捞，没错，海底捞的团队激励在国内乃至全世界范围内都是首屈一指的，从海底捞身上我们也可以看出，真正有效的团队激励，并不一定是金钱，更多的是认可和鼓励！

除了常见的优秀员工持股计划之外，海底捞还很下功夫从善待员工入手，实行全方位的员工鼓励计划，因为海底捞相信，只有善待员工，员工才能善待伙伴，善待顾客，真正做好服务工作。如对于许多企业经常忽略的员工住宿问题，海底捞通过统一租赁的方式解决员工的住宿问题，规定不能是地下室，起码要两房到三房，而且地点尽可能要相对集中，方便同一分店员工相互之间的交流，还要配备有日常所需的生活用品，如电脑、空调等，还设有专门的宿管人员岗位，让员工专心工作，不用被生活细节所困扰。还有常见的员工年终奖，在发奖方式上，海底捞也进行了创新，将奖金直接发给员工的父母或者指定亲属，让家人一起分享这一份荣誉和欢乐。

海底捞的员工每天都在一种团结和向上的氛围中上班，迎来每天的挑战。他们才能发自内心地去服务顾客，让顾客感到宾至如归，而不是那种礼貌式的商业式的奉承。借鉴在创业团队的激励上，我们更应该思考的是如何给予团队成员更清晰明了的共同愿景，以及更多非物质性而有效的激励手段！

第三节　创业团队管理

教师箴言

创业团队固然重要，但领导者自身的素质更加重要！

核心概念

创业团队管理有别于通常的管理，是指在一个组织中，依成员工作性质、能力组成各种小组，参与组织各项决定和解决问题等事务，以提高组织生产力和达成组织目标。

学习重点

学会如何充分认识创业团队内成员的能力，并利用各种方法对其进行提升和激励，提升团队的整体实力。

一、创业领袖能力提升

想成为一名出色的创业领袖，需要不断提升以下五项能力。

（一）不断提升发现痛点的观察能力

创业成功者总是能抢先一步发现社会的痛点和需求，抢占先机赚到第一桶金。这些创业领袖通常都具备了极强的洞察力。洞察力的培养在于多观察生活，多思考问题，将生活中司空见惯的现象重新加以思考，很多时候机会就可能出现了。比如国内手机市场之前长期被国外几个大品牌所垄断，但国内的手机厂商经过长期调研后发现，国内用户尤其是女性用户更需要拍照和自拍功能，于是针对用户痛点纷纷推出相应的卖点功能，加上价格的优势，迅速抢占了大量的市场。

（二）不断提升政策的解读能力

当前，国家颁发了许多创新创业政策，以及各类特色产业政策，如果能够在政策的出台之际，敏锐地察觉到市场的优秀创业领袖，就可以先知先觉地抢在百万大军前抓住机遇，发现一片蓝海，抢占市场资源，喝到"头啖汤"。所以，创业领袖要常阅读政策文本，解读政策，并且找到政策对当前创业项目的助力。

（三）不断提升科学决策的能力

作为创业企业的领航人，首先要善于拥有大量可靠的数据，并依靠科学的决策程序来提高科学决策能力，不草率做决断，同时需要加强培养远见卓识的本领，对事物的发展有预见性，提升科学预测能力。关键是，要能为自己所做的决策负责，毕竟这个决策不仅仅关系到自己，还关系到其他创业团队成员，更关系到整个创业项目的成败。

（四）不断提升对于全局的控制能力

创业领袖要能把控全局，分清主次，抓住主要矛盾。不管是在创业的哪个阶段，都有极多的事情需要处理，创业领袖，无法事必躬亲，但要在工作中持续发展团队成员的优势和特长，充分发挥团队的作用，抓住关键，严加把控。

（五）不断提升学习的能力

创业领袖除了要具有战略眼光之外，还必须要与时俱进，通过不断学习去跟上时代的节奏，发现身边的机会。创业一如逆水行舟，不进则退，学习自然也是永无止境的。

二、创业成员能力提升

俗话说"一将无能，累死三军"，但如果每一个创业领袖事必躬亲，且不说精力是否跟得上，光说时间，如果在创业初期估计还可行，但如果到了创业的快速上升期，几何级数增长的工作量会让创业领袖顾此失彼，最终恐怕难逃"失败"的境地。前文也曾提到，每一个创业团队都要为创业团队成员营造提升自我的工作模式，让创业团队的每一位成员都不断提升，最终成为更好的自己，这是成员加入创业团队的需求，同样也是创业团队对成员的需求。创业成员的能力需要与时俱进的提升，主要体现在以下五个方面。

（一）具有高度自觉性和自我推动能力

就业时，会有人跟你说你该干什么、怎么干、在什么时间干。而创业则是你要干，时间地点乃至于工作任务都是自己拟定的，也就是自己给自己下达任务，自己完成。当然，有人说，这不是还有创业领袖吗？对，有时候团队领袖也会给大家下达任务，但这都只是一个方向性或者是一个概念而已，真正的落实还是要靠具体的个人去自觉完成，这就需要团队成员有高度的自觉性和自我推动能力，去持续地进行尝试和优化。

（二）具有突出的能力或专长

这里所说的能力或专长，并不是要求团队成员都成为某个领域的专家，这既不现实也不可能。团队成员只需要做到，在某个团队需要的领域你比其他成员做得更快更好，更具有比较优势，这就足够了。

（三）持续和快速学习的能力

与对创业领袖的要求一样，学习能力是现代社会最基础也是最迫切需要的能力。现代社会瞬息万变，当前正值4G向5G转变的关键时期，我们可以看到，4G时代的风口造就了相当一部分头部企业，5G时代带来的风量和风口，只会多不会少，谁能学习得更快，学得更好，谁在未来就更有机会。

（四）永远不要等

创业不能等待，更不能说等到全员一致再开始某件事情，如果是这样，创业的机会永远只会离你而去。创业者需要永不停步，先行动起来再说，用发展去解决发展中遇到的问题，发展会给予所有问题以答案。

（五）善于分享

创业团队与大公司、大企业不同，团队里的人力资源非常有限，每一个人要负责的东西都很多，每天的工作都千头万绪，所以效率在创业团队里就显得非常重要。善于分享在创业团队里会是最受欢迎的美德之一，只有善于分享，才能让其他伙伴知道你遇到的问题和工作进度，也才能尽快地让许多好的经验和做法为更多的伙伴所知晓，毕竟团队的效率提高了，创业才更有可能成功，这是双赢的事情。

金无足赤，人无完人，任何人都不是完美的，我们都知道人要不断提升自我，但首先我们得知道自己的不足和劣势在什么地方，参加一个创业团队，可以让团队成员在其中学以致用地检测自己的所学所思所想，用实践去衡量一切。其中，通常被认为最能找出个人工作中问题的办法就是工作日志。

1. 明确工作日志的范式

创业团队的工作日志应该一切从简，避免繁文缛节。一般由基础的部分构成就可以了，分别是计划事项、进度事项、问题描述和解决落实情况。常规工作只需要罗列经过量化的进度就可以了，关键是重点事项和烦琐事项，遇到问题要记下来，但关键是如何去解决，如果个人能解决当然最好，如果不能就要提出来让团队共同商议如何解决。明确范式，一方面有助于成员向团队汇报工作情况，另一方面有助于团队全员去理解该成员的工作和遇到的情况，降低沟通成本。

2. 工作日志需要突出工作经验的分享

在工作日志中，说明问题的解决还不是最关键的，更重要的是如何解决，以及解决对整个项目乃至全局的意义何在。只有善于总结和分析，团队成员才能真正从全局的思维去理解每一项工作的含义，而不是机械地去执行流程。

3. 团队的交流和分享

通过工作日志，团队内可以进行交流分享，这既是对成员工作日志和进度的一种审查，也方便在其中发现成员需要提升的地方，成员自身也可以通过撰写日志进行日常的自省和反思，达到总结、交流、提高自己的目的。

创业成员可以尝试拟定属于自己团队的具有团队特色的工作日志表格和格式，当然内容要根据自身的创业项目来拟定，然后也可以跟别的团队进行分享和交流，这样大家都会有提高。

三、创业团队冲突管理

创业团队成员来自不同的家庭、文化背景和教育背景，其出身、生活习惯甚至方言都千差万别，所以存在冲突是正常的，没有冲突才是不正常的。创业团队中无论是创业领袖抑或是团队成员，都应该正视冲突本身，做好冲突管理，这样才会让团队得到不断的提升，进而满足创业的需要。

（一）正视和承认冲突的存在

矛盾冲突并不值得我们去恐惧，真正值得恐惧的是我们没有正视冲突，而是选择回避，从而酿成更大的冲突事故，甚至造成团队成员之间的互相积怨。创业团队成员可能是因为对创业项目本身的看好，有时甚至仅仅是因为对创业领袖甚至是团队内某个成员的认可，才加入创业团队中来。创业过程是一个充满不确定性因素的过程，团队成员之间因为经验、知识和信息掌握来源或者程度的不同，不可避免会对同样的事情形成理解上的偏差。所以，创业领袖或者说是团队负责人从一开始就要对团队出现冲突有一种明确的心理预期和准备，正视和承认冲突的存在，甚至可以跟团队成员提前做好冲突处理的预案，将冲突控制在合理的范围之内。

（二）必须公正地处理冲突

创业团队领袖想成为一个优秀的创业领导者，要能敏锐地察觉团队工作中的冲突导火索，并能以高效和公正的方法去处理，让有冲突的团队成员当面说清楚，不互相猜疑，更不要鼓励私下解决，将工作冲突限定在工作层面，避免牵涉到学习和生活等其他领域，以免演化成为情感上的冲突。对工作冲突的处理不善或者长期刻意回避，只会导致原本简单的对事的否定发展成对人的否定。团队成员也同样要注意这个问题，创业过程中未知的因素太多，无论是创业领袖还是成员本身，所做的一切都只能是根据当时当地所能掌握的信息和资源进行决策，并不能准确预知所有的状况。在遇到不能解决的问题时，除了提出问题外，更应该从自身的角度去思考如何解决问题，而不是更多去试图转移和推卸责任。即便团队成员出现了工作上的失误，也应该做到对事不对人，在友好和解决问题为导向的前提下去尝试解决问题。

（三）利用冲突发现创业过程中存在的问题

冲突管理的过程是为了减少冲突中的负面影响，争取获得正面的结果，提高创业团队的绩效水平。甚至对于一些潜在酝酿阶段的冲突，都应该及时激发出来，争取将问题扼杀在萌芽状态，让问题得到正面解决，提高团队的合作和成效。无论是创业领袖还是团队成员，都应该意识到，冲突的爆发能让创业团队尽早发现这种潜藏的大问题，正面看冲突依然是冲突，是危；但换个角度看，冲突让团队及早发现了问题，是机，也就是所谓的"横看成岭侧成峰，远近高低各不同"。创业领袖在这个时候应该不畏冲突，面对问题站出来，及时让团队成员意识到问题的关键不在于冲突的本身，而在于引致冲突的根源和问题，让大家转变思路，变成问题导向，转危为机，尽快将处于冲突状态的团队拉回正常的解决问题的轨道上来。

（四）将冲突引到头脑风暴上来

创业团队的冲突一般是在面对同样一件事情的时候，因为看法、理解和处理方式的不同，因此产生的观念和做法出现了碰撞。其实换个角度思考，有时候冲突双方的答案都不见得一定是最好的，也就是常说的"只有小孩子才做选择题"。这时候创业领袖的引导作用就变得非常关键了，创业领袖应该站出来，引导冲突的双方或者各方冷静下来，去思考问题的关键和本质何在，以及解决问题的最佳路径。要知道，由于教育和认识的差异，冲突双方或各方给出的解决方案都只是根据自己的理解而提出的，并不一定是最佳的解决方案或路径，问题的最优解可能在可选项之外。只有团队成员都冷静下来，分析每一个被提出的解决方案背后隐含的价值判断和思考路径，随后再思考其他的一切可能性，进行头脑风暴，才能找到问题最佳答案。这样做，既能将冲突的根源剖析清楚，更能从根本上消弭冲突本身，将团队成员的注意力从冲突转向如何解决引致冲突的根源上来，达到一举两得的最佳效果。

拓展链接

昙花一现的母婴电商——红孩子

红孩子成立于2004年，原本是中国第一批母婴垂直电商，曾经是Alexa（亚马逊旗下全资子公司）全球排名第一（专业发布全球行业网站排名情况）的中文婴幼购物网站，曾经是全球最大的中文妈妈社区，诞生的时候刚好是中国消费升级，而且也是中国第一批海淘电商的先锋，还拥有自有的Redbaby婴幼儿系列品牌，前途可谓不可限量。但在2012年9月25日，红孩子却被苏宁电器以6600万美元的价格收购，成为苏宁电商旗下的专业母婴频道，结局可谓让人唏嘘不已。其由盛转衰的关键，居然是由团队获得风险投资开始的。

本来创业团队获得风险投资应该是一件天大的好事，无论从资本市场的角度还是可持续经营的角度来说，获得风险投资都会极大增强创业成功的信心。而且从团队的组成来看，其初始创业团队的李阳、徐沛欣、马建阳和杨涛四人本身是关系超级好的哥们，而且性格互补，合作无间，是业界让人称美的创业团队。但在2006年前后，由于团队获得了许多来自风险投资的资本后,原本相对稳固的股权结构开始出现失衡。徐沛欣在获得风投资本的支持后,在初始创业团队中的影响力持续扩大,并在原本相对单纯的针对未来的经营中心模式之争的讨论中,掺杂了许多创始人、风投和经理人阶层的争端,将经营路线之争上升为股权分配和控制权之争。随后,创业团队之间因投资等问题出现矛盾,导致一代母婴垂直电商先驱就此落幕,真可谓"其兴也勃焉,其亡也忽焉",留下的经验和教训尤其是创业团队冲突管理方面的教训,非常值得每一位后来的创业者深思。

本章小结

本章通过对创业团队的组织和建设进行了系统的学习。通过本章的学习,了解组织创业团队需要的整体结构和具体模块,以及在团队建设上的做法和提升团队的管理能力。建议大家在日常的团队事务中,多增加团队建设和冲突管理的内容,因为这是在创业道路上最经常面对的事情之一。

课外训练

主题 组建最佳团队。
目标 组建一个最佳的创业团队。
活动步骤 活动步骤如表6-2所示。

表6-2 活动步骤

步骤	内容
步骤一	制作广告: 假设创办一家快餐连锁企业,请拟征集合伙人的广告,请列举出需要注意和说明的问题
步骤二	三分钟演讲: 张贴广告,并用三分钟演讲宣传优势; 选出几位同学做团队创建者,并自愿加入一个团队
步骤三	确定团队成员: 请团队中的一个成员,对本团队成员做出调整,并说明理由

（续上表）

步骤	内容
步骤四	评估团队结构： 从团队结构层面分析哪个团队更好，每项25分，看哪个团队分数最高？ 团队成员加入的目的； 团队成员的知识结构； 团队成员的性格、个性； 团队成员的价值观念
步骤五	团队展示： 团队成员完成表6-3，并进行集体展示
步骤六	挑选最佳团队： 重新评估这几个团队，挑选出最佳团队

表6-3 团队展示

团队名称	
设计LOGO	
团队口号	
团队愿景	
创业项目	
团队领导者	
团队成员及分工	
团队管理制度	

第七章　创业计划编制

学习目标

知识目标
1. 了解创业计划书的内涵。
2. 理解创业计划书的主要内容。
3. 掌握创业计划书的编制方法。

能力目标
1. 能够列出创业计划书大纲及内容。
2. 掌握创业计划书的编制方法。
3. 结合具体商业项目，能编制创业计划书。

知识导读

在创业前，创业者应根据自身的实际情况，认真分析各种环境因素，选定自己的目标市场，制订一份详细的创业计划，将有助于让风险投资家全面了解企业的预期经营状况、经营目标和预期回报，从而使企业获得融资；并在今后的创业中把握正确的方向，尽快实现创业目标。

创业计划的基本目标在于分析商机，说明创业者的基本思想和期望目标；分析并阐述创业者如何利用这一创业机遇进行发展；分析说明影响创业成败的关键因素；分析并确定创业企业筹集资金的办法。做好创业计划需要大量的准备工作，创业者需要了解创业计划、制定目标，理解市场调查的方法，同时掌握创业计划书的基本结构和撰写规范，才能够完美地展示创业计划。

案例导入

张华的创业经历

张华毕业于某名牌大学，经过多年的研究，他在室内环境污染治理方面取得了一项重要突破，这项技术如果在实际中得到应用，前景将会非常广阔。于是张华便辞去原来的工作，准备自己创业。但由于多年的积蓄都用在了室内环境污染治理的研究上，在七拼八凑注册了一家公司后，他已经无财力招聘员工，也无条件购买实验材料了。无奈之下，张华想到了风险投资基金，希望通过引入合作伙伴的方式解决困境。为此，他多次与一些风险投资机构或个人投资者接洽商谈，虽然张华反复强调他的技术多么先进，应用前景多广阔，并拍着胸脯保证投资他的公司回报绝对丰厚，但总是难以令对方相信，而且他对于投资人问到的多数数据也没有办法提供，如市场需求量具体有多少，一年可以有多大的销售量，投资后年回报率有多高等。就连招聘一些技术骨干也比较困难，这些人也总是对公司的前景缺乏信心。

这时，曾经在张华注册公司时帮助过他的一位做管理咨询的朋友点醒了他："你的那些技术有几个投资者搞得懂？你连一份像样的创业计划书都没有，怎么让别人相信你？投资者凭什么相信你？"于是，在向相关专家请教咨询后，张华又查阅了大量资料，然后静下心来，从公司的经营宗旨、战略目标出发，对公司的技术、产品、市场销售、资金需求、财务指标、投资收益、投资者退出等方面进行了分析和论证。当然，这个过程中，他还得进行一些市场调查。一个月后他拿出了一份创业计划书初稿，经过几位相关专家指点，又进行了修改和完善。凭着这份创业计划书，张华很快就与一家风险投资公司达成了投资协议，有了风险投资的支持，员工招聘问题也迎刃而解，公司从此也经营得红红火火。

（资料来源：编者根据电视节目《赢在中国》第二赛季访谈内容整理，2019年）

提出问题

1. 在创业过程中，为什么会出现投资人和员工不相信创业者的情况？
2. 创业计划书包括哪些内容？
3. 创业计划书对张华的创业成功起到了什么作用？

第一节　创业计划的内涵

教师箴言

"凡事预则立，不预则废。"编制创业计划，撰写一份创业计划书往往会让你的创业之路事半功倍。

核心概念

创业计划，亦称商业计划，是对与创业项目有关的所有事项进行总体安排的文件，它全方位描述了与创建新企业有关的条件和要素，包括商业前景展望、人员、资金、物质等各种资源的整合，以及经营思想、战略确定等，是创业的行动导向和路线图。

学习重点

了解创业计划书的内涵和功能。

一、创业计划的含义

计划是在做某件事情之前考虑和谋划如何去做这件事情，要做计划，必须先做预测。预测是通过分析确定未来可能会发生什么事情。制订创业计划，要先对市场状况、经营环境、消费者需求进行预测，然后考虑企业未来的销售、成本、利润和现金流量的状况。创业计划需要阐明企业在未来要达成的目标，以及如何达成这些目标。但是，创业计划不是一成不变的，它需要随着计划的执行情况而进行调整。

创业计划书，是创业者在创业前需要准备的一份书面计划，是创业者创业的蓝图，也是筹措创业资金的重要依据。独特且切合市场需求的创意则是成功创业的前提。创业者将自己的创意以创业计划的形式表现出来，可以冷静地分析自己的创业理想是否真正切实可行，清醒地认识自己的创业机会，明确自己的方向和目标，从而进行规划创业蓝图。

二、创业计划书的功能

创业计划书是一份全方位的商业计划，其主要用途是递交给投资商，便于他们对企业或项目做出评判，从而使企业获得融资。它是用以描述与拟创办企业相关的内外部环境条件和要素特点，为业务的发展提供指示图和衡量业务进展情况的标准。创业计划的内容涉及创业的类型、资金规划、阶段目标、财务预估、行销策略、可能风险评估、内部管理规划等所有的创业活动。

制订创业计划，可以使创业者对产品开发、市场开拓、投资回收等一些重大的战略决策进行全面的思考，并在此基础上制订翔实清楚的营运计划，周密安排创业活动，为有效的日常管理提供科学依据。制订创业计划可使创业者发现所必需的资源，了解所需资金、设备、人员等各方面的情况。创业计划的读者包括可能的投资人、合作伙伴、供应商、顾客、政策机构等。完善的创业计划可以使他人了解创业项目及创业构想，有利于寻求外部资源的支持。这不仅体现为创业计划有利于创业者与供应商、经销商等中介机构进行沟通，取得他们的信任与支持，为企业的发展创造良好的外部环境,而且表现在创业计划是创业者融资的基础,创业者可以借着创业计划去说服他人合资、入股,甚至可以募得一笔创业基金。

因此,在具体的创业实践中,创业者不能轻视创业计划的价值和作用。其功能主要体现以下四个方面。

(一)检验创业构想是否可行,帮助创业者理清思路,准确定位

在制订创业计划的过程中,创业者必须考虑企业的各个方面,如设想谁会购买企业的产品或服务,竞争对手最可能是谁,要使企业运转起来需要花费多少时间和资金,企业未来可以预计的成本和销售是否会使企业盈利等。

著名投资家克雷那(Eugene Kleiner)说:"如果你想踏踏实实地做一份工作的话,那就写一份创业计划,它能迫使你进行系统的思考。有些创意可能听起来很棒,但是当你把所有细节和数据写下来的时候,它自己就崩溃了。"可能许多创业者在刚开始投入一项事业中去的时候凭借的仅仅是一腔的热情,然而当真正着手去做这项事业的时候,才会发现需要考虑的地方何止是一处两处,也许有一些创业者只是在自己的脑海里形成一幅蓝图,但是如果未雨绸缪,就需要制订一份创业计划书,会更不容易偏离自己原先预定的方向。

在创业融资之前,创业计划书首先应该是给创业者自己看的。办企业不是"过家家",创业者应该以认真的态度对自己所有的资源、已知的市场情况和初步的竞争策略做尽可能详尽的分析,并提出一个初步的行动计划,通过创业计划书做到使自己心中有数。

另外,创业计划书还是创业资金准备和风险分析的必要手段。对初创的风险企业来说,创业计划书的作用尤为重要,一个酝酿中的项目,往往很模糊,通过制订创业计划书,把正反理由都书写下来,然后再逐步推敲,创业者就能对这一项目有更加清晰的认识。可以这样说,创业计划书首先是把计划中要创立的企业推销给创业者自己。

(二)吸引合作伙伴加盟,帮助创业者获得创业融资

创业者需要各种各样的合作伙伴,以使企业充满活力,更好发展。创业计划向合作伙伴提供企业有关信息,以增强他们对企业的信心。创业者可以通过创业计划向合作伙伴介绍创业者团队及创业目标。创业计划也是直接和有关人士交流的基础工具,包括投资者、股东、法律人士等。对于企业的员工,创业计划中的使命陈述、愿景规划和价值观可以帮助员工建立起强烈的团队协作感和团队精神。

对于正在寻求资金的创业者来说,创业计划书的优劣往往决定了融资的成败。除了使创业者更加了解自己要做的事情外,创业计划书更多的是给那些能给创业者提供一定资金帮助的人看的。所以,创业计划书的另外一个重要作用就是帮助创业者把计划中的企业推销给风险投资家。因此,创业计划书还要说明创办企业的目

的，创办企业所需的资金，为什么投资人值得为此注入资金等一些问题。

此外，对于已建立的创业企业来说，创业计划书还可以为企业的发展定下比较具体的方向和重点，从而使员工了解企业的经营目标，并激励他们为共同的目标而努力。更重要的是，它可以使企业的出资者以及供应商、销售商等了解企业的经营状况和经营目标，说服出资者（原有的或新来的）为企业进一步发展提供资金。

（三）争取政府部门扶持

在"大众创业、万众创新"的今天，各级政府相关部门为鼓励创业，都在以各种形式扶持创业者，除了出台多项政策，给创业者提供政策性支持外，还采取了各种措施扶持创业。有些扶持是长久性的、日常性的、职能性的，有些则是临时性的。有的直接提供经济上的帮助，如资金扶持、场地扶持、税收扶持、社保扶持等，有的则在其他方面提供便利。社会各界也采取了各种举措来帮助创业者。

要争取到这些扶持，必须借助完整的创业计划来展现企业及其创业项目所具有的积极的社会意义，以及企业需要政府部门提供的具体支持。根据政府有关部门的要求，创业计划可能会以可行性论证的形式出现。

（四）衡量企业发展进程，应对各种经营危机

创业计划中包括对企业即时状态的描述，包括描述半年、一年甚至更长时间以后，企业可能处于什么状态。当这些时刻来临时，创业者可以对照创业计划，衡量一下企业在各方面表现如何。创业计划对企业可能面临的风险做出分析并设计出规避措施，对突发事件的应对方式也进行相应的设计，这些都有助于企业在面临困境时尽快找到解决方案。

三、创业计划书的基本框架

创业计划书通常包括封面（标题页）、保密要求、目录、执行摘要、正文（综述）、附录几个部分。

（一）封面（标题页）

封面需要精心设计。封面可以放一张企业的项目或产品彩图，但需留出足够的版面排列以下内容：创业计划书编号、公司名称、项目名称、项目单位、地址、创业者姓名、电话、传真、电子邮件、联系人、公司主页、日期等。

在创业计划书的封面，最抢眼的无疑是企业名称，若企业已有徽标或商标，应把它置于封面正中间。尽管挑选企业名称，通常不是制订创业计划阶段的工作，但它对创业计划书的命运很可能产生非常重要的影响。因为你一定不希望投资者还没有看计划就质疑企业的名称。请记住，给企业起名也大有学问，好的企业名称在营

销中有事半功倍的奇效。

（二）保密要求

保密要求可放在封面，也可放在次页，主要是要求投资方项目经理妥善保管创业计划书，未经融资企业同意，不得向第三方公开创业计划书涉及的商业秘密。

（三）目录

目录紧随封面，列出创业计划书的主要章节、附录和对应页码，目的是便于投资者查找计划书中的相应内容。在递交创业计划书之前，最好反复核对目录页码是否与正文页码相吻合，要注意确认目录页码同内容的一致性。因为增减内容会打乱原来的页码，如果你是用 Word 文档写作，请记住使用 Word 文档中"只更新页码"的功能。

（四）执行摘要

执行摘要是整个创业计划的精华，其作用在于用最简练的语言将计划书的核心、要点、特色展现出来，吸引投资者仔细读完全部文本，并在较短时间内评审计划并做出判断。通常情形下，投资者快速浏览执行摘要，了解新创企业概貌后，觉得计划很有说服力和吸引力，才会继续看下去，否则计划的其他部分就不会进入其"法眼"。

（五）正文部分

正文是创业计划书的主体部分，要分别从企业描述、产品或服务、市场与竞争、营销、生产与运营、团队及组织结构、财务预测、融资计划、风险分析等方面对投资者关心的问题进行介绍，要求既有丰富的数据资料，使人信服，又要突出重点，实事求是。

（六）附录

附录是对正文中涉及的相关数据、资料的补充，作为备查。它主要是对创业计划书中涉及的一些问题的细节和相关的证书、图表进行描述或证明，如企业的营业执照、公司章程、验资审计报告、税务登记证、高新技术企业（项目）证书、专利证书、鉴定报告、市场调查数据、主要供货商及经销商名单、主要客户名单、场地租用证明、公司及其产品的介绍、宣传等资料、工艺流程图、各种财务报表及财务预估表、专业术语说明等，它与创业计划书主体部分一起装订成册。

第二节　创业计划书的主要内容

教师箴言

创业计划是创业者叩响投资者大门的"敲门砖",它既为创业者的行动提供指导和规划,也为创业者与外界沟通提供基本依据。

核心概念

创业计划书是将有关创业的想法,通过书面文字体现出来,是为创业项目制定的一份完整、具体、深入的行动指南。

学习重点

掌握创业计划书的主要内容。

制订完善的创业计划,要求创业者明确创业的关键问题所在。撰写商业计划书的方法众多,有诸多的结构和模板可以参考。在创意真正转变为创业的过程中,通过提出必须面对和解决的问题,通过关注创业的关键成功要素,保证后期的成功创业。虽然,创业计划没有严格一致的格式与体例,但通常情况下它应该包含以下内容。

一、执行摘要

执行摘要十分重要,处于创业计划的前面,它是阅读者首先要看的内容,因而必须能让阅读者有兴趣并渴望得到更多的信息,才能给阅读者留下长久的印象。执行摘要应从正文中摘录出读者最关心的问题,包括对公司内部的基本情况、公司的能力以及局限性、公司的竞争对手、营销和财务战略、公司的管理队伍等情况的简明而生动的概括。如果公司是一本书,它就像是这本书的封面,做得好就可以把阅读者吸引住。

执行摘要的具体内容包括以下7个方面。

(一)商机

主要概述存在什么样的商机,为什么对此商机有兴趣,以及计划开发此商机的相关战略。要重点阐述主要观点或利益,简单描述关键事件、条件、竞争者的弱点、产业趋势及其他可以定义商机的证据和推断。

（二）企业描述

主要介绍企业所在的背景资料、企业历史、产品的一般描述、企业将努力实现的特殊任务和目标利润。同时，要将企业类型是什么、出售何种产品、成功的秘诀及发展潜力是什么、有何特别之处等问题陈述清楚。

（三）竞争优势

指明企业的创新产品所带来的竞争优势、供货周期的优势或市场入侵者会遇到的壁垒、竞争者的缺陷、产业发展的有关条件。

（四）目标市场和预测

解释产业市场、主要客户群体、产品定位以及如何接触这些目标群体的计划。主要包括市场结构、细分市场的大小和增长率、预测销售的数量和总额、预测的市场份额、客户付款期以及定价策略（包括产品的性价比等因素）。

（五）创业者团队

概述创业者团队及每个成员的相关知识、经验、专长和技能，注明先前获得的经验、成绩。特别要说明先前创业者或团队成员曾经负责过的部门、项目或企业的规模。

（六）盈利能力和收益潜力

概述企业的毛利和经营利润、期望盈利率和盈利的持续时间、实现盈亏平衡点和现金流产生的大致时间表、关键财务开支预测、预期投资回报等。

（七）企业需求描述

简要说明企业所需的债务融资额。如果创业企业有强大的发展战略，并希望在5年之内进行首次公开上市，那么执行摘要应包括一个退出战略。如果企业最初没有这种想法，则创业者应在执行摘要中避免讨论类似关于退出战略的问题。

执行摘要是对整个创业计划的高度概括，目的是强化关键因素，并且激发投资者阅读整个计划，一般要在后面所有内容撰写完毕后，再把主要结论性内容摘录于此，以求一目了然，在短时间内给投资者留下深刻的印象。执行摘要是创业计划的重中之重，值得付出精力去认真"修饰"一番，尽量简练生动，一般不超过3个页面。只有投资者对你的执行摘要产生兴趣，他才会继续读你的整个创业计划，你才有希望获得其投资。如果创业团队中的一位成员曾经成功创建过其他企业，在摘要中要对这位成员及其背景进行重点描述。如果企业已经与某个大客户签订合同，也应在摘要中予以强调。

二、正文部分

（一）企业描述

创业计划的主体部分是从企业描述开始的。企业描述主要介绍企业的历史、企业的使命、企业宣传语、企业的产品或服务、企业的经营现状、企业的法律地位和所有权等内容。撰写创业计划时，应注意以下三个方面的内容。

（1）重点强调产品的所有特征以及这些特征将如何创造或增加价值。

（2）要有市场调查数据支持计划中的论断，这样的创业计划才有可信度。

（3）企业的描述应该被细化，这样才能使投资者了解企业的规模和范围，从而激发投资兴趣。

企业描述应该从企业的任务说明开始，这个说明主要描述企业的性质以及创业者对企业寄予的希望。这个任务说明和业务定义将对企业制订长期市场营销计划起到指导作用。任务说明之后，要为企业提供一个清晰的描述，其中包括产品、服务、企业定位与规模、所需要的人员与办公设备、创业者背景以及企业的历史等。

（二）产品或服务

此时，投资者应该相信创业者已经找到了可喜的市场机会并知道如何产生收益。这一部分专注于产品开发及产品如何投入市场。产品开发所使用的任何关键技术都应该清晰地讲解（例如，用图表说明是很有帮助的）。要注意通过明确提出长期的产品目标，来证明对后续收入增长的规划。这一部分在很大程度上决定了创业所需的现金数量和注入时间，使其成为财务模式的重要组成部分。

在这部分通常要解答以下问题：什么是产品的当前开发阶段？完成和推出产品都需要哪些资源？需要哪些种类的资源（如工程设计、工具、供应商、材料、合作者及客户参与）？什么是计划的开发时限及预设的关键里程碑目标？在每个阶段将会减轻的关键风险都有哪些？生产和产品运送的价值链会是怎么样的？存在专利、商业机密及其他独占性优势吗？存在必须被清出的规则障碍吗？

产品介绍通常应包括以下内容：产品的基本情况、产品的市场竞争力、产品的研究和开发过程、发展新产品的计划和成本分析、产品的市场前景预测、产品的品牌和专利。

进行投资项目评估时，投资者最关心的问题之一就是风险企业的产品、技术或服务能否以及在多大程度上解决现实生活中的问题，或者风险企业的产品（服务）能否帮助顾客节约开支、增加收入。因此，产品（服务）介绍是创业计划书必不可少的一项内容。在产品（服务）介绍部分，创业者要对产品（服务）做出详细的说明，说明要准确，也要通俗易懂，让非专业的投资者也能明白。通常，产品介绍都要附上产品原型、照片及其他介绍。

产品或服务介绍的内容比较具体，因而写起来相对容易。虽然夸赞自己的产品是推销所必需的，但应该注意，企业所做的每一项承诺，都要努力去兑现。要牢记，企业家和投资者所建立的是一种长期合作的伙伴关系。如果企业不能兑现承诺，不能偿还债务，企业的信誉必然会受到极大的损害。

（三）市场与竞争

在创业计划书中，本部分应该明确地表达对如何成功地向特定的客户群体销售商品的理解。理解和表达客户发展计划，与产品开发计划同样重要，它应该与产品开发计划保持同步，以提高创业成功的概率。这部分应重点解答以下问题：什么是接近客户群体最合适的市场媒体？什么是产品最合适的销售渠道类型（如直销或间接销售）？谁是拥有购买力的客户决策者？谁会影响他们购买？合理的销售周期是多少？可以利用哪些客户合作关系推广和销售产品？

投资者喜欢投资重大的难题，这也代表着重大的机遇。在初始时表现出对客户的理解以及为什么这个问题很重要或为什么创业艰苦，这对投资者而言是很重要的。对客户进行划分能够使投资者相信这次创业能够发展到可控制的规模。市场这一部分的计划应包括以下内容：创业应该解决哪些难题和需求？客户在哪里及如何划分客户？潜在市场的总体规模有多大以及将会如何增长？现在的市场环境如何，是有利的还是不利的？还包括市场状况、变化趋势及潜力、竞争厂商概览、本企业产品（服务）的市场地位、市场细分和特征、目标顾客和目标市场等。

当企业要开发一种新产品（服务）或向新的市场扩展时，首先就要进行市场预测。如果预测的结果并不乐观，或者预测的可信度让人怀疑，那么投资者就要承担更大的风险，这对多数风险投资者来说都是不可接受的。

首先，市场预测要对需求进行预测：市场是否存在对这种产品（服务）的需求？需求程度是否可以给企业带来所期望的利益？新的市场规模有多大？需求发展的未来趋向及其状态如何？影响需求的因素有哪些？其次，市场预测还要包括对市场竞争的情况、企业所面对的竞争格局进行分析：市场中主要的竞争者有哪些？是否存在有利于企业产品（服务）的市场空当？企业预计的市场占有率是多少？企业进入市场会引起竞争者怎样的反应？这些反应对企业会有什么影响？

在创业计划书中，风险企业家应细致分析竞争对手的情况：竞争对手都有谁？他们的产品（服务）是如何运作的？竞争对手的产品（服务）与本企业的产品（服务）相比，有哪些相同点和不同点？竞争对手所采用的营销策略是什么？要明确每个竞争者的销售额、毛利润、收入以及市场份额，然后再讨论本企业相对于竞争者所具有的竞争优势，要向投资者展示顾客偏爱本企业的原因。创业计划书要使投资者相信，本企业不仅是行业中的有力竞争者，而且将来还会是确定行业标准的领先者。在创业计划书中，企业家还应阐明竞争者给本企业带来的风险以及本企业所采取的对策。

（四）营销

企业的盈利和发展由市场来检验，营销成败直接决定了企业的生存命运。营销是企业经营中最富挑战性的环节，影响营销策略的主要因素有消费者的特点、产品（服务）的特性、企业自身的状况、市场环境方面的因素、营销成本和效益因素。营销策略的内容应包括营销机构和营销队伍的建立、营销渠道的选择和营销网络的构建、广告策略和促销策略、价格策略、市场渗透与开拓计划、市场营销中意外情况的应急对策等。

对创业企业来说，由于产品（服务）和企业的知名度低，很难进入其他企业已经稳定的销售市场中去。因此，企业不得不暂时采取高成本低效益的营销战略，如上门推销、大打商品广告、向批发商和零售商让利，或交给任何愿意经销的企业销售。

一般来说，中小企业可选择的市场营销策略有以下几种。

（1）集中性营销策略，即企业只为单一的、特别的细分市场提供一种类型的产品（如制造汽车配件）。这种方法尤其适用于那些财力有限的小公司，或者是在为某种特殊类型的顾客提供服务方面确有一技之长的组织。

（2）差异性营销策略，即为不同的市场设计和提供不同类型的产品。这种战略大多为那些实力雄厚的大公司所采用。

（3）无差异性营销策略，即只向市场提供单一品种的产品，希望它能引起整体市场上顾客的兴趣。当人们的需求比较简单，或者产品并不被人们认为很重要时，该策略较为适用。

典型案例 7-1

沃尔玛的营销策略

沃尔玛能够迅速发展，除了正确的战略定位外，也得益于其首创的"折价销售"策略。每家沃尔玛商店都贴有"天天廉价"的大标语。同一种商品在沃尔玛比其他商店要便宜。沃尔玛提倡的是低成本、低费用结构、低价格的经营思想，主张把更多的利益让给消费者，"为顾客节省每一美元"是它的目标。沃尔玛的利润通常在30%左右，分店报告某商品在其他商店比沃尔玛低，可立即决定降价。低廉的价格、可靠的质量是沃尔玛的一大竞争优势，吸引了一批又一批的顾客。

(五)生产与运营

创业计划书中的生产制造计划应包括以下内容：产品制造和技术设备现状、新产品投产计划、技术提升和设备更新的要求、质量控制和质量改进计划。在寻求资金的过程中，为了增大企业在投资前的评估价值，风险企业家应尽量使生产制造计划更加详细、可靠。一般地，生产制造计划应回答以下问题：企业生产制造所需的厂房、设备情况如何？怎样保证新产品在进入规模生产时的稳定性和可靠性？设备的引进和安装情况如何？谁是供应商？生产线的设计与产品组装是怎样的？供货者的前置期和资源的需求量是多少？如何制定生产周期标准和撰写生产作业计划？物料需求计划及其保证措施如何？质量控制的方法是怎样的？

生产制造计划旨在使投资者了解产品的生产经营状况。这一部分应尽可能把新产品的生产制造及经营过程展示给投资者。通常情况下，运营计划应包括以下内容：公司现有的生产技术能力，企业生产制造所需的厂房、技术设备情况；质量控制和改进能力；新产品的生产经营计划，改进或将要购置的生产设备及其成本；现有的生产工艺流程，生产周期标准的制定及生产作业计划的撰写；物资需求计划及其保证措施，供货者的前置期和资源的需求量；劳动力和雇员的有关情况；技术提升和设备更新的要求以及质量控制和质量改进计划。

(六)团队及组织结构

组建创业团队是开始创业和与其他团体进行可信赖交流的重要组成部分。对如何把现有团队融入更广阔的创业前景的理解，将有助于投资人和合作者理解缺乏什么类型的人才以及他们如何提供潜在帮助。

此部分要重点解答：创办者和早期关键雇员的背景和角色是什么？创业团队的热情和技能及该创业团队为何致力于创业机遇？组建创业团队必须雇用哪些关键人员？每个职能部门预期会需要多少人员？这家公司是否具有顾问人员或董事会成员以促进创业过程？

这部分的内容还应包括：对主要管理人员加以阐明，介绍他们所具有的能力、他们在企业中的职务和责任，以及他们过去的详细经历和背景。

此外，还应对公司结构做简要介绍，具体包括以下方面：公司的组织机构图、各部门的功能与责任、各部门的负责人及主要成员、公司的薪酬体系、公司的股东名单（包括认股权、比例和特权）、公司的董事会成员、各位董事的背景资料。

企业管理的好坏，直接决定了企业经营风险的大小。而高素质的管理人员和良好的组织结构则是管理好企业的重要保证。因此，风险投资者会特别注重对管理队伍的评估。企业的管理人员应该是互补型的，要有团队精神。一个企业必须要具备负责产品设计与开发、市场营销、生产作业管理、企业理财等方面的专门人才。

（七）财务预测

虽然讨论的是创业的财务计划，然而财务决策却贯穿于整个商业计划书中。如果创业公司能够成功地执行产品开发、投入市场、销售及其他公司职能要求，那么将会得到丰厚的经济收益，值得为此做出投资。可以通过引证与创业公司类似的例子，证明所做出的财务设想和结果都是可行的。投资者想要知道的是需要投入多少资金及创业公司将会取得多大规模的成功。提出分阶段的融资计划可以允许投资者和创业者更好地管理创业风险。这部分也应该包括整合公司销售和产品开发阶段的计划、计划融资活动和现金流状况的时间期限。

此部分重点要解答以下问题：满足市场和产品开发计划需要多少资金？预期创业在什么时候会具备重组的现金流？如果创业成功了，将会具有什么样的成长机遇？预期的初始状态和稳定状态将会有多少财务利润？其他公司在利润和发展上的表现与本次创业有什么相似之处？哪些是关键的财务设想？

财务预测部分一般要包括以下内容：经营计划的条件假设、预计的资产负债表、预计的损益表、现金收支情况、资金的来源和使用。

财务规划需要花费较多的精力来做具体分析，其中就包括现金流量表、资产负债表以及损益表的撰写。流动资金是企业的生命线，因此，企业在初创或扩展时，对流动资金需要有预先周详的计划和进行过程中的严格控制；损益表反映的是企业的盈利状况，它是企业在一段时间运作后的经营结果；资产负债表则反映在某一时期的企业状况，投资者可以用资产负债表中的数据得到的比率指标来衡量企业的经营状况以及可能的投资回报率。

可以这样说，一份创业计划书概括地提出了在筹资过程中风险企业家需做的事情，而财务规划则是对创业计划书的支持和说明。因此，一份好的财务规划对评估风险企业所需的资金数量和提高风险企业取得资金的可能性十分关键。如果财务规划准备得不好，会给投资者留下企业管理人员缺乏经验的印象，降低企业的评估价值，同时也会增加企业的经营风险。那么如何制订好的财务规划呢？这首先要取决于风险企业的远景规划：是为一个新市场创造一个新产品，还是进入一个财务信息较多的已有市场？

着眼于一项新技术或创新产品的创业企业不可能参考现有市场的数据、价格和营销方式。因此，它要预测所进入市场的成长速度和可能获得的纯利，并把它的设想、管理队伍和财务模型推销给投资者。而准备进入一个已有市场的风险企业则可以很容易地说明整个市场的规模和改进方式。风险企业可以在获得目标市场的信息的基础上，对企业首年的销售规模进行规划。

企业的财务规划应保证和创业计划书的假设相一致。事实上，财务规划和企业的生产计划、人力资源计划、营销计划等都是密不可分的。要完成财务规划，必须要明确下列问题：产品在每一个期间的销售量有多大？什么时候开始产品线扩张？

每件产品的生产费用是多少？每件产品的定价是多少？使用哪些分销渠道？所预期的成本和利润是多少？需要雇用哪几种类型的人？雇用何时开始，工资预算是多少？

（八）融资计划

融资计划主要是根据企业的经营计划提出企业资金需求数量、融资的方式、工具、投资者的权益、财务收益及其资金安全保证、投资退出方式等，它是资金供求双方共同合作前景的计划分析。

融资计划的主要内容包括：融资数额是多少？已经获得了哪些投资？希望向战略合伙人或风险投资人融资多少？计划采取哪种融资工具，是以贷款、出售债券还是以出售普通股、优先股的形式筹资？公司未来的资本结构如何安排？公司的全部债务情况如何？公司融资所提供的抵押、担保文件，包括以什么物品进行抵押或者质押，由什么人或者机构提供担保？投资收益和未来再投资的安排如何？如果以股权形式投资，双方对公司股权、控制权、所有权比例如何安排？投资者介入公司后，公司的经营管理体制如何设定？投资资金如何运作？投资的预期回报？投资者如何监督、控制企业运作等？对于吸引风险投资的，风险投资的退出途径和方式是什么，是企业回购、股份转让还是企业上市？

这部分是融资计划的主要内容，企业既要对融资需求、用途提出令人信服的理由，又要有令人心动的投资回报和投资条件，同时也要注意维护企业自身的利益，其基础是企业的财务分析与预测。

由于与资金供给方合作的模式可能有多种，因此还需设计几种备选方案，给出不同盈利模式下的资金需要量及资金投向。

（九）风险分析

这部分内容主要是向投资者分析企业可能面临的各种风险隐患、风险的大小，以及融资者将采取何种措施来降低或防范风险、增加收益等。这主要包括以下内容：企业自身各方面的限制，如资源限制、管理经验的限制和生产条件的限制等；创业者自身的不足，包括技术、经验或者管理能力上的欠缺等；市场的不确定性；技术产品开发的不确定性；财务收益的不确定性；针对企业存在的每一种风险，企业进行风险控制与防范的对策或措施。

对于企业可能面临的各种风险，融资者最好采取客观、实事求是的态度，不能因为其产生的可能性小而忽略不计，也不能为了增大获得投资的机会而故意缩小、隐瞒风险因素，而应该对企业所面临的各种风险都认真地加以分析，并针对每一种可能发生的风险做出相应的防范措施，这样才能取得投资者的信任，也有利于引入投资后双方的合作。

三、附录部分

这部分是与企业计划相关，如企业的组织结构图、产品说明书或照片、设施或技术的分析、现金流量表、资产负债表等。通常，附录对于提高创业计划书的质量有着重要的作用，对于创业者获取外部资源的支持有着特殊的意义。

一般来说，附录的内容可分为附件、附图和附表三部分。附件有营业执照副本、董事会名单及简历、公司章程、产品说明书、市场调查资料、专利证书、鉴定报告、注册商标。附图有企业的组织结构图、工艺流程图、产品展示图、产品销售预览图、项目选址图。附表有主要产品的目录、主要客户的名单、主要供应商和经销商名单、主要设备清单、市场调查表、现金流量预测表、资产负债预测表、损益预测表。

第三节 创业计划书的编制

教师箴言

"写作使人精确。"撰写一份创业计划能促使创业者进行冷静、系统、缜密的思考。

核心概念

创业计划书的编制与创业本身一样是一个复杂的系统工程，不但要对行业、市场进行充分的研究，而且还要有很好的文字表达能力。对于一个初创企业来说，专业的创业计划书既是寻找投资的必备材料，也是企业对自身的现状及未来发展战略全面思索和重新定位的过程。

学习重点

编制一份创业计划书，并掌握创业计划书的编写原则、步骤和写作技巧。

一、创业计划书编制原则

一份好的创业计划书往往能够吸引潜在读者的特别关注。如果创业计划书语言流畅，充满激情和睿智，有严密的调查数据支撑，少见外行话，那么投资者很容易把这些优点和创业者本人的能力联系起来。因此，创业者在撰写创业计划书时，一定要遵循以下原则。

（一）目标导向原则

创业的目的不仅是追求企业的发展，而且要有创造利润的可能，要突出经济效益。

（二）完整一致原则

运营计划要完整陈列，涵盖创业经营的各项功能要素，前后基本假设或预估相互呼应，逻辑合理。

（三）优势竞争原则

计划书要呈现出资源、经验、产品、市场及经营管理能力的优势。

（四）团队互补原则

计划书要展现组建经营团队的思路、人员的互补作用，尽可能突出专家的作用、高管人员的优势、专业人才队伍的水平，明确领军人物。

（五）市场导向原则

计划书要明确市场导向的观点，明确指出企业的市场机会与竞争威胁，把握并充分显示对于市场现状的掌握与未来发展预测的能力。

（六）客观实际原则

一切数字尽量客观、实际，以具体资料为证，并尽量同时分析可能采用的解决方法。切勿凭主观意愿估计，切勿高估市场潜量或报酬，切勿低估经营成本，夸大其词。工作安排要循序渐进，有条不紊，可操作性强。

总的来讲，有经验的投资者、潜在的商业伙伴和关键职位应聘者，不是靠臆测或憧憬来做判断，而是用事实数据评价企业的前途。最吸引他们注意力的是可行性评估结论，以及对独特商业模式所产生的竞争优势的描述。如果商业模式仅仅建立在预测未来前景的基础上，显然，这样的计划很难让投资者心潮澎湃，进而心甘情愿地进行投资或加盟。

二、创业计划书编写步骤

（一）准备阶段

明确创业计划书的形式。不同的投资者对创业计划书有不同的兴趣和侧重，因此，创业者撰写创业计划书的第一步就是确定投资者是谁，他们想要的是什么，哪些问题必须有针对性地呈现给他们，进而明确创业计划书的形式。由于创业计划涉及的内容较多，撰写之前必须进行充分的准备、周密的安排。第一，收集创业计划书所需要的信息。根据创业计划书的大纲,创业者需要收集撰写计划书要用而目前尚不清楚的信息。信息的收集是一个十分重要的过程,信息的质量直接关系到创业计划书的质量。创业者可以通过现有资料的检索、实地调查、互联网查找等方式来收集信息,准备关于创业企业所在行业的发展趋势、同类企业组织机构状况、同类行业企业报表等方面的资料。第二,确定计划的目的和宗旨。第三,组成专门的工作小组,制订创业计划书的编写计划,确定创业计划书的种类与总体框架,制订创业计划书编写的日程与人员分工。

(二)形成阶段

收集到足够的信息后,创业者就应该开始草拟创业计划书了。创业计划书的形式明确之后,接下来创业者就需要制订创业计划书的大纲。大纲应该确定创业计划的目标和战略,制订创业计划书的编写计划,确定创业计划书的总体框架和主要内容。在这一阶段,主要是全面编写创业计划书的各部分内容,包括对执行摘要、企业描述、创业项目、创业企业、战略、市场竞争、营销计划、组织与管理、技术与工艺、财务计划、融资方案以及创业风险等内容进行分析,通过这一步骤,可以形成比较完整的创业计划书初稿。

(三)完善阶段

有了初稿后,创业者应该根据客观实际情况,充分征求各方意见,进一步补充、修改和完善创业计划书。撰写创业计划书的目的之一是向合作伙伴、创业投资者等各方人士展示有关创业项目的良好机遇和前景,为创业融资、宣传提供依据。所以,在这一阶段创业者必须从目标投资者的角度来检查创业计划书的客观性、条理性、实践性和创新性,看其是否能够打动目标投资者,是否完整、务实、可操作,是否突出了创业项目的独特优势及竞争力,包括创业项目的市场容量和盈利能力,创业项目在技术、管理、生产、研究开发和营销等方面的独特性,创业者及其管理团队成功实施创业项目的能力和信心等,力求引起读者的兴趣,并使之领会创业计划的内容,支持创业项目。

(四)定稿阶段

这一阶段是定稿并印制创业计划书的正式文本。在计划书完成以后仍然可以进一步论证其可行性,并跟踪信息的积累和市场的变化,不断完善整个计划书。

三、创业计划书编写技巧

创业计划书要遵循"七分策划,三分包装"的策略,它是技术和艺术的统一体。从编写技巧而言,需要注意以下技巧。

(一)尽量精练，通俗易懂

创业者必须认识到，创业计划书不是文学作品，也不是学术论文，飞扬的文才、深奥的专业术语不仅不能打动目标投资者，反而不利于对方阅读和理解计划书。因此，创业计划书的语言应该简单明了，尽量避免专业术语，只要能够表达清楚自己的观点，就不要过分渲染，使投资者在最少时间内了解最多的关于商业计划的内容。就此来说，撰写创业计划书应忌用过于技术化的词语来形容产品或生产营运过程，而尽可能用通俗易懂的条款，使投资者容易理解。

(二)开门见山，突出主题

创业计划书的目的是获取资源，让投资者了解商业计划，要开门见山地切入主题，用真实、简洁的语言描述你的想法，不要浪费时间去讲与主题无关的内容，并要表现你的语言的煽动力，从而展现你的领导才能。此外，编制创业计划书还要考虑阅读对象的因素。目标投资者不同，他们对创业计划书的要求和兴趣则不一样，创业计划书的内容和侧重点也应该不同。

(三)展现优势，换位思考

为了获得投资者的支持，创业计划书还应该尽量展现自身的优势，如先进的技术、良好的商业模式、高素质的创业团队等。撰写创业计划书的一个重要方法就是换位思考，即融资者要设身处地为投资者着想，假设自己是一位战略合伙人或风险投资人，自己最关心的问题是什么，自己判断的标准是什么。也就是说，要按照阅读创业计划书的投资者的思路去撰写创业计划书，这样就会弄清哪些是重点，哪些应该具体描述，哪些可以简单描述，哪些是不必要的东西，从而获取投资者的青睐。

(四)以充分的调查、数据、信息为基础

市场销售是投资获利的基础，对此，融资者要充分考察市场的现实情况，广泛收集有关市场现有的产品、现有竞争、潜在市场、潜在消费者等具体信息，使市场预测建立在扎实的调查、数据之上，否则后面的生产、财务、投资回报预测就都成了空中楼阁。为此，创业计划书中切忌用含糊不清或无确实根据的陈述或结算表。

同时，在收集资料时，一定要做到客观公正，避免只收集对自己有利的信息，而不去收集或者故意忽略对自己不利的信息。一般来说，战略投资者或风险投资家都是一些非常专业的人士，提出的问题会非常尖锐，如果只收集对自己有利的信息，在遇到质疑时就会显得考虑和准备不充分。

（五）注意细节，注意保密

尽可能地收集更多资料，对于市场前景、竞争优势、回报分析等要从多角度加以分析和总结，对于可能出现的困难或问题要有足够的认识和预估，同时准备多位顾客的事前采购协议，帮助投资者强化项目可行性认识。创业者还要注意保护自己，对于一些技术和商业机密进行保护是合理必要的。在实际操作中，通常会在创业计划书中加一条保密条款来保护自己的商业机密。

（六）结构完整，条理分明

创业计划书是一种很正式的规范性文件，在结构和内容上都有要求。创业者在撰写创业计划书时，最好有一份优秀的创业计划书作为模板进行参考。一方面，在结构上必须完整，创业计划书的各个部分都应该论述到；另一方面，在内容的表述上要做到规范化、科学化，财务分析最好采用图表描述，形象直观。尽可能按照如何实现营业循环和盈利来设计创业计划书，这样能够让条理性更清楚。

（七）观点客观，适度包装

创业计划书的作用固然重要，但它仍然只是一块敲门砖。创业计划书中的所有内容都应该实事求是，力求通过科学分析和实地调查来表达观点和看法，尤其是市场分析、财务分析等部分不应夸大、吹嘘。过度包装是无益的，企业应该在市场占有率、销售收入、利润率等指标的预测上做到科学合理，数字尽量准确，最好不要做粗略估计。否则，即使有了机会，也把握不住。创业计划书的排版和装订也要尽量专业，切忌粗制滥造，更不能出现低级错误。

（八）不过分拘泥于格式

创业计划书固然有很多约定俗成的格式，但很多资金供给方在实际运作中会忽略这种格式，直接关注几个关键点，关注他们想看到的东西。因此，企业在组织撰写创业计划书的过程中，不要过分拘泥于固定的格式，"依样画葫芦"。只把企业的优势、劣势告诉别人，也可能是最后的赢家。

（九）目标明确，风险可控

初创企业不能涉及过多的业务领域，创业计划不但要目标明确，而且要把如何区分目标市场的情况描述清楚。创业不可能没有风险，创业计划中涉及的关键风险是投资者、银行家以及其他投资者最敏感、最关注的部分。在创业计划中，一定要对可能出现的风险有充分的估计，同时要把如何应对和管理这些风险阐述清楚，让投资者感受到这些风险是可控的。

本章小结

创业者将自己的创意以创业计划书的形式表现出来，可以冷静地分析自己的创业理想是否真正切实可行，清醒地认识自己的创业机会，明确自己的方向和目标，进行规划创业蓝图。本章对撰写创业计划书等知识点进行了系统学习。通过学习，学生需要了解掌握创业计划的主要内容有哪些，编制创业计划书的原则和步骤，尤其是对创业计划书的编制需要不断地加强训练，建议在社会实践中，针对具体的创意或商业项目开展创业计划书的编制训练，以提升创业计划书的编制能力。

课外训练

主题 编制一份完整的创业计划书。

目标 提升创业计划书的编制能力。

活动步骤 活动步骤如表7-1所示。

表7-1 活动步骤

步骤	内容
步骤一	针对拟创建的公司和创业项目，将学生分成若干创业计划书编制小组
步骤二	准备阶段： 收集创业计划书所需要的信息； 确定计划书的目的和宗旨； 组成专门的工作小组
步骤三	形成阶段： 制订创业计划书的大纲及框架； 确订创业计划书的主要内容； 开始撰写创业计划书
步骤四	完善阶段： 充分征求各方意见，进一步补充、修改和完善创业计划书； 从目标投资者的角度来检查创业计划书的客观性、条理性、实践性和创新性
步骤五	定稿阶段： 印制创业计划书的正式文本； 在计划书完成以后仍然可以进一步论证计划的可行性，并根据信息的积累和市场的变化不断完善整个计划书

第八章 企业孵化与创建

学习目标

知识目标
1. 了解学校、校外创业孵化基地的功能与培育。
2. 理解企业创建的准备、实施与初创企业的管理。
3. 掌握企业注册的流程和主要步骤。

能力目标
1. 学会如何整合校内外创业孵化基地的资源进行创业。
2. 掌握企业组建的步骤和方法。
3. 结合自身创业项目的实际,做好创业准备和初创企业管理工作。

知识导读

人们常说:"万事开头难,好的开始,就是成功的一半。"因此,人们做事情要想成功,必须要做好充分的准备工作,及前期调研与实验性工作。创业不是一件简单的事情,必须要进行企业孵化的过程,在创意孵化时,要考虑各个孵化基地的优势,是在校内基地孵化,还是在社会孵化园孵化?在这个孵化过程中积极发现问题、分析问题、解决问题,从而积累经验,使企业创建后少犯错误,少走弯路,走稳初创企业营运之路的每一步,为初创企业的可持续发展打下坚实的基础,并扶持初创企业后期良好的发展。

案例导入

高校创业孵化基地的管理与服务

北京某大学商务学院创新创业孵化基地是在学院创新创业教育教学改革领导小组下,由主管院领导牵头,教务处、学生处(就业指导中心)、团委、经贸实践教学中心、培训中心五个部门共同参与创建的大学生创新创业孵化场所。该基地在工作中坚持"五位一体,全程联动"的方式,"五位一体"即"专业教师团队（包括企业导师）咨询指导 + 专业社团大赛选拔推荐 + 实训模拟运营推演 + 项目培育资助落地 + 校企合作拓展资源"；"全程联动"即"培育孵化过程联动 + 学校社会联动"，形成"创业孵化与专业教育深度融合"，师生共同在学中干、干中学，在发现问题、反馈问题、解决问题中互动。创新创业孵化基地作为学院人才培养全过程的一个环节，强化"实战育人"理念，以完善创业服务体系为基础，重点扶持参赛获奖项目和有市场前景的创业项目落地，同时以开展各类创新创业活动为载体，营建学院创新创业氛围和教学、科研、市场融为一体的创新创业生态园。孵化基地为学生入孵团队初期提供免费的办公环境和基本的办公设施，还为入驻企业提供无偿使用会议室、培训室（路演室）、创业图书资源室等公共空间资源以及创业咨询服务。

（资料来源：编者根据相关资料组织整理，2019年）

提出问题

1. 在学校和社会上，是否还存在像案例中的孵化基地？如果有，请举例说明。
2. 如果你是学校创业孵化基地的管理者，你会如何发挥创业基地的优势？
3. 如果你是上述孵化基地的入驻项目，你会如何整合资源进行创业？

第一节 孵化基地选择

教师箴言

好的开始，是成功的一半。请认真思考，谨慎选择适当的孵化基地，必将助你成功！

核心概念

大学生创业孵化基地是为大学生提供创业平台及相关资源，学院提供场所及相关设施，采用真实企业运营模式，以提高大学生就业竞争力和创业能力为目标的企业化实训基地。

学习重点

了解大学生孵化基地（包括学校孵化基地和校外孵化基地）的基本功能、运营管理机制、培养目标。

一、校内孵化基地培育

大学生孵化基地,致力于把创意转化为产出,最终成为消费者使用的物品。大学生的创意若能孵化落地,并在自己的母校进行,那就是最理想的状态了。因为学校能够提供孵化基地,有指导老师,请专家指导,并且还有广大的人才资源。有的学校还提供场地、设施、人员和经费支持。因此,创业创意能够在学校孵化基地培育,将大大降低学习成本、经营成本、人工成本,为初创企业的第一桶金及营运打下坚实的基础。

> **典型案例 8-1**
>
> ### 广州某大学三创营众创空间
>
> 广州某大学三创营众创空间(以下简称"众创空间")是以服务广州某大学师生为主,辐射珠江三角洲地区,开展"创新、创造、创业"人才培育和创业项目孵化的实体与虚拟空间相结合的高校众创空间。通过建设一站式"产学研"平台,集聚高校优质创新资源,建成富有特色和实力的一流众创空间。
>
> 众创空间立足公益性,为创业项目提供链条式服务和递进式资金支持。众创空间立足高校人才培养和公益性创业种子培育,学校提供场地、设施、人员和经费支持;同时,构建了基于高校教学科研优势的"创新创业教育培训—创新创业孵化培训—创新创业融资对接—创新创业科学研究"四大链条层层递进、相辅相成、相得益彰的服务体系。依托自有资源,充分整合社会资本,建立起了"学校公益性的无偿资助—自主创立的市场化创投资金—社会化投资渠道"递进式的资金支持体系。

二、校外孵化基地培育

学校的场地是有限的,在无法入驻本校创业孵化基地时,应优先考虑校外孵化基地。2014年以来,一系列"双创"支撑政策的出台,释放了市场活力特别是孵化器建设主体的活力,各类社会主体纷纷投身于建设孵化器。作为校外孵化基地,众创空间成为中国孵化器发展的一大亮点,涌现了新模式、新业态,有力促进了区域创业资源的集聚和创新创业生态的营造,实现了爆发式增长,为"双创"事业打开了新局面。校外创业孵化基地发展得如火如荼,到2014年年底,全国初具规模的创客空间、创业咖啡等创新型孵化机构有几十家,虽然数量不多,但是发展势头良好，代表了互联网时代的新生创业需求，代表了创业服务的民间实践和市场风向。国家发展和改革委员会等部委纷纷出台支持"双创"的政策措施，营造了众创空间建设发展的大好环境，各级地方积极落实建设众创空间，发起一股建设热潮，众创空间的发展呈现出市场化、多样化、重服务、共享化、国际化的特点。

三、自力孵化培育

创业时，创业者要先找到市场的痛点，分析实施的具体情况，进行可行性分析，分析结果如果可行，但无法入驻校内外孵化培育基地时，就要靠自己的力量来进行孵化培育，当积累到一定程度，就可以进行创业。途径一，在其他企业从基层做起，积累经验与人脉，积攒创业资本。途径二，参加创业班学习，自己租办公场地，测试市场。从小做起，反复测试；从赚小钱开始，积累经验，磨炼意志，拓宽心量，一步一个脚印地积累实战经验。途径三，组建团队，写好创业计划书，明确团队的构想，实施可行性分析，有理有据，进行路演，寻找创投公司投资。

拓展链接

大学生创业孵化基地的基本功能

众创空间为创业者提供低成本的工作空间、网络空间、社交空间和资源共享空间，解决了早期创业团队的孵化难题，构建起完整的创业孵化服务链条，吸引各类社会机构参与孵化事业，推动了全社会创新创业的氛围，以期进一步促进创新创业，带动社会就业，推动实体经济转型升级。众创空间的出现解决了创业早期孵化难题，形成了"从创意到产出"完整的创新创业服务生态。众创空间的出现进一步延伸了创新创业的触角，增强和完善了科技创业孵化链条的前端环节，进一步降低了上门的成本，提供了更专业、更便捷、更系统的"早期孵化"服务。

众创空间极大地推动了全社会创新创业的氛围，促进了中国经济的发展。在创业孵化基地中，高职院校可以借助社会和其拥有的资源开展相关的创业培训，来提高学生的创业意识和创业知识储备。主要形式有专题讲座、开展各层次的创业大赛，或参与企业的创业项目等。这将对高校的人才培养起到极大的推进作用。

第二节　创业孵化

教师箴言

正确地选择方向，才能达到正确的目标。了解自己，谨慎选择创业类型，不断虚心学习与思考，将助你创业成功。

核心概念

企业孵化的准备工作。

学习重点

了解企业的法律形态，了解初创企业的管理理论和模型。

一、孵化企业创业准备

（一）新创办企业可供选择的组织形式

进行企业运营首要要选择何种企业组织形式作为其组织形态。企业组织形式是指企业财产及其社会化生产的组织状态，它表明一个企业的财产构成、内部分工协作与外部社会经济联系的方式。依法律形式企业可以分为个人独资企业、合伙企业和公司制企业，表8-1为三种组织形式的特点比较。企业组织形式决定了企业的组织结构和法律地位，同时决定了投资人的投资风险和责任范围，本书主要以有限责任公司为例。

表8-1　三种组织形式的特点比较

特点	组织形式		
	个人独资企业	合伙企业	有限责任公司
投资人	一个自然人	两个或两个以上的自然人，有时包括法人或其他组织	多样化
承担责任	无限债务责任	每个合伙人对企业债务需要承担无限连带责任	有限债务责任
企业寿命	受制于业主的寿命（所有者死亡即终止）	合伙人卖出所持有的股份或死亡	无限续存
权益转让	较难	较难	容易转让所有权

（续上表）

特点	组织形式		
	个人独资企业	合伙企业	有限责任公司
筹集资金的难易程度	难以从外部获得大量资金用于经营	较难从外部获得大量资金用于经营	容易从资本市场筹集资金
纳税	个人所得税	个人所得税	企业所得税和个人所得税
组建公司成本	低	居中	高

1. 个人独资企业

个人独资企业，是指由一个自然人投资并兴办的企业，其企业主享有全部的经营所得，同时对债务负有完全责任。这种企业的规模较小，优点是经营者和所有者合二为一，经营方式灵活，建立和停业程序简单。缺点是受自身财力所限，抵御风险能力较弱，企业主对企业的债务承担无限债务责任，企业的存在缺乏可靠性。

2. 合伙企业

合伙企业是指由两个或两个以上的出资人订立合伙协议，共同出资、合伙经营、共享收益、共担风险的营利性组织。其特点是：

（1）生命有限：合伙企业比较容易设立和解散。

（2）责任无限：合伙企业作为一个整体对债权人承担无限连带责任，即如果一个合伙人没有能力偿还其应分担的债务，其他合伙人应承担连带偿还责任。

（3）相互代理：合伙企业的经营活动由合伙人共同决定，并由全体合伙人承担民事责任。

（4）财产共有：合伙人投入财产，由合伙人统一管理、使用。

（5）利益共享：合伙企业在生产经营中所获取、积累的财产损益由合伙人共同承担。

3. 有限责任公司

有限责任公司是指由两个以上股东共同出资设立、每个股东以其认缴的出资额为限对公司承担有限责任，公司法人以其全部资产对公司债务承担全部责任的经济组织。有限责任公司有以下特点：

（1）股东人数少，我国规定出资人数为20~50人。

（2）股权一般不得自由转让，股权转让需经股东会同意并且其他股东有优先购买权。

（3）股东之间的关系相对密切，容易统一意见和组织管理。

（4）有限责任公司不能向社会公开募集公司资本、不能发行股票。

（二）成立公司要回答的七个问题

（1）技术问题：具备技术突破，还是微创式改善？
（2）时机问题：要做的事业，时机正好吗？
（3）市场占有率问题：公司开创时能在目标市场拥有大份额吗？
（4）人的因素：有没有合适的团队？
（5）渠道因素：除了创造产品，有没有办法分发、推广自己的产品？
（6）可持续发展能力：未来10~20年，能否维持自己的市场地位？
（7）核心机密：有没有找到一个其他人没有发现的机会？

二、初创企业实施

在准备好初创企业的人、财、物后，从小做起，先从已经有的产品或者容易获得的产品做起，积累经验，逐步增加产品推广。初创企业实施流程如图8-1所示。

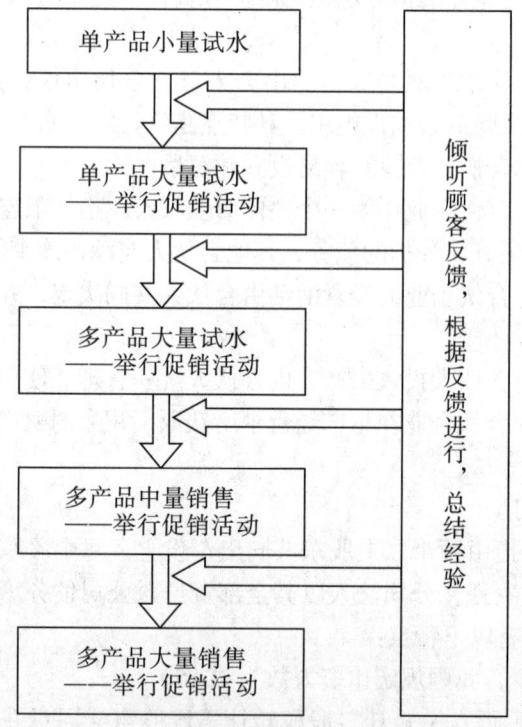

图8-1　初创企业实施流程

三、初创企业的运营管理

(一)创业管理理论

1. 蒂蒙斯的创业管理模型

美国创业管理专家杰弗里·蒂蒙斯认为,创业是一种思考、推理和行动的方法的实施过程,是在经历机会并可能被困扰的情况下整体地看问题,并进行平衡和领导的能力。所谓创业管理,则是指针对企业创业各阶段的管理方法和管理活动。蒂蒙斯在《开创新事业》一书中提出一个创业管理模型,如图8-2所示。他认为成功的创业活动,必须通过调适和整合"机会、资源、团队"三要素,使之搭配最适当,并能随着企业的发展保持动态的平衡,以适应企业内外环境的变化并保持企业在创业的各个阶段都能激发内部的创业动力,使企业得以生存进而求得发展。

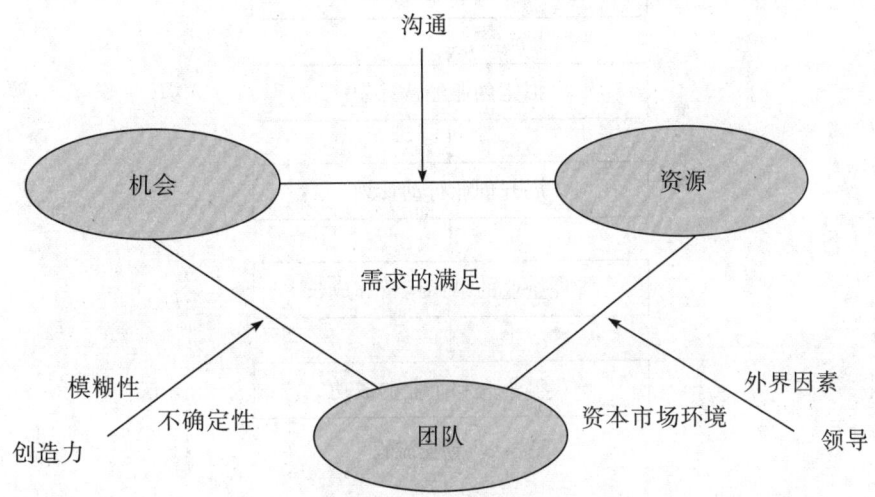

图8-2 蒂蒙斯创业管理模型

蒂蒙斯认为,创业流程由机会启动,在组成创业团队和取得必要的资源后,创业计划才能顺利推进。因此在创业前期,机会的识别与选择最为关键。创业初期的重点在于形成一个精明能干的团队;而当新企业启动后,才会增加对资源的需求。即蒂蒙斯模型特别强调弹性和三要素的动态平衡:在创业过程中,随着内部环境和外部环境的变化,机会、团队、资源三因素会因为比重发生变化而导致出现不平衡现象。良好的企业管理应该及时对三要素进行调整,把握当时的活动中心,使创业活动获得新的平衡。

2. 奥利夫提出的创业流程

奥利夫从创业者个人的事业发展角度出发,将创业流程分为八个关键步骤,并强调创业流程管理的重点在创立新事业部分,只要创业取得获利回收,就算完成了预过程中应该包括的步骤,需要强调的是,创业活动的发生不可能千篇一律按照固定的顺序展开,比如有可能是先发现一个创业机会,而后才决定成为创业者。并且,各步骤之间还可能存在往复和重复情况,比如创业团队的动态组建过程等情况。奥利夫提出的创业流程如图8-3所示。

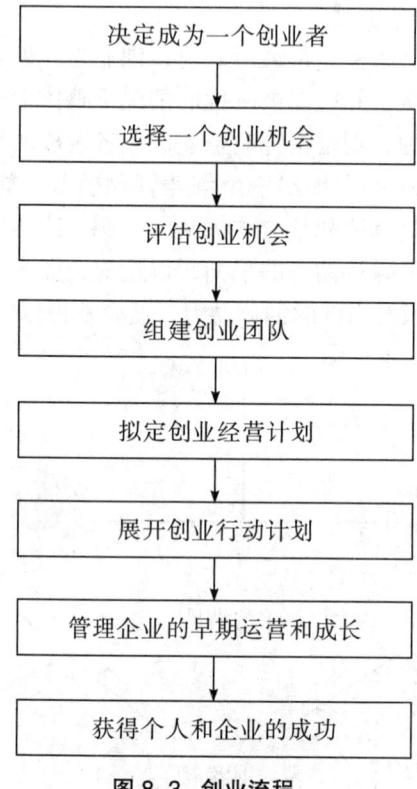

图8-3 创业流程

3. 创业管理理论的应用

理论来自实践,然后又由实践检验、提炼、升华,这是一个循环往复的过程,创业管理要尽量应用管理理论来指导创业的实践活动。

奥利夫提出的创业流程八步骤是初创实践具体实施的指导,在理论上为初创者指明了方向。创业者经过理论学习与实践相结合,将使企业少走弯路,大大减少或者避免创业失败。因此,学习创业理论及实施指导非常重要。

(二)初创企业资源管理

1. 人力资源管理

人力资源管理在企业经营运作过程中必不可少,它关系着企业的生存与发展。尤其是创业初期的中小企业,要想在激烈的市场竞争中立足并胜出,行之有效的人力资源管理必不可少。企业要增强对人才的吸引力，强化对员工的情感投入，充分利用人才，通过内部营销提高员工满意度等。

内部营销是指通过创造满足员工需要的工作来吸引、发展、激励和保留高质量的员工，是将员工当作顾客的哲学。内部营销可以从以下三点做起。

（1）可以高额的远期风险收入来吸引人才，如投资入股、股票期权等；重视对在职员工的职业生涯规划，为员工提供更丰富的工作内容、较大的发展机会与成长空间、较短的上升周期；使员工的发展和企业的成长有机结合，让员工在追求自身发展的过程中与组织的更高目标联系在一起，在致力于实现组织目标的同时，实现自己与团队共成长；明确组织发展方向，同时给员工提供完成工作所需的一切资源，深化工作的意义，提高员工的忠诚度。

（2）企业是一个大家庭，要注重感情投入，充分发挥创业者的人格魅力、创造力和影响力，创造融洽、和谐的气氛，用亲情留人，为其生活增添新的价值。具体措施如下：一是直接沟通。督促团队成员之间建立定期联系，包括正式和非正式的沟通，使公司所有员工紧紧围绕公司的发展方向和目标努力。二是提供社交机会。鼓励团队成员之间多组织社交活动，加强团队成员之间的联系。三是使工作成为乐趣。假如工作变成一种乐趣，那么人们自然就愿意投入时间，工作给员工带来欢乐，组织自然就能得到更高的生产效率和更好的社会效益。

（3）根据人才的才能和特长，实行人岗匹配，安排适当的领导岗位，设置技术职务，使人才受到认可和信任；给人才分任务、压担子，让他们攻克关键问题、解决难题，让他们有机会去实现自己的价值，表彰奖励有重大贡献的人才，使他们觉得付出就会有收获；物质奖励要尽量以贡献大小为依据，有效地拉开分配差距，切实鼓励优秀员工脱颖而出。

典型案例 8-2

A公司是一家民营高科技企业，由几位志同道合的伙伴合作创办。在公司成立之初资金并不宽裕的情况下，几位合伙人主动提出不领取工资直至公司盈利为止。在他们不计回报、努力工作的精神感召下，公司的员工们也时常义务加班。

公司内部关系融洽、士气高涨。经过公司上下的共同努力，两年后该公司发展为一家集开发、生产、经销于一体的中型高科技企业，在省内IT业界有了一定的知名度。随着公司的高速发展，企业经济效益连年大幅增长，员工的待遇也不断得到改善，加之公司所处行业属于朝阳产业，员工普遍感觉在这样的公司有希望，吸引了大批具有专业技术知识的年轻人加入公司。然而，5年后公司自进入稳定期以来，随着经济效益增幅的减小，公司内部出现了安于现状、不思进取的氛围，人心涣散的迹象十分严重，尤其是中层管

> 理者的流失问题急需解决。中层管理者流动频繁，使公司的管理出现脱节现象，其他员工的士气大受影响，企业生产率明显下降，公司从此陷入恶性循环。最近，员工中开始流传一种说法，凡是从本公司跳槽的人都能在现职岗位上做得不错，待遇比在本公司时好，工作强度也比本公司小，其他公司对处于同一层次的员工评估还不单纯以业绩为标准。另外，人员流动多倾向于国内的知名外企。针对企业面临的人力资源问题，公司总经理感到非常棘手。

2. 初创企业财务管理

（1）财务管理基本原则。

初创企业财务管理应遵循财务管理的原则，即价值最大化原则、货币时间价值原则、收益风险均衡原则、资金合理配置原则、收支平衡原则等。在此基础上，进行管理。

①价值最大化原则。企业价值最大化是指通过财务上的合理配置，采取最优的财务政策，充分利用货币时间价值和风险与报酬的关系，以保证企业长期稳定发展为目标，不断增加企业财富。

②货币时间价值原则。货币时间价值是指货币经历一段时间的投资和再投资所增加的价值。货币具有时间价值是指一定数量的货币资金在不同时点有不同的价值。货币只要被作为资本投入生产流通就应考虑其时间价值。财务管理中的应付账款管理、存货周期管理、应收账款周期管理等，都是货币时间价值在财务管理中的具体运用。

③收益风险均衡原则。收益与风险具有高度相关性，收益越高，相应要承受的风险越大。为做到收益风险均衡，企业在进行投资决策时必须认真分析各种可能因素，对投资决策进行可行性分析，充分权衡不同投资项目对应的风险与收益。

④资金合理配置原则。资金合理配置原则是指企业在生产经营活动中要充分合理、有效地配置资金，以实现经济效益的最大化。在确定流动资产和固定资产的构成比例、有形资产和无形资产的构成比例、货币资产和非货币资产的构成比例、债权和股权的构成比例、长期投资和短期投资的构成比例、各种资产内部的结构比例等时，都应遵循资金合理配置原则。

⑤收支平衡原则。收支平衡是对企业财务管理的基本要求。资金过剩或不足都不利于企业发展。资金不足，企业的生产经营会出现中断；资金过剩，会造成闲置和浪费。为了做到收支平衡，企业既要积极经营、扩大销路、确保资金链流畅，又要节约成本、避免不必要的开支。

（2）财务管理的基本内容。

财务管理包括投资管理、筹资管理等。投资管理是指企业为谋求发展而增加资金总量，扩大经营规模的管理活动企业通过有效的投资管理，既能够扩大企业规模,又能够有效利用资金使其充分运转。投资管理的基本要求是建立严密的管理秩序,以减少风险、提高效益。筹资管理是所有初创期和成长期企业的核心财务问题。初创企业要通过财务管理,在缺乏知名度、底子薄且难以获得银行信用又无法获得足够的股权资本的条件下,尽可能筹措到生产经营所必需的资金,避免因资金短缺影响企业运营。

财务管理的基本内容有以下两个方面。

①准确预测资金需求量。筹资是为了给企业带来收益,筹资后的经营收益一定要大于筹资时所发生的费用和成本的总和。为避免因资金过少或过多所产生的弊端,要在综合考虑企业生产经营规模、投资需求、发展目标等方面的资金需求基础上,对资金需求量做出正确的预测,然后据此确定筹措资金的总额,以保障生产经营和投资活动的顺利进行,同时避免不必要的资源浪费。

②选择合理的筹资渠道和方式。企业无论采取何种渠道和方式筹资,都会发生一定的资本成本。资本成本是企业为筹集和使用资金而付出的代价。它包括资金筹集费和资金占用费两部分。

资金筹集费通常在筹集资金时一次性发生,如股票发行手续费、律师费、资信评估费、公证费、担保费、广告费等,这部分费用在计算资本成本时可作为筹资金额的一项扣除。资金占用费经常发生,如发行股票和债券,除了股票和债券的发行费用外,还需支付股利和债券利息,银行贷款除需要还本金外,还需要付息等,同一筹资项目因资金来源不同,资金成本也不同。即便资金来源相同,因筹资方式不一样,资金成本也会不同。因此,企业要在筹资前比较各种资金成本,通过选择合理的筹资渠道和方式,尽可能地将筹资成本降到最低,以减少企业的负担。

此外,管理者还要经常分析宏观经济形势、货币政策和财政政策等相关情况,及时了解国内外利率、汇率等金融市场的信息,预测影响企业筹资的各种因素,把握合适的筹资机会,以做出正确的筹资决策而适时向银行借款,通过利用财务杠杆,提高权益资本报酬率。

3. 初创企业营运管理

营运管理包括营运资金管理、利润分配管理等。

营运资金管理指对企业流动资产及流动负债的管理。从会计角度来看,营运资金是指流动资产与流动负债的净额;从财务角度来看,营运资金是流动资产与流动负债关系的总和。做好营运资金管理就是做好流动资产和流动负债的管理,流动资产管理就是加快现金、存货和应收账款的周转速度,尽量减少资金占用,降低资金占用成本。流动负债管理就是利用商业信用解决资金短期周转困难,同时通过银行借款,利用财务杠杆,提高权益资本报酬率。

利润分配是指将企业经营净利润,按国家财务制度规定的分配形式和分配顺序,在国家、企业和投资者之间进行合理分配。企业利润分配的主体一般有国家、投资者、企业和企业内部职工。利润分配的比例是否合理,决定企业的长久发展情况,因此要非常重视初创企业的营运管理。

4. 初创企业风险管理

(1) 创业风险的概念。风险(Venture)被用来描述其损益结果具有不确定性的商业冒险或投机活动,是一种不确定的可能性。风险包含两个要素:一是结果的不确定性;二是失败或亏损的可能性。创业风险也就是创业过程中存在的风险,是指由于创业环境的不确定性,创业机会与创业企业的复杂性,创业者、创业团队与风险投资者能力与实力的有限性,而导致创业活动偏离预期目标的可能性及其后果。

随着时间和空间的变化,不同活动的主体面临的风险是不同的。创业者要根据所面临的风险,采取相对应的防范策略,降低风险发生频率,减少损失或损害。

拓展连接

创业风险来源

创业风险来自多个方面,如市场缺口、融资缺口、研究缺口、资源缺口、管理缺口等。

1. 市场缺口

市场缺口是指在创业过程中由于市场的需求变化、市场的价格变化等因素而给创业带来的不确定性或利益损失。如因市场突变、竞争加剧、消费者购买力下降、通货膨胀或紧缩、原材料供应等未预测到的风险导致市场份额急剧下降,或出现反倾销、反垄断指控等都属于市场缺口。

2. 融资缺口

是否有足够的资金创办企业并维持运营是创业者遇到的首要问题,许多创业者可以证明其构想的可行性,但往往没有足够的资金将其实现商品化,形成融资缺口,从而给创业带来一定的风险。对于初创企业来说,如果连续几个月入不敷出或者由其他原因导致企业现金流中断,都会给企业带来极大威胁。

3. 研究缺口

在创业初期所做的事情都具有试验、探索的性质。创业者仅凭个人兴趣去判断某一项新技术的创新可能成为自己的创业项目,没有仔细论证将技术转化为产品可能需要的大量的研究工作,从而形成研究缺口。

4. 资源缺口

筹集不到创业所需要的资源,如资金、劳动力、原材料、设备等,创业就无从谈起。多数情况下,创业者不可能拥有全部资源,这就形成了资源缺口。如果创业者没有能力弥补相应的缺口,要么创业无法起步,要么在创业中受制于人。

5. 管理缺口

创业者可能基于某种奇思妙想，或某新技术，或是新的商业点子而创业。若缺乏创业活动必备的基本素质和经营管理才能，将难以驾驭创业全过程，从而形成管理缺口，导致难以取得创业成功。

（2）创业风险的处理方法。风险处理是指通过不同的方法和措施，使因风险而发生的损失降到最小。常用的创业风险处理方法有以下五种：①回避风险。它是指对所有可能发生的风险尽可能地回避，以直接消除风险损失。该法简单易行、全面且彻底，能将风险的概率保持为零，从而保证项目的安全运行，通常用于风险损失程度大、发生频率高的风险。②分散风险。不要把鸡蛋都放在同一个篮子里，指的就是分散风险。例如，个人独资创业需要承担无限责任，但几个人共同投资，就是有限责任，就能分散风险。③转移风险。它是指为避免承担风险损失，有意识地将损失转嫁给其他主体承担。转移风险的有效办法是去保险公司投保，企业的财产和责任、员工的健康、职工失业均可以投保。④损失控制。它是指在风险发生时或在损失发生后为降低损失程度所采取的各种措施，如在损失发生后采取自救措施可以避免损失的扩大。⑤自留风险。它是指企业自己承担风险发生的损失。该法主要应用于风险发生频率低和损失程度小的风险处理。

第三节　企业组建

教师箴言

你的行动力将成就你的伟业！企业注册与试运营，将是你宏伟事业的开端！

核心概念

企业注册、企业试运营。

学习重点

企业注册步骤，企业试运营期间的管理。

一、验资

企业在申请开业或变更注册资本前，必须要托注册会计师对其注册资本的实收或变更情况进行审验。

二、企业注册的步骤

（一）核名称

（1）选定名称后到工商注册登记网或工商局核名窗口提交预核准企业名称，通过后打印《企业名称（变更）预先核准申请书》，全体股东亲笔签字。

（2）凭全体股东签字后的《企业名称（变更）预先核准申请书》领取正式的《企业名称预先核准通知书》，领取人必须是股东之一。

（二）入资

（1）可以到办理大厅的入资银行窗口直接入资，也可以通过银行转账汇入银行入资账户，如果是通过银行转账汇入银行入资账户，汇款后必须到入资银行窗口领取入资单。取入资单时可以由股东带上身份证原件及汇款单亲自办理，也可由代理人办理，代理人办理时除了股东身份证原件和股东汇款单之外，另需代理人身份证复印件。

（2）办理入资时需带上《企业名称预先核准通知书》。

（三）验资需要的材料

（1）《企业名称预先核准通知书》。

（2）入资单。

（3）股东身份证复印件。

（4）询证函（有的事务所不要求提供这个材料）。

（5）法人、董事、经理人员名单及身份证明。

（四）预约（此步骤各地有所不同）

（1）取到名称核准件后，到相关工商注册登记网登记注册，审核通过后打印材料，通过电话预约办理登记注册手续。

（2）办理登记注册时需要以下材料：①《企业设立登记申请书》（第一页申请书需要法人亲笔签字，董事会成员监事、经理的任职证明需任职人亲笔签字，法人代表登记表需要全体股东签字，产权证明需要产权方签字盖章）。②《企业名称预先核准通知书》。③委托书（全体股东在委托人处签字确认，受托人必须是单位股东的员工或自然人股东之一）。④验资报告。⑤经营场所证明（如产权证上没有写明办公用途，需出示非住宅用途房屋产权证明）。⑥各个股东身份证复印件，经办人（法人股东可由法人股东单位的员工办理）身份证复印件。⑦公司章程。通常材料提交后，按《登记通知书》指定日期到指定窗口缴纳注册登记费，然后由经办人凭借《登记通知书》和缴费清单到指定窗口领取营业执照（必须由股东亲自办理或者由法人股东的职工代表办理）。

（五）刻章

（1）需要刻的章有公章、财务章、法人名章、合同章，刻章前需到企业注册所在地公安局备案窗口办理备案手续。

（2）刻章时需要法人授权书、营业执照副本原件及复印件一份、法人身份证复印件一份。

（六）办理组织机构代码证所需的材料物品

（1）营业执照原件及复印件一份。
（2）法人身份证复印件一份，非法人办理的需要经办人身份证复印件一份。
（3）公章。
（4）工本费。

（七）办理税务登记证

（1）先办理地税，再办理国税。
（2）领取组织机构代码证书后，到地税局网站点击注册（进入注册登记界面，按系统要求填写企业注册信息，其中表内的用户标志和用户密码最好填写组织机构代码或熟悉易记的数字）。
（3）用刚注册的用户名和密码在本界面登录，填写税务登记信息，保存后退出。
（4）到税务登记窗口领取税务登记表、印花税纳税申报表和房屋、土地情况登记表，填写完毕后，连同以下材料交到税务登记窗口办理登记手续：①营业执照副本原件及复印件。②组织机构代码证副本原件及复印件。③法人身份证复印件。④房屋租赁协议复印件。⑤公司章程复印件。⑥公章、法人名章（法人签字时要用税务登记表），股东身份证复印件（填写股东信息时要用税务登记表）。
（5）提交的登记材料获得受理后，到缴纳印花税款和税务登记证工本费窗口缴费，然后领取税务登记证，现场取到税务登记证后到国税登记窗口办理登记手续，所需材料同上述。

（八）银行开户

银行开户从申请办理到领取开户许可证书需要8~10个工作日的时间。需要准备以下材料：

（1）营业执照正本原件及复印件两份。
（2）税务登记证正本原件及复印件两份。

（3）组织机构代码证原件及复印件两份。

（4）公章、财务章、法人名章。

（5）法人身份证复印件两份。

（6）经办人身份证复印件一份。

（7）支票购买人两寸近照两张、身份证复印件一份。

（九）划资需要准备的材料

（1）工商部门开具的划资单。

（2）入资银行入资时开具的股东账户入资信息的白色卡片。

（3）开户银行许可证原件及复印件。

（4）营业执照副本原件。

（5）公章。

（十）税务所报到

（1）领取税务登记证时地方税务局和国家税务局同时会给新办企业一张《报到单》，按照《报到单》上写明的时间和地点到税务所报到。报到时需要带公章、《报到单》、税务登记证副本原件及复印件、营业执照副本原件及复印件。到国家税务局报到还需带上企业银行开户许可证副本原件及复印件。

（2）到国家税务局、地方税务局单位报到时，同时办理网上纳税申报手续。地方税务局次月开始报税，中央税依报到时窗口给出的报税通知所规定时间报税。

（十一）工商所报到

企业领到营业执照后需到当地工商所报到，时间不限。财务上一般在取得税务登记证的当月或次月开始建立财务账套，税务上一般在取得税务登记证的次月开始申报相关税种。

三、企业试运营

据统计，我国民营企业的平均寿命只有 3.5 年，每年都有大量企业因内部管理不善而倒闭。要想让企业能长久生存、长盛不衰，创业者在创业初期特别是企业试运行阶段就应努力为企业打好发展的根基，建立起合理的内部运营环境，同时总结企业试运营过程中所存在的风险和问题，并且给予合理的解决方案。

（一）打造良好的企业运营环境

建立良好的企业内部运营环境，应该解决好企业股权分配和制度管理问题。

1. 股权分配：合理决定稳定

一个企业的股权结构直接决定企业内部的分配状况。为了减少企业在发展过程中出现的利益矛盾纷争，企业应针对未来发展的要求，在创建初期特别是试运营时期合理设置好股权架构。

（1）合伙企业的股份安排。合伙企业的股份安排一般采取奇数原则，即奇数合伙人结构。比如1个企业拥有3个合伙人，其中两个合伙人处于在股权方面的强势地位，而另一个则相对处于弱势地位，但三者之间的权力却能保持一定平衡制约状态，任何一个人都没有绝对的决定权。彼此的制约关系形成了公司管理稳定的基础。

（2）现代企业的股份安排。现代很多企业，不论是家族企业还是合伙企业，为了吸引优秀人才，都会拿出部分股份给予高级人才。通常，在这些企业里，股份的70%~80%由创业者拥有，其余20%~30%由高级人才拥有。高级人才享受相应的股票和分红的权利，工作积极性得以提高，则能为企业创造出更多价值。

2. 制度管理：简单就是杀手锏

新创办公司的管理制度以简单适用为原则。创业期企业的管理工作主要是抓好人事和财务两个方面。在人事管理方面，制定好考勤、奖惩、薪资分配等制度；在财务方面，制定好报销、现金流、预算、核算和成本控制等制度。具体做法如下：①创业者应该将企业的目标清晰化、明确化。有了目标，才有方向，才有共同的愿景，这种共识能够大大减少管理和运营上的摩擦。②组织架构设计中的根本问题就是决策权限的分配。因此，明确每一个核心成员的职责对管理是否畅通非常关键。③由于创业期规模较小，对许多问题成员之间都可以直截了当地进行沟通，应遵循开诚布公、实事求是的处事风格。④在公司内部组建一个管理团队，定期交流意见。讨论诸如产品研发、竞争对手、内部效率、财务状况等与公司经营策略相关的问题。一般采取三级管理结构，即决策层、管理层和一般员工层。⑤制定并遵守既定的管理制度。制度一旦制定出来，要求人人都必须遵守。不允许个人享有特权，而且制度不能朝令夕改。当公司发展到一定的程度并初具实力时，创业者就要意识到自身能力上的缺陷，尽可能聘请一些管理方面的专业人才来共建大业。⑥注意财务监控。研究表明，许多初创企业在1年内就倒闭，往往是由于财务管理不善，应收账款中的坏账太多，流动资金短缺频频发生等原因。初创企业的财务部门常常是一个会计、一个出纳，完全不足以应付众多的财务问题。创业者要特别注重财务监控问题，不能简单地把财务管理视作"记账"行为，要由有专业技能的专人负责，并且要建立起相应的财务管理激励机制和评估体系。⑦避免社会关系对工作关系的干扰。创业期企业里的员工多数与创业者有亲缘或地缘、学缘关系，员工相互之间也存在千丝万缕的社会关系。这些关系在一定程度上影响着企业内正常的工作关系，导致管理者按规范行使企业管理职权时往往比较困难，规范的制度体系缺乏必要的实施环境。因此，企业初创就应该以制度管人，创业者绝不能感情用事。

（二）企业运营成本管理和风险控制

公司目前拥有的经营成本也分成许多方面，如企业的商业项目运作的费用，还有企业的人工成本和生产成本等费用。成本管理的操作本身是一个复杂而烦琐的过程。随着公司规模的不断扩大，成本管理运营的复杂性将会逐渐增加。成本管理运营需要公司多个部门的合作。通过控制公司的经营风险，人员风险控制必须首先识别风险，其次是评估和控制，控制公司风险的前提是要了解公司的实际操作，然后制定正确的风险控制战略。

1. 企业运营风险因素分析

在公司运行中存在的运营风险是指因公司无法监控或者控制生产销售过程中的各个环节所导致的直接或间接经济损失。运营风险的发生源于企业运作有很多不确定因素，这直接影响到企业安全稳定运行。企业的经营风险主要体现在运营成本、运营质量和运营效率三个方面。对于公司而言，运营风险通常分为两类：一类是外部风险，另一类是内部风险。公司的外在风险因素来自社会和政治影响；公司的内在风险因素是因为企业高管忽视企业风险，以及自身管理不善。如管理不完善的资本结构，会导致出现资金沉淀和成本过高，反过来又降低了公司的利润，然后出现一系列公司危机的风险。企业风险一般反映财务风险，而企业财务风险主要包括投资风险、资产财政风险、资产结构风险和分配风险。

2. 企业经营成本管理和风险控制原则

企业管理者应坚持一定的原则管理企业运营成本，控制企业风险，给公司的管理运营成本和风险控制提供一些指导，所以管理运营成本和公司的风险控制业务发展是兼容的。

（1）坚持准时原则。在进行公司的成本管理和风险控制时，公司管理人员需要注重并遵守准时原则，及时处理控制风险，减少公司的经济损失。为此，公司管理人员要建立和完善公司相应的风险控制体系，并做好控制和管理公司成本和风险的工作。

（2）坚持可持续发展原则。在正常情况下，公司将拥有自己的运营成本和风险管理控制系统。但是，要做好运营成本和控制风险管理，不是在问题突出时才采取行动，而是要实现长期持续实施运营成本和控制系统下的风险管理，用于开发和业务管理的每个环节。实现运营成本和控制风险管理对公司的长期发展非常有利。

3. 企业运营成本管理与风险控制方法

（1）建立健全运营风险管理体系。在生产和经营过程中，企业必须实现成本管理和风险控制的目标。首先，要建立稳固的运营风险管理体系，全面分析公司的经营风险，确保公司正常稳定运行。在操作风险管理中，公司必须结合风险管理系统并建立操作风险因素指标的分析模型，以实现对公司运营风险的动态管理。

（2）建设企业运营风险评估体系。为了充分控制运营风险，企业必须根据自身特点建立合理有效的运营风险评估体系。同时，按照风险因素的要求，实施管理和控制操作风险。在操作过程中，公司必须做到以下几点：第一，充分识别各个经营风险的来源渠道，将运营风险的目标控制好，最后进行分步管理。第二，企业必须快速识别风险因素，采取有效的预防措施，避免不必要的经济损失。第三，企业应建立监督部门加强对风险管理过程的控制，以降低风险的发生率，保证企业健康稳定发展。

（3）加强对操作风险的控制。公司可以使用资产表来了解其运营中的风险。首先，通过资产表，公司可以充分了解其整体经营状况，控制公司的盈利业务，包括公司的总收入，比较当前的收入与过去有何区别，把握收入分成的变动，能够进一步理解和控制运营风险。

（4）加强成本控制。在制定企业发展目标时，必须根据实际情况对企业的目标成本进行全面分析和预测，特别是对于一些不可预见的风险因素，有必要预留一定的储存空间。在分析风险时，公司必须建立合理的控制目标，以确保能够实现目标。对于公司而言，实现成本管理目标的关键是成本费用与目标之间的偏差以及一些人为因素。因此，在管理实际运营成本时，要避免成本和目标的分离，企业必须加强成本管理和控制，不断提高管理人员的素质，增加风险识别能力。同时，行政人员必须定期学习培训，以能够及时规划和合理分析风险因素并制定预防战略。可以看出，企业必须加强成本控制，以减少成本投资，避免因过度的成本投资而影响公司的正常运营。

本章小结

本章对企业孵化与创建进行了系统阐述。通过本章的学习，我们大致知道企业孵化的过程与创建的技法，以及在日常工作中需要做些什么和如何做。

课外训练

主题 参观考察企业孵化基地。
目标 了解企业孵化和创建的条件与流程。
活动要求 组织学生到当地企业孵化基地参观考察，了解大学生创业孵化基地的基本功能，并撰写有关企业孵化与创建的报告。

第九章 财务管理与风险控制

学习目标

知识目标

1. 了解创业企业的财务管理基础知识。
2. 认识创业企业财务资金的筹集。
3. 熟悉创业企业财务风险的评估与控制。

能力目标

1. 掌握创业企业财务计划的编制。
2. 掌握创业企业财务资金的筹集方法。
3. 掌握创业企业财务风险的评估与控制。

知识导读

创业企业必须关注财务管理，将企业利润最大化作为初创企业的财务管理目标，要实现企业利润最大化，必须关注企业财务资金的筹集及资本成本的控制。通常认为，一个好的创业企业必须充分关注企业的财务管理和风险控制。

案例导入

田大妈借钱难

位于成都市近郊新津县，拥有2亿多的资产，资产负债率10%左右，占有全国泡菜市场的60%份额的新蓉新公司，近年来却被流动资产的"失血"折磨得困苦不堪。新蓉新公司创始人总经理田××（人称"田大妈"）目前在由成都市委宣传部、市委统战部和市工商联合召开的一次座谈会上大倒苦水。这位宣称除了"田××"不认识几个字的企业家当场发问："我始终弄不懂，像我们这样的企业一年上缴税收三四百万元，解决了附近十几个县的蔬菜出路，安排了六七千农民就业，从来没有烂账，为什么就贷不了款？"

新蓉新公司最近的流动资金状况的确很有问题。四、五月份是蔬菜收购和泡菜出厂的旺季，该公司这段时间每天向农民采购约 70 万元的大蒜和萝卜等蔬菜，它已经向农民打了 400 多万元的"白条"。现在，田大妈正和公司董事长为此发愁。

提出问题

1．有的中小企业为何贷不了款？
2．你认为一个企业应该如何筹集资金？
3．在创业实践活动中，如何进行有效的财务管理和风险控制？

第一节　财务管理基础知识

教师箴言

组建一个创业团队，财务管理的基础知识必不可少。

核心概念

创业团队必须了解企业财务管理的基础知识，熟悉财务管理目标，了解企业所处的财务管理环境，懂得财务管理相关的基本理论。

学习重点

创业团队财务管理内容及财务管理目标。

一、财务管理的概念与内容

（一）财务管理概念

在商品经济条件下，社会产品是使用价值和价值的统一体。企业生产经营过程也表现为使用价值的生产和交换过程及价值的形成和实现过程的统一。在这个过程中，劳动者将生产中所消耗的生产资料的价值转移到产品中去，并且创造出新的价值，通过实物商品的出售，使转移价值和新创造的价值得以实现。企业资金的实质是生产经营过程中流动着的价值。企业的资金运作，构成企业生产经营活动的一个独立方面，具有自己的运作规律，这就是企业的财务活动。企业的资金运作，从表面上看是钱和物的增减变动，其实，钱和物的增减变动都离不开人与人之间的经济利益关系。

财务管理是基于企业生产经营过程中客观存在的财务活动和财务关系而产生的。它是利用价值形式对企业生产经营过程进行的管理,是企业组织财务活动、处理与各方面财务关系的一项综合性管理工作。

(二)财务管理内容

企业的资金循环可以分为资金的筹集、资金的投放与使用、资金的收回与分配等内容。因此,财务管理的内容主要分为筹资管理、投资管理、运营资金管理和股利分配管理四个主要内容。

1. 筹资管理

企业组织商品生产,必须以占有或能够支配一定数额的资金为前提。也就是说,企业从各种渠道以各种方式筹集资金,是资金活动的起点。筹资是指企业为了满足投资和用资的需要,筹措和集中所需资金的过程。在筹资过程中,企业一方面要确定筹资的总规模,以保证投资所需要的资金;另一方面要通过筹资渠道、筹资方式或工具的选择,合理确定筹资结构,以降低筹资成本和风险,提高企业的价值。

企业通过筹资可以形成两种不同性质的资金来源:一是企业权益资金,企业可以通过向投资者吸收直接投资、发行股票、用留存收益转增资本等方式取得,其投资者包括国家、法人、个人等;二是企业债务资金,企业可以通过银行贷款、发行债券、利用商业信用等方式取得。企业筹集资金,表现为企业资金的流入。企业偿还借款、支付利息、股利以及付出各种筹集费用等,则表现为企业资金的流出。这种因为资金筹集而产生的资金收支,便是由企业筹资而引起的财务活动,是企业财务管理的主要内容之一。

2. 投资管理

企业取得资金后,必须将资金投入使用,以谋求最大的经济效益。否则,筹资就失去了目的和效用。企业投资可以分为广义的投资和狭义的投资两种。广义的投资是指将筹集的资金投入使用的过程,包括企业内部使用资金的过程(如购置流动资产、固定资产、无形资产等)和对外投放资金的过程(如投资购买其他企业的股票、债券或其他企业联营等)。狭义的投资仅指对外投资。无论企业购买内部所需资产,还是购买各种证券,都需要支付资金。而当企业变卖其对内投资形成的各种资产或收回其对外投资时,则会获取资金。这种企业投资而产生的资金收付,便是由投资而引起的财务活动。

企业在投资过程中,必须考虑投资规模(即为确保获取最佳投资效益,企业应投入资金数额的多少);同时,企业还必须通过投资方向和投资方式的选择,来确定合理的投资结构,以提高投资效益、降低投资风险。所有这些投资活动都是财务管理的内容。

3. 营运资金管理

企业在日常生产经营过程中,会发生一系列的资金收付。首先,企业要采购材料或商品，以便从事生产和销售活动，同时，还要支付工资和其他营业费用；其次，当企业把产品或商品售出后，便可取得收入，收回资金；最后，如果企业现有资金不能满足企业经营的需要，还要采取短期借款方式来筹集所需资金。上述各方面都会产生企业资金的收付。这种因企业日常生产经营而引起的财务活动，也称为资金营运活动。

企业的营运资金，主要是为满足企业日常营业活动的需要而垫支的资金。营运资金的周转与生产经营周期具有一致性。在一定时期内，资金周转越快，资金的利用率就越高，就可能生产出更多的产品，取得更多的收入，获得更多的报酬。因此，如何加速资金周转，提高资金利用效果，也是财务管理的主要内容之一。

4. 股利分配管理

企业投资的目的是获取收益。收益是一个含义比较广泛的概念，企业的收益亦有层次上的区分。企业营业收入和其他收入扣除生产经营过程中发生的各项耗费和损失之后的余额称为息税前收益，即支付利息及缴纳所得税之前的收益。息税前收益是企业财务管理中的一个非常重要的概念。资金分配，从总体上说，就是将这部分收益分别以利息、企业所得税和利润（股利）等形式在投资者（包括企业所有者及债权人）及国家之间进行分配。这里需要说明的是：依法向国家缴纳所得税是企业的法定义务，这一部分分配具有强制的性质；在分配顺序上，向债权人支付利息处于息税前收益的第一分配项目，而且，企业不论有无收益，都必须向债权人支付利息，否则就有可能被迫清算企业的财产。

企业息税前收益在支付利息和所得税之后的余额，即为企业的税后利润，是企业的最终经营成果。将税后利润在企业所有者之间进行分配，是企业收益分配中最重要的内容，也是收益分配管理的重点。

二、财务管理的目标与环境

（一）财务管理的基本目标

目标是指导向和标准。没有明确目标，就无法判断一项决策的优劣。企业财务管理的基本目标取决于企业的目标。投资者创立企业的目的是营利。已经创立起来的企业，虽然有改善职工的待遇、改善劳动条件、扩大市场份额、提高产品质量、减少环境污染等多种目标，但营利是其最基本、最一般、最重要的目标。营利不但体现了企业的出发点和归宿，而且可以概括其他目标的实现程度，并有助于其他目标的实现。关于企业财务管理目标的表达，主要有以下三种观点。

1. 利润最大化

利润最大化的观点认为，利润代表了企业新创造的财富，利润超多则说明企业的财富增加得越多，越接近企业的目标。

利润最大化的观点有其局限性，主要表现在：①没有考虑利润的取得时间。②没有考虑所获利润和所投入资本的关系。例如，同样获得100万元利润，一个企业投入资本500万元，另一个企业投入600万元，哪一个更符合企业的目标？若不与投入的资本数额联系起来，就难以做出正确判断。③没有考虑取得利润和所承担风险的关系。例如，同样投入500万元，年获利100万元，一个企业获利已全部转化为现金，另一个企业获利则全部是应收账款，并可能发生坏账损失，哪一个更符合企业的目标？若不考虑风险大小，就难以做出正确判断。

如果投入资本相同、利润取得的时间相同、相关的风险也相同，利润最大化是衡量公司业绩的一个重要指标。事实上，许多管理人员都把提高利润作为公司的短期目标。

2. 每股收益最大化

每股收益最大化的观点认为，应当把企业的利润和股东投入的资本联系起来考察，用每股收益（或权益净利率）来概括企业的财务管理目标，以克服利润最大化目标的局限。每股收益最大化的观点仍然存在局限：①没有考虑每股收益取得的时间；②没有考虑每股收益的风险。

如果风险相同、每股收益的时间相同，则每股收益最大化也是衡量公司业绩的一个重要指标。事实上，许多投资人都把每股收益作为评价公司业绩的关键指标。

3. 股东财富最大化

股东财富最大化的观点认为，增加股东财富是财务管理的基本目标。股东创办公司的目的是增加财富。如果企业不能为股东创造价值，股东就不会为企业提供资本。没有了权益资本，企业也就不存在了。因此，企业要为股东创造价值。股东的财富可以用股东权益的市场价值来衡量。股东财富的增加可以用股东权益的市场价值与股东投资资本的差额来衡量，它被称为"股东权益的市场增加值"。股东权益的市场增加值是企业为股东创造的价值。

有时财务管理目标被表述为股价最大化。在股东投资资本不变的情况下，股价上升可以反映股东财富的增加，股价下跌可以反映股东财富的减损。股价的升降，代表了投资大众对公司股权价值的客观评价。它以每股价格表示，反映了资本和获利之间的关系。它受预期每股收益的影响，反映了每股收益大小和取得的时间；它受企业风险大小的影响，可以反映每股收益的风险。

> **典型案例 9-1**
>
> **MT企业财务管理目标选择**
>
> MT企业，成立于1960年，属国有企业，当初设矿时，全部职工不超过200人，拥有固定资产40万元，流动资金10万元，矿长王××等管理人员均享受国家处级待遇，并全部由上级主管部门——某地区煤炭管理局任命。

企业的主要任务是完成国家下达的煤炭生产任务。

进入20世纪80年代，经济形势发生了深刻变化，计划经济时代结束，商品经济时代开始。由于国家对企业拨款实行有偿制，流动资金实行贷款制，产品取消调配制，导致MT企业短时间内产生了危机感，好在王矿长能够解放思想，大胆改革。首先成立了销售部，健全了财务制度，引入一批刚刚毕业的大学生，又在社会上招聘一批专业人才，使企业人员素质大幅度提高，队伍壮大到400人。人员管理方面打破"大锅饭"的制度，引入竞争机制，工效挂钩；物资管理方面实行限额领料、定额储备、定额消耗制度；成本管理方面推行全员负责制；生产管理方面实行以销定产、三班工作制；销售管理方面实行优质优价、送货上门制度；等等。按王矿长的话讲："我们所做的一切管理工作都是为了实现自负盈亏，多创造利润，为国家多做贡献，为企业员工多发奖金，多搞福利。"

MT企业从规模上毕竟属于中小企业，进入90年代，随着市场经济的建立，以及国家抓大放小政策的实施，MT企业不得已走上了股份制改造之路。1994年10月，国家将MT企业的2 000万元净资产转化为2 000万股股票，向社会发售，每股面值1元，售价2元，民营企业家石开购得1 000万股，其余股份被50位小股东分割，石某为董事长，经董事会选举、董事长任命，杨××担任MT股份有限公司总经理。

MT股份公司成立之后，决策层开始考虑负债融资问题，目标资本结构：自有与借入之比为1∶1；其次要考虑的是更新设备，引进先进生产线等重大投资问题。董事会决议：利用5年左右时间使企业的生产技术赶上一流水平，企业产品在本地区市场占有率达到20%，在全国市场占有率达到3%，资本（自有资金）报酬率达到26%，股票争取上市并力争使价格突破15元每股。

（资料来源：绍兴文理学院经济管理学院财务管理案例集）

（二）财务管理的环境

财务管理环境又称理财环境，是指对企业财务活动和财务管理活动产生影响作用的企业内外各种条件的统称。企业财务活动在相当大程度上受理财环境的制约。如生产、技术、供销、市场、物价、金融、税收等因素，对企业财务活动都有重大的影响。只有在理财环境的各种因素作用下实现财务活动的协调平衡，企业才能生存和发展。研究理财环境，有助于正确地制定理财策略。

对企业财务管理影响比较大的有法律环境、金融环境和经济环境等因素。

1. 法律环境

市场经济是以法律规范和市场规则为特征的经济制度。法律为企业经营活动规定了活动空间，也为企业在相应空间内自由经营提供了法律上的保护。影响财务管理的主要法律环境因素有企业组织形式的法律规定和税收法律规定等。对企业来说，法律为企业经营活动规定了活动的空间，也为企业在相对空间内自由经营提供了法律保护。这些法律、法规及规章制度，主要包括《公司法》《证券法》和《经济合同法》等，它们从不同方面规范或制约企业的筹资、投资和分配活动，对企业财务管理产生影响。

2. 经济环境

经济发展的状况对企业理财有重大影响。在经济增长比较快的情况下，企业为了适应这种发展并在其行业中维持其地位，必须保持相应的增长速度。因此，要相应增加厂房、机器、存货、工人、专业人员等，就通常需要大规模地筹集资金。在经济衰退时，最受影响的是企业销售额，销售额下降会使企业现金的流转发生困难，需要筹资以维持运营。

通货膨胀不但对消费者不利，而且会给企业带来很大困难。企业对通货膨胀本身无能为力，只能在管理中充分考虑通货膨胀的影响因素，尽量减少损失。企业有时可采用套期保值等办法减少通货膨胀造成的损失，如提前购买设备和存货，买进现货，卖出期货。

银行存贷款利率的波动，以及与此相关的股票和债券价格的波动，既给企业以机会，也是对企业的挑战。在为过剩资金选择投资方案时，利用这种机会可以获得额外收益。例如，在购入长期债券后，由于市场利率下降，按固定利率计息的债券价格将上涨，企业可以出售债券获得较预期更多的现金流入。当然，如果出现相反的情况，企业会蒙受损失。

企业在选择筹资渠道时，情况与此类似。在预期利率将持续上涨时，以当前较低的利率发行长期债券，可以节省成本。当然，如果企业发行债券后利率下降了，企业要承担比市场利率更高的资金成本。

政府具有调控宏观经济的职能。国民经济的发展规划、国家的产业政策、经济体制改革的措施、政府的行政法规等，对企业的财务活动都有重大影响。企业在财务决策时，应认真研究政府政策，按照政策导向行事，才能趋利避害。

竞争广泛存在于市场经济之中，任何企业都不能回避。企业之间、各产品之间、现有产品和新产品之间的竞争，涉及设备、技术、人才、营销、管理等各个方面。竞争能促使企业用更好的方法来生产更好的产品，对经济发展起推动作用。但对企业来说，竞争既是机会，也是威胁。为了改善竞争地位，往往需要大规模投资，成功之后企业盈利则会增加，如若投资失败，则竞争地位更为不利。

竞争是"商业战争"，综合了企业的全部实力和智慧。经济增长、通货膨胀、利率波动带来的财务问题，以及企业的对策，都会在竞争中体现出来。

3. 金融环境

企业总是需要资金从事投资和经营活动的。企业除了自有资金外，主要从金融机构和金融市场取得。金融政策的变化必然影响企业的筹资、投资和资金运营活动，所以金融环境是企业最为主要的环境因素。影响财务管理的主要金融环境因素有金融机构、金融工具、金融市场和利息率等。

社会资金从资金供应者手中转移到资金需求者手中，大多要通过金融机构。金融机构包括银行业金融机构和其他金融机构。银行业金融机构是指经营存款、放款、汇兑、储蓄等金融业务，承担信用中介的金融机构。银行的主要职能是充当信用中介，充当企业之间的支付中介，提供信用工具，充当投资手段和充当国民经济的宏观调控手段。

金融工具是在信用活动中产生的、能够证明债权债务关系并据以进行资金交易的合法凭证，它对于债权债务双方所应承担的义务与享有的权利均具有法律效力。金融工具一般具有期限性、流动性、风险性和收益性四个基本特征。期限性是指金融工具一般规定了偿还期，也就是规定债务人必须全部归还本金之前的时间；流动性是指金融工具在必要时迅速转变为现金而不致遭受损失的能力；风险性是指购买金融工具的本金和预定收益遭受损失的可能性。一般包括信用风险和市场风险两个方面；收益性是指持有金融工具所能够带来的一定收益。金融工具若按期限不同可分为资金市场工具和资本市场工具。前者主要有商业票据、国库券（国债）、可转让大额定期存单、回购协议等；后者主要是股票和债券。

金融市场是指资金供应者和资金需求者双方通过金融工具进行交易的场所。金融市场可以是有形的市场，如银行、证券交易所等；也可以是无形的市场，如利用电脑、电话等设施通过经纪人进行资金融通活动。

4. 利率

利率也称利息率，是利息占本金的百分比指标。从资金的借贷关系看，利率是一定时期运用资金资源的交易价格。资金作为一种特殊商品，以利率为价格标准的融通，实质上是资源通过利率实行的再分配。因此，利率在资金分配及企业财务决策中起着重要作用。资金的利率通常由三部分组成：①纯利率；②通货膨胀补偿率；③风险收益率。利率一般计算公式可表示如下：

$$利率 = 纯利率 + 通货膨胀补偿率 + 风险收益率$$

纯利率是指没有风险和通货膨胀情况下的均衡点利率；通货膨胀补偿率是指由于持续的通货膨胀会不断降低资金的实际购买力，为补偿其购买力损失而要求提高的利率；风险收益率包括违约风险收益率、流动性风险收益率和期限风险收益率。其中，违约风险收益率是指为了弥补因债务人无法按时还本付息而带来的风险，由债权人要求提高的利率；流动性风险收益率是指为了弥补因债务人资产流动不好而带来的风险，由债权人要求提高的利率；期限风险收益率是指为了弥补因偿债期长而带来的风险，由债权人要求提高的利率。

三、财务管理的基本理论

在财务管理学科发展中,对财务管理的理解不断深化,论述也不断得到发展和完善,形成了一系列的基本理论。这些理论对财务管理实务起着指导作用。主要有现金流量理论、价值评估理论、风险评估理论、投资组合理论和资本结构理论。

(一)现金流量理论

现金流量理论是关于现金、现金流量和自由现金流量的理论,是财务管理最为基础性的理论。现金是企业流动性最强的资产,是公司生存的"血液"。"现金为王"已被广泛认知。持有现金的多寡体现了企业的流动性、支付能力和偿债能力的强弱,进而在一定程度上影响到企业的风险和价值。现金流量包括现金流入量、流出量和现金净流量。对于企业整体经营活动、投资活动和筹资活动都必须计量现金流量,进而进行现金流量分析现金预算和现金控制。

(二)价值评估理论

价值评估理论是关于内在价值、净增加值和价值评估模型的理论,是财务管理的一个核心理论。从财务学角度,价值主要是内在价值、净增价值。现金流量折现模型和自由现金流量模型是对特定证券现值和特定项目净现值的评估模型。从投资决策的角度,证券投资者需要评估特定证券的现值,据此与其市场价格比较,做出相应的决策;项目投资者需要评估特定项目的净现值,据此取得和比较净增价值的多少,做出相应的决策。评估价值除了研究现金流量,还需要确定折现率。资本资产定价模型就是用于估计折现率的一种模型。

(三)风险评估理论

风险导致财务收益的不确定性。在理论上,风险与收益成正比,因此,激进的投资者偏向于高风险是为了获得更高的利润,而稳健性的投资者则着重于安全性的考虑。在实务中,风险无时不在、无处不在。投资、筹资和经营活动都存在风险,需要进行风险评估。项目投资决策过程中采用的敏感性分析,资本结构决策中对经营风险和财务风险的衡量均属于风险评估范畴。

(四)投资组合理论

投资组合是投资于若干种证券构成的组合投资,其收益等于这些证券收益的加权平均收益,但其风险并不等于这些证券风险的加权平均数。投资组合能降低非系统性风险。从资本市场的历史中认识到风险和报酬存在某种关系:一是承担风险会得到回报,这种回报称为风险溢价;二是风险性越高,风险溢价越大。但是,人们长期没有找到二者的函数关系。马科维茨是投资组合理论的奠基人,他在 1953 年首次提出了投资组合理论并进行了系统、深入和卓有成效的研究。他认为通过投资的分散化可以在不改变投资组合预期收益的情况下降低风险,也可以在不改变投资组合风险的情况下增加收益。

(五)资本结构理论

资本结构是指企业各种长期资本的构成及其比例关系。公司的长期资本包括永久的权益资本和长期的债务资本,权益资本和长期债务资本的组合形成一定的资本结构。资本结构理论是关于资本结构与财务风险、资本成本以及公司价值之间关系的理论。资本结构理论主要有 MM 理论、权衡理论、代理理论和优序融资理论。

第二节 初创企业资金筹集

教师箴言

初创企业如何筹集资金,降低筹资成本尤为重要。

核心概念

创业团队必须了解初创企业的资金成本结构,熟悉筹资的类型,选择适合的资本结构,实现利润的最大化目标。

学习重点

资本成本的概念及企业筹资成本的决策。

一、资本成本认知

(一)资本成本的概念及内容

资本成本是指企业为筹集和使用资金而付出的代价。在市场经济条件下,企业不能无偿使用资金,必须向资金提供者支付一定数量的费用作为补偿。资本成本就是企业筹集和使用资金而付出的代价,它包括筹资费用和用资费用两部分。

筹资费用是指企业在筹措资金过程中为获取资金而支付的费用。如向银行支付的借款手续费,因发行股票、债券而支付的发行费等。筹资费用和用资费用不同,它通常是在筹措资金时一次性支付的,在用资过程中不再发生。

用资费用是指企业在生产经营、投资过程中因使用资金而付出的代价,如向股东支付的股利、向债权人支付的利息等。这是资本成本的主要内容。

资本成本率可以用绝对数表示,也可以用相对数表示,但在财务管理中,一般

用相对数表示,即表示为用资费用与实际筹得资金(即筹资数额扣除筹资费用后的差额)的比率。其通用计算公式为:

$$资本成本率 = \frac{每年资金用资费用}{筹资总额 - 筹资费用} = \frac{每年资金用资费用}{筹资总额 \times (1-筹资费用率)}$$

$K=D/[P(1-F)]$

式中,K——资本成本(率);

D——资金用资费用;

P——筹资总额;

F——筹资费率,即资金筹集费占筹资总额的比率。

(二)资本成本的作用

资本成本在许多方面都可以加以应用,主要用于筹资决策和投资决策。

1. 资本成本在筹资决策中的作用

资本成本是企业选择资金来源、拟定筹资方案的依据。资本成本对企业筹资决策的影响主要有以下几个方面。

(1)资本成本是影响企业筹资总额的重要因素。随着筹资数额的增加,资本成本不断变化。当企业筹资数额很大,资金的边际成本超过企业的承受能力时,企业便不宜再增加筹资数额。因此,资本成本是限制企业筹资数额的一个重要因素。

(2)资本成本是企业选择资金来源的基本依据。企业的资金可以从许多方面来筹集,就发行股票而言,企业既可以吸收国家投资,形成国家股;也可以吸收其他企业、非银行金融机构资金,形成法人股;还可以吸收个人资金,形成个人股等。企业究竟选择哪种来源,首先应考虑的因素就是资本成本的高低。

(3)资本成本是确定最优资本结构的主要参数。不同的资本结构,会给企业带来不同的风险和成本,从而引起股票价格的变动。在确定最优资本结构时,考虑的因素主要有资本成本和财务风险。当然,资本成本并不是企业筹资决策的唯一依据。企业筹资还要考虑财务风险、资金期限、偿还方式、限制条件等。但资本成本作为一项重要因素,直接关系到企业的经济效益,是筹资决策要考虑的首要问题。

2. 资本成本在投资决策中的作用

资本成本在企业评价投资项目的可行性、选择投资方案时也有重要作用。企业在进行投资项目的可行性分析时,一般将资本成本率视为投资项目的"最低收益率"。一个投资项目,只有其投资收益率高于其资本成本率时,经济上才是合算的,投资项目才是可行的;反之,当投资收益率低于其资本成本率时,该投资项目将无利可图,甚至会发生亏损,投资项目则是不可行的。

企业在计算投资评价指标时,常以资本成本率作为贴现率,用以计算各投资方案的现金流量现值、净现值和现值指数,以比较不同投资方案的优劣。

(三)加权平均资本成本的计算

企业可以从多种渠道、用多种方式来筹集资金,而各种方式的筹资成本是不一样的。为了正确进行筹资和投资决策,就必须计算企业的加权平均资本成本。加权平均资本成本是指分别以各种资本成本为基础,以各种资金占全部资金的比重为权数计算出来的综合资本成本。综合资本成本率是由个别资本成本率和各种长期资金比例这两个因素所决定的。其计算公式为:

$$K_W = \sum_{j=1}^{n} W_j K_j$$

式中,K_W——加权平均资本成本;
W_j——第 j 种来源的资金占全部筹资额的比重;
K_j——第 j 种资金来源的资本成本率;
n——筹资方式的种类。

二、初创企业资金的筹集

(一)初创企业筹资的概念和目的

企业筹资是企业根据生产经营等活动对资金的需要,通过一定的渠道,采用适当的方式,获取所需资金的一种行为。企业筹资的基本目的是保证自身的生存和发展。具体来说,企业筹资的目的有以下三种。

1. 满足设立企业的需要

按照我国有关法规的规定,企业设立时,必须有法定的资金,并且不低于国家规定的最低限额。因此,要设立一个企业,必须采用吸收投资、发行股票等方式筹集一定数量的资金,以便形成企业的资本金。

2. 满足生产经营的需要

按照经济学理论,资金每循环一次都带来一定数量的利润,都能补偿生产经营的耗费,进行再生产。但在实际生产经营中,每一次资金循环收回的资金与下一次循环所需要的资金在形态上不完全一致,资金的收回与资金的使用在时间上也不一定完全衔接。这就需要企业为维持正常的生产经营活动不断地筹集资金。

3. 满足资金结构调整的需要

企业的资金结构是由企业采用各种筹资方式而形成的。资金结构具有相对的稳定性,但随着经济状况的变化、企业经营条件的改变等,资金结构也应做相应的调整。当企业的资金结构不合理时,需要通过筹资进行调整,使其趋于合理。资金结构的调整是企业为了降低筹资风险、减少资金成本,而对自有资金与负债资金的比例关系进行的调整。

在市场竞争中，企业只有不断地进行自我强化、自我更新和自我发展，才能立于不败之地。这就要求企业不断开发新产品、不断扩大生产经营规模，而这一切都是以资金的不断投放作为保证的。企业发展需要资金。

（二）企业筹资的分类

1. 权益筹资和负债筹资

按照资金的来源渠道不同，分为权益筹资和负债筹资。企业通过发行股票、吸收直接投资、内部积累等方式筹集的资金都属于企业的所有者权益资金或称为自有资金。企业通过发行债券、向银行借款、融资租赁等方式筹集的资金属于企业的负债或称为借入资金。

2. 直接筹资和间接筹资

按照是否通过金融机构，分为直接筹资和间接筹资。直接筹资，是指资金供求双方通过一定的金融工具直接形成债权债务关系或所有权关系的筹资形式。直接筹资的工具主要是商业票据、股票、债券。如企业直接发行股票和债券就是一种直接筹资。间接筹资，是指资金供求双方通过金融中介机构间接实现资金融通的活动。典型的间接筹资是向银行借款。

3. 短期资金筹集和长期资金筹集

按照所筹资金使用期限额的长短，分为短期资金筹集和长期资金筹集。短期资金一般是指供一年以内使用的资金。短期资金主要投资于现金、应收账款、存货等，一般在短期内可收回。长期资金一般是指一年以上使用的资金。长期资金主要投资于新产品的开发和推广、生产规模的扩大、厂房和设备的更新，一般需要几年甚至十几年才能收回。

（三）企业筹资方式决策

1. 权益资金筹资方式

权益资金是指企业投资者投入企业以及企业生产经营过程中所形成的积累性资金。它反映企业所有者的权益，可以为企业长期占有和支配，是企业一项最基本的资金来源。它的筹资方式具体可分为吸收直接投资和发行股票。

吸收直接投资（以下简称"吸收投资"）是指企业按照"共同出资、共同经营、共担风险、共享利润"的原则，从国家、法人、个人、外商等外部主体吸收投资的一种方式。它不以证券为媒介，直接形成企业生产能力，投入资金的主体成为企业的所有者，参与企业经营，按其出资比例承担风险、享有收益。

企业采用吸收投资方式筹集资金时，投资者可以采用现金、厂房、机器设备、材料物资、无形资产等作价出资。其中，主要表现是以现金出资。以现金出资是吸收投资中一种重要的出资方式。有了现金，便可获取其他物质资源。因此，企业应尽量动员投资者采用现金方式出资。吸收投资中所需投入现金的数额，取决于投入的实物、工业产权之外尚需多少资金来满足企业的开支和日常周转需要。以实物出资就是投资者以厂房、建筑物、设备等固定资产和原材料、商品等流动资产所进行的投资。以工业产权出资是指投资者以专有技术、商标权、专利权等无形资产所进行的投资。企业在吸收工业产权投资时应特别谨慎，进行认真的可行性研究。因为以工业产权投资实际上是把有关技术资本化了，把技术的价值固定化了。而技术具有时效性，因其不断老化而导致价值不断减少甚至完全丧失，所以风险较大。投资者也可以用土地使用权来进行投资。土地使用权是按有关法规和合同的规定使用土地的权利。

吸收投资的优点主要体现在：一是有利于增强企业信誉。吸收投资所筹集的资金属于自有资金，能增强企业的信誉和借款能力，对扩大企业经营规模、壮大企业实力具有重要作用。二是有利于尽快形成生产能力。吸收投资可以直接获取投资者的先进设备和先进技术，有利于尽快形成生产能力，尽快开拓市场。三是有利于降低财务风险。吸收投资可以根据企业的经营状况向投资者支付报酬，企业经营状况好，要向投资者多支付一些报酬，企业经营状况不好，就可不向投资者支付报酬或少支付报酬，比较灵活，所以财务风险较小。缺点主要体现在：一是资金成本较高。一般而言，采用吸收投资方式筹集资金所需负担的资金成本较高。特别是企业经营状况较好和盈利较多时，更是如此。因为向投资者支付的报酬是根据其出资的数额和企业实现的利润的多少来计算的。二是容易分散企业控制权。采用吸收投资方式筹集资金，投资者一般都要求获得与投资数量相适应的经营管理权，这是接受外来投资的代价之一。如果外部投资者的投资较多，则投资者会有相当大的管理权，甚至会对企业实行完全控制，这是吸收投资的不利因素。

股票是股份公司为筹集权益资金而发行的有价证券，是持股人拥有公司股份的凭证，它代表持股人即股东在公司中拥有的所有权。发行股票是股份公司筹集权益资金最常见的方式。股票可以分为普通股和优先股两种，不同的股权其权利和业务有一定的差异。

2. 债务资金筹集方式

债务资金，又称为借入资金，是企业的一项重要资金来源，它是企业依法筹借使用并按期还本付息的资金。对债务资金，企业只是具有一定期限内的使用权，而且，还必须承担按期还本付息的责任。其主要形式包括银行借款、发行债券、融资租赁、商业信用等。

银行借款是企业根据借款合同从银行等借入的款项，是筹集债务资金的一种重要方式。银行借款按借款的特征分类可以分成以下几类：一是按借款的期限，银行借款可分为短期借款和长期借款。二是按借款是否需要担保，银行借款分为信用借款、担保借款票据贴现。三是按提供贷款的机构，可将银行借款分为政策性银行贷款和商业银行贷款。政策性银行贷款一般是指执行国家政策性贷款业务的银行向企业发放的贷款。如国家开发银行以满足企业承建国家重点建设项目的资金需要提供贷款等。商业银行贷款是指由各商业银行向工商企业提供的贷款。这类贷款主要为满足企业生产经营的资金需要。此外，企业还可以从信托投资公司取得实物或货币形式的信托投资贷款，从财务公司取得各种贷款等。

企业取得长期借款一般要按照规定的程序办理必要的手续。一般程序如下：首先是企业提出借款申请。企业要取得银行借款，必须先向银行递交借款申请，说明借款原因、借款金额、用款时间与计划、还款期限与计划等。其次是银行审批。银行针对企业的借款申请，按照有关政策和贷款条件，对企业进行审查。审查的内容主要包括企业的财务状况、资信情况、盈利能力、发展能力以及借款投资项目的经济效益等。再次是签订借款合同。银行经审查批准借款申请后，可与借款企业进一步协商借款条件，签订正式的借款合同，为维护借贷双方的合法权益，保证资金的合理使用，应对贷款的数额、利率、期限以及限制性条款做出明确规定。借款合同签订后，银行可在核定的贷款总额范围内，根据用款计划和企业实际需要，一次或分次将贷款转入企业的存款结算户，以便企业按规定的用途和时间支取使用。最后是借款的归还。借款的偿还方式主要有到期一次还本付息和分期分批偿还两种。企业应按合同约定的方式按期履行还本付息的义务。如果到期不能偿付，应提前向银行申请延期，但只能延期一次。借款逾期不归还，银行将从企业存款户中扣还贷款本息并加收罚息，或者没收抵押品。

公司债券是指公司按照法定程序发行的，约定在一定期限还本付息的有价证券。发行公司债券是公司筹集债务资金的重要方式之一。债券票面一般记载票面面值、票面利率、债券期限、付息日四项内容。

按有无抵押品担保，可将债券分为信用债券和抵押债券。按债券的票面上是否记名，可以将债券分成记名债券和无记名债券、无息债券、收益债券、浮动利率债券等。除上述几种标准分类外，还有其他一些形式的债券，这些债券主要有以下几种：可转换例券是指在一定时期内，可以按规定的价格或一定比例，由持有人自由地选择转换为普通股的债券；无息债券是指票面上不标明利息，按面值折价出售，到期按面值归还本金的债券。债券的面值与买价的差异就是投资人的收益；收益债券是指企业没有盈利时，可暂时不支付利息，而到获利时支付累积利息的债券；浮动利率债券是指利息率随基本利率（一般是国库券利率或银行同业拆放利率）变动而变动的债券。发行浮动利率债券的主要目的是对付通货膨胀。此外，债券还可按用途分为直接用途债券和一般用途债券；按偿还方式分为提前收回债券和不提前收回债券、分期偿还债券和一次性偿还债券等。

商业信用是企业在商品交易中以延期付款或预收货款的方式进行购销活动而形成的借贷关系，是企业之间的直接信用行为。商业信用是商品交易中由于货币与商品在时间和空间上发生分离而产生的。企业之间商业信用的形式主要有应付账款、应付票据、预收账款等。

商业信用筹资的优点有以下几方面：一是筹资便利。利用商业信用筹资非常方便。因为商业信用与商品买卖同时进行，属于一种自然性融资，不用做非常正规的安排。二是筹资成本低。如果没有现金折扣，或企业不放弃现金折扣，则利用商业信用筹资没有实际成本。三是限制条件少。如果企业利用银行借款筹资，银行往往对贷款的使用规定一些限制条件，而商业信用则限制较少。商业信用筹资的缺点是商业信用的期限一般较短，如果企业来取现金折扣，则时间会更短；如果放弃现金折扣，则要付出较高的资金成本。

三、最佳资本结构决策

（一）最佳资本结构概念和目的

最佳资本结构是指在一定时期内，使加权平均资本成本最低、企业价值最大时的资本结构。从资本成本和财务杠杆的分析中可以看出，负债资金相对于权益资金，资本成本较低，并且能够给企业带来财务杠杆利益，但负债比例过大，企业的财务风险就会加大。因此，确定最佳资本结构，既要充分体现负债筹资的优点，同时又要避免风险。

（二）最佳资本结构决策

在资本结构决策中，确定最佳资本结构，通常可以运用比较资本成本法和每股利润无差别点法进行定量计算，同时结合有关影响因素进行定性分析。

1. 比较资本成本法

比较资本成本法是通过计算不同资本结构的加权平均资本成本，并以此为标准，选择其中加权平均资本成本最低的资本结构作为最佳资本结构。

运用比较资本成本法确定最佳资本结构的主要程序是①计算确定各方案的资本结构，即各种筹资额占筹资总额的比重；②计算确定各方案不同筹资方式的资本成本；③计算不同方案的加权资本成本；④进行比较，选择加权平均资本成本最低的结构为最佳资本结构。

2. 每股利润无差别点法

每股利润无差别点法，又称为息税前利润—每股利润分析法，是利用每股利润无差别点来进行资本结构决策的方法。所谓每股利润无差别点，是指在两种筹资方式下普通股每股利润相等时的息税前利润点。利用每股利润无差别点，可以分析判断在什么情况下运用债务筹资来安排和调整提高每股收益的资本结构是合理的，反之则不够合理。

每股利润的无差别点可以通过计算得出：

$EPS = [(EBIT-I)(1-T)]/N$

式中，EPS——每股利润；

EBIT——息税前利润；
I——债务利息；
T——所得税率；
N——流通在外的普通股股数。

根据定义可知，在每股利润无差别点上，无论采用负债筹资还是采用权益筹资，每股利润都是相等的。若以 EPS_1 表示负债筹资下的每股利润，EPS_2 表示权益筹资下的每股利润，则有：

$EPS_1=EPS_2$

$[(EBIT_1-I)(1-T)]/N_1=[(EBIT_2-I)(1-T)]/N_2$

凡能使上述条件成立的息税前利润为每股利润无差别点的息税前利润。

（三）资本结构的调整

当企业现有资本结构与目标资本结构存在较大差异时，企业需要进行资本结构的调整。资本结构调整的方法有以下三种。

1. 存量调整

在不改变现有资产规模的基础上，根据目标资本结构要求，对现有资产结构进行必要的调整。存量调整的方法有：①债转股、股转债；②增发新股偿还债务；③调整现有负债结构，如与债权人协商，将短期负债转为长期负债，或将长期负债列入短期负债；④调整权益资本结构，如优先股转换为普通股，以资本公积转增股本。

2. 增量调整

增量调整即通过追加筹资量，用增加总资产的方式来调整资本结构。其主要是从外部取得增量资本，如发行新债、举借新贷款、进行筹资租赁、发行新股票等。

3. 减量调整

减量调整即通过减少总资产的方式来调整资本结构。如提前归还借款、发行在外的可提前收回债券、股票回购减少公司股本、进行企业分立等。

第三节 财务风险的评估与控制

教师箴言

创业团队必须关注企业财务风险，对财务风险的评估和控制必不可少。

核心概念

财务风险的概念，财务风险识别及风险评估和控制方法。

学习重点

财务风险的概念与分类，财务风险的控制方法。

一、财务风险的概念与分类

（一）风险的概念

风险是指在一定条件下或一定时期内，某一项行动具有多种可能而不确定的结果。风险具有多样性和不确定性，人们可以事先估计采取某种行动可能导致的各种结果以及各种结果出现的可能性大小，但无法确定最终结果是什么。风险是客观的、普遍的，广泛地存在于企业的业务活动中，并影响着企业的财务目标。由于企业的财务活动经常是在有风险的情况下进行的，各种难以预料和无法控制的原因可能会使企业遭受风险和损失，而企业冒着风险投资最终是要获取更多的收益。因此，企业的风险投资需要经过认真分析，以最大限度地减少风险，增加收益。

（二）财务风险的概念

财务风险是指企业由于利用负债融资而引起的企业盈余变动，是筹资决策带来的风险，也叫筹资风险。当企业的投资报酬率（息税前利润与平均总资产的比率）高于借款利率时，借入资本能给企业带来额外的税后净利；当企业投资报酬率低于借款利率时，由于债务的利息是一项固定开支，企业的税后净利将受到额外的损失，这就是财务风险。

（三）财务风险的分类

初创企业主要财务风险主要表现为以下三种。

1. 无力偿还债务风险

由于负债经营以定期付息、到期还本为前提，如果公司用负债进行的投资不能按期收回并取得预期收益，公司必将面临无力偿还债务的风险，其结果不仅导致公司资金紧张，也会影响公司的信誉程度，甚至还可能因不能支付而遭受灭顶之灾。

2. 利率变动风险

公司在负债期间，由于通货膨胀等的影响，贷款利率发生增长变化，利率的增长必然增加公司的资金成本，从而抵减了预期收益。

3. 再筹资风险

由于负债经营使公司负债比率加大，相应地对债权人的债权保证程度降低，这在很大程度上限制了公司从其他渠道增加负债筹资的能力。

二、财务风险的识别

（一）财务风险识别的概念

财务风险识别又称财务风险辨识，财务风险辨识是指查找企业各业务单元、各项重要经营活动及其重要业务流程中有无风险以及有哪些财务风险。财务风险分析是对辨识出的风险及其特征进行明确的定义描述，分析和描述风险发生的高低、风险发生的条件。

（二）财务风险识别的内容

财务风险识别主要分析财务风险，企业应广泛收集国内外企业财务风险失控导致危机的案例，并至少收集本企业以下的重要信息：①负债或有负债、负债率、偿债能力；②现金流、应收账款及其占销售收入的比重、资金周转率；③产品存货及其占销售成本的比重、应付账款及其占购货额的比重；④制造成本和管理费用、财务费用、营业费用；⑤盈利能力；⑥成本核算、资金结算和现金管理业务中曾发生或易发生错误的业务流程或环节；⑦与本企业相关的产业会计政策、会计估算、与国际会计制度的差异与调节（如退休金、递延税项等）等信息。

进行风险辨识、分析、评价，应将定性与定量方法相结合。定性方法可采用问卷调查、集体讨论、专家咨询、情景分析、政策分析、行业标杆比较、管理层访谈、由专人主持的工作访谈和调查研究等。定量方法可采用统计推论（如集中趋势法）、计算机模拟（如蒙特卡洛分析法）、失效模式与影响分析、事件树分析等。

三、财务风险的评估和控制

（一）财务风险评估的概念

财务风险评估就是企业有关部门和有关人员对收集的财务风险管理初始信息和企业各项业务管理及其重要业务流程与企业财务有关的风险进行风险评价和估算，以确定企业财务风险的大小及其发生的概率。

完成了财务风险管理初始信息收集之后，企业要对风险进行评估（包括风险辨识、风险分析、风险评价三个步骤）。企业在评估多项财务风险时，应根据对财务风险发生可能性的高低和对目标的影响程度的评估绘制风险坐标图，对各项财务风险进行比较，初步确定对各项风险的管理优先顺序和策略。

财务风险评估应由企业组织有关职能部门和业务单位实施，也可聘请有资质、信誉好、风险管理专业能力强的中介机构协助实施。企业应对财务风险管理信息实行动态管理，定期或不定期实施风险辨识、分析、评价，以对新的风险和原有风险的变化重新评估。

（二）财务风险的控制

1. 财务风险控制的概念

财务风险控制是指通过控制财务风险事件发生的动因、环境、条件等，来达到减轻风险事件发生时的损失或降低风险事件发生的概率的目的。通常影响某一风险的因素有很多。财务风险控制可以通过控制这些因素中的一个或多个来达到目的，主要是风险事件发生的概率和发生后的损失。

风险控制对象一般是可控风险，包括多数运营风险，如质量、安全和环境风险，以及法律风险中的合规性风险。传统的财务风险应对策略只有风险规避、风险承担、风险控制和风险转移，其目的在于风险降低和风险预防。传统风险管理基于风险是负面影响的看法，将每个风险分开管理，手段相当程度上局限在内部控制和风险转移，因此只注意到流程中的风险和灾害性风险，没有与整体战略结合，忽视了战略管理手段。

2. 财务风险控制方法

一般情况下，对财务风险的控制，可采取风险承担、风险规避、风险转换、风险控制等方法。对能通过保险、期货、对冲等金融手段进行理财的风险，可采用风险转移、风险对冲、风险补偿等方法，主要表现为以下五种。

（1）风险承担。风险承担亦称风险保留、风险自留，是指企业对所面临的风险采取接受的态度，从而承担风险带来的后果。企业面临的财务风险有很多，通常企业能够明确辨识的风险只占全部风险的少数。风险评估的工作结果对于企业是否采用风险承担影响很大。

对于未能辨识出的财务风险，企业只能采用风险承担。对于辨识出的财务风险，企业也可能由于以下几种情况采用风险承担：①缺乏能力进行主动管理，对这部分风险只能承担；②没有其他备选方案；③从成本效益考虑，这一方案是最适宜的方案。

对于企业的重大财务风险，即影响到企业目标实现的风险，企业一般不应采用风险承担。

（2）风险规避。风险规避是指企业回避、停止或退出蕴含某一财务风险的商业活动或商业环境，避免成为财务风险的所有人。退出某一市场以避免激烈竞争，拒绝与信用不好的交易对手进行交易；停止生产可能有潜在客户安全隐患的产品；禁止各业务单位在金融市场进行投机等。

（3）风险转换。风险转换指企业通过战略调整等手段将企业面临的财务风险转换成另一个风险。风险转换的手段包括战略调整和衍生产品等。风险转换一般不会直接降低企业总的风险，其简单形式就是在减少某一风险的同时，增加另一风险。例如，通过放松交易客户信用标准，增加了应收账款，但扩大了销售。企业可以通过风险转换在两个或多个风险间进行调整，以达到最佳效果。风险转换可以在低成本或无成本的情况下达到目的。

（4）风险对冲。风险对冲是指采取各种手段，引入多个风险因素或承担多个风险，使得这些风险能够互相对冲，也就是使这些风险互相抵消。常见的例子有资产组合使用、多种外币结算的使用和战略上的多种经营等。在金融管理资产中，对冲也包括使用衍生产品，如利用期货进行套期保管。在企业的风险中，有些风险具有对冲性质，应当加以利用，例如，不同行业的经济周期风险对冲。风险对冲必须涉及风险组合，而不是对单一风险；对于单一风险，只能进行风险规避、风险控制。

（5）风险补偿。风险补偿是指企业对风险可能造成的损失采取适当的措施进行补偿。风险补偿表现在企业主动承担风险，并采取措施以补偿可能的损失。风险补偿的形式有财务补偿、人力补偿、物资补偿等。财务补偿是损失融资，包括企业自身的风险准备金或应急资本等。

本章小结

本章对创业团队的财务管理与风险控制进行了系统的学习。通过本章的学习，需要大致知道组织创业团队如何进行财务管理，以及创业团队如何进行风险控制。建议创业团队关注创业资金的筹集及项目资金的风险控制，实现利润最大化的目标。

课外训练

编制创业项目的财务预算及风险的评估

1. 编制一份创业项目的财务预算，评估项目的财务风险。

假设你要创办一家农村电商企业，请拟编制一份该项目的财务预算，并评估相关的财务风险。

2. 三分钟演讲。

（1）张贴你的广告，并用三分钟演讲宣传你是如何编制财务预算的；

（2）选出几位同学分成不同的组，编制不同的项目财务预算表，并评估该项目的风险。

3. 评估团队结构。

从团队结构层面分析哪个团队更好，每项25分，看哪个团队分数最高。

（1）团队成员加入的目的。

（2）团队成员的知识结构。

（3）团队成员的性格、个性。
（4）团队成员的价值观念。
4. 确定团队成员。
请团队中的一个成员对本团队做出最后的调整，并说明理由。
5. 团队展示。
团队成员完成表9-1，并进行集体展示。

表9-1 团队展示

团队名称	
设计LOGO	
团队口号	
团队愿景	
团队财务预算表	
团队领导者	
团队成员及分工	
团队管理制度	

6. 挑选最佳团队。
重新评估团队制作财务预算的合理性，选出最佳团队。

第十章 市场营销策略

学习目标

知识目标

1. 了解移动互联网下的营销机会和模式创新。
2. 理解企业目标市场营销的内容。
3. 掌握市场营销组合策略的内容。

能力目标

1. 学会对移动互联网下的营销机会进行识别和创新。
2. 掌握寻找目标市场的方法,能够进行企业及产品定位。
3. 掌握市场营销组合策略,能够进行企业营销组合策略设计。

知识导读

企业经营者在创业过程中筹措资金、调动人力物力以及其他资源的原因,就是为了赚取一定的利润。如果企业缺乏市场营销能力,无法使自己的产品被消费者认可和购买的话,就没有办法实现企业利润。因此,企业要想获得创业的成功,必须拥有出色的营销管理能力。企业不仅要有先进的营销理念,还要有特色的营销策略,只有这些因素组合在一起,才能使企业在激烈的市场竞争中立于不败之地。

案例导入

小花店的营销之道

小李喜欢种花养花,大学毕业后,在家乡所在城市开了一家普通的花店,出售各种鲜花,其花店的店面陈设与别的花店没什么区别。花店开了几个月了,经营业绩一般。小李在大学是读市场营销专业的,她研究了自己的花店和附近的几家花店后,发现自己的花店和别的花店销售的产品很相似,都只有各种各样的鲜花品种,没有自己的特色。要怎么样才能突出自己的特色呢?小李花了几天时间进行市场调查,发现其他花店虽然花的品种很多,但是唯独没有郁金香花。于是她把自己的花店改为郁金香花专卖店，选定郁金香花的爱好者为目标市场进行营销。郁金香品种很多，全世界有 8 000 多种，被大量生产的就有 150 多种。于是小李集中资源，从各大花卉市场搜寻了 30 多种郁金香品种，吸引了不少郁金香花的爱好者。但需要郁金香花的顾客毕竟有限，于是，小李以郁金香为主题，开发了各种和郁金香有关的商品，比如印有郁金香花图案的桌布、椅垫、杯垫、餐盘、杯子以及小装饰品等，形成了郁金香产品系列，不仅吸引了对郁金香感兴趣的顾客，也使对郁金香花不了解的顾客发现了此花的魅力，从而使得她的郁金香花店远近闻名、生意兴隆。

提出问题

1．小李将自己的花店改为郁金香花专卖店，她采用的是什么样的目标市场营销策略？

2．在现实生活中，你有没有看到有哪些企业采用相似的营销策略？

3．在创业实践活动中，如何能更好地进行产品的开发？

第一节 企业目标市场营销

教师箴言

了解创业市场环境，懂得选择适合自己的目标市场，创业将事半功倍。

核心概念

现代市场竞争日益激烈，顾客的需求五花八门，只有细分市场，选定目标市场，有针对性地进行市场定位，才能更好地满足消费者的需求。

学习重点

在了解创业企业环境的基础上，掌握市场细分、目标市场选择和市场定位的方法。

一、创业企业环境分析

当一个人决定到一个地区或国家进行创业或投资时，首先需要考虑的是环境。环境分析是发现创业机会的基础，是进行创业可行性分析的前提。它是对创业者创业思想的形成和创业活动的开展能够产生影响和发生作用的各种因素和条件的总和。随时变化的环境，能给创业者带来机遇，也能给创业者造成威胁。根据对创业者的影响程度，我们可以把环境划分为宏观环境、中观（行业）环境和微观环境。宏观环境和中观环境称为一般环境，而微观环境就是具体环境。创业者必须清楚各种环境因素及其发展趋势，以及对具体行业、企业的影响是限制性的还是促进性的，只有这样，创业者才能抓住机遇，避免威胁，成功创业。

1. 宏观环境分析

宏观环境对企业的影响作用是间接的，但是其影响也是巨大的，因为这些因素是企业无法控制的。创业者可以从人口环境、政治法律环境、经济环境、社会文化环境、自然环境、科技环境等六个方面对宏观环境进行分析。人口的数量、年龄结构、地理分布、人口密度、人口流动性及其文化教育等人口特性会对市场格局产生深刻影响，并直接影响着企业的市场营销活动。政治法律环境是企业生存和发展的基础和条件。只有在稳定的政治环境和健全的法律环境中，企业才能通过公平竞争，获得长期的、稳定的发展。企业的市场营销活动受到一个国家或地区的经济发展水平的制约，经济发展阶段不同，居民的收入不同，消费者对产品的需求也不一样，从而在一定程度上影响企业的营销。社会文化环境是影响人们欲望和行为的重要因素，企业只有全面了解社会文化环境，认真、准确地判断和分析消费者所处的社会文化环境，才能较准确地把握消费者的需求，正确选择自己的目标市场。分析自然环境的目的是考察周围的环境及资源是否适合创业项目的发展，能否提供该行业所需的资源条件，以实现企业利益、消费者利益、社会利益及生态环境利益的和谐统一。科学技术是社会生产力新的最活跃的因素，它们直接或间接地影响着创业活动以及新创企业的生产经营。

2. 中观环境分析

中观环境一般是指企业所属的行业或产业，又叫行业环境。不同的行业由于所处的发展阶段不同，行业的特征以及经济特性都是不同的。这些特性将直接决定企业所选择进入的行业，以及所要生产的产品能否为企业带来可观的利润，甚至关系到企业的生死存亡。行业分析的目的在于通过了解行业的基本竞争情况及潜在的发展机会，以便于创业者做出正确的投资决策，尽量避免投资失误和资源浪费。企业的行业环境分析包括行业经济特性、行业竞争力量、行业中的变革驱动因素、行业中的竞争地位、行业的关键成功因素五个方面。

3. 内部环境分析

知己知彼，方能百战百胜。因此，创业者在寻找和分析外部机遇的同时，还必须了解自身的优势与劣势，只有将自己的优势与外部的机遇有机地结合起来，才能创业成功。创业的内部环境分析包括内部资源分析、能力分析以及核心竞争力分析。企业的核心能力是决定企业生存和发展的最根本因素，是企业持久竞争优势的源泉。作为一个新创企业，要想在激烈的市场竞争中获胜，必须重点打造企业自身的核心竞争力。

创业者只有全面认识和把握自身所处的环境的基本构成，熟谙各种环境所内含的共同趋向和基本要求，才能够切中时代的脉搏，进行卓有成效的创业活动。和谐的创业环境，能够使创业者之间的竞争在一个有序的环境中进行，形成既有竞争又有合作的良好风气，从而有助于激发创业者的灵感，而且能够对创业者产生一种"筑巢引凤"的亲和力、吸引力。创业者必须对环境有深刻的了解，并采取相应的对策，才有利于保证创业成功。

二、寻找目标市场

现代市场竞争日益激烈，顾客的需求五花八门，每个企业都不可能去满足所有消费者的需求，只能在选定的市场范围内满足一部分消费者的需求。所以，企业应该明确是为满足哪些消费者的需要而从事生产经营的。如果不能很好地把握经营方向，对一个企业的生存，特别是一个新创企业的生存将产生极大的威胁。因此，创业者应该在选择业务时对市场进行调查，根据市场的需要，再综合考虑企业的技术、资金、人力等方面的情况，选择适合自己的目标市场。企业首先要对市场进行细分，在细分的基础上选择目标市场，针对目标市场实行营销计划，等到企业在市场中站稳脚跟后，再逐渐拓宽市场。

（一）市场细分

1. 市场细分的含义

市场细分就是企业根据消费者需求或购买行为等方面的差异性，将构成市场划分为若干顾客群的过程或行为。其中，每一个顾客群构成一个子市场（或细分市场），同一个子市场中的需求是相似的，而不同子市场之间，需求则是有明显差别的。比如，服装市场通常可以按年龄细分为若干子市场，也可以按性别细分为若干子市场。需要注意的是，市场细分不是对产品的分类，更不是对企业的分类，而是以消费者的需求差异为出发点，根据消费者购买行为的差异性，把消费者总体市场划分为许多类似需求群体的细分市场。

2. 市场细分的作用

第一，有利于企业分析、发掘新的市场机会，即寻找市场的"空档"。通过细分市场，企业可以发现哪些市场需求已得到满足，哪些只满足了一部分，哪些仍有潜在需求。相应地，企业可以发现哪些产品竞争激烈，哪些产品较少竞争，哪些产品亟待开发。这样，企业就可以根据自己的营销条件，确定能否去开发、占领这部分的市场。

第二，市场细分有利于企业制定和调整市场营销组合策略。通过市场细分，企业可以更清楚地了解市场的结构，了解市场上消费者的需求特点，才能制定有针对性的营销策略。比如，学校周边的小食店是以学生为销售对象的，应树立"物美价廉"的形象；度假区的大酒店是以游客为主要对象的，应树立的是"豪华享受"的形象，其产品、价格、渠道及促销都必须围绕不同的对象来制定。

第三，有利于中小企业开发和占领市场。市场中企业众多，大型企业，由于具有规模优势和规模效益，生存和发展能力相对较强。中小企业由于受到经营能力的限制，很难与大型企业正面竞争。因此，为了能在激烈的市场竞争中站稳脚跟，中小企业要认真研究消费者的需求，分析市场，运用自己的长处，有针对性地选择目标市场，这样才有可能在浩瀚的商海中找到绿洲。

3. 市场细分的标准

消费者需求的差异性是市场细分的依据，凡是构成消费者差异的因素都可以作为市场细分的标准。根据消费者的购买行为和企业市场营销的实际状况，按照消费者市场和组织市场的不同特点，可以按以下细分标准对消费者市场和组织市场进行细分。

（1）消费者市场细分标准。消费者市场细分标准主要有地理因素、人口因素、心理因素和购买行为四个方面，每个方面又包括一系列的细分因素，如表10-1所示。

表10-1 消费者市场细分标准

细分标准	细分变量因素
地理因素	区域、地形、气候、城镇规模、交通运输条件、人口密度等
人口因素	年龄、性别、家庭人口、家庭收入、职业、教育、文化水平、信仰、种族、国籍等
心理因素	生活方式、性格和社会阶层
购买行为	购买动机、购买状况、使用习惯、对市场营销因素的感受程度

（2）组织市场细分标准。组织市场购买者的购买目的是将所购产品用于再生产，生产出新的产品或服务，从中获取利润，或者是为了组织的正常运作，所以与普通消费者的购买目的不同、需求不同。组织市场细分标准的主要依据如表10-2所示。

表10-2 组织市场细分标准

细分标准	细分变量因素
最终用户	商品的规格、型号、品质、功能、价格等
用户的规模和购买力	大、中、小量用户和购买次数、户数、资金等
用户的地理位置	资源条件、自然环境、企业地理位置、生产力布局、交通运输及通信条件等

(二) 制定目标市场营销策略

目标市场选择是指估计每个细分市场的吸引力程度，并选择进入一个或多个细分市场。企业选择的目标市场应是那些企业能在其中创造最大顾客价值并能保持一段时间的细分市场，资源有限的企业或许决定只服务于一个或几个特殊的细分市场。企业选择目标市场实际上就是明确自己的标准顾客。

1. 选择目标市场的条件

并不是所有的子市场都可以成为企业的目标市场，一个可行的目标市场应具备以下三个方面的条件。

（1）有足够的市场需求。一个市场是否能成为企业的目标市场，首先要有尚未满足的现实需求和潜在需求。理想的目标市场应该是有利可图的市场，不要去选择没有需求而不能获利的市场。

（2）市场上有一定的购买力。企业进入某一市场是期望能够赚取一定的利润，如果市场规模狭小或者趋于萎缩状态，企业进入该市场后将难以获得发展，此时，应审慎考虑，不宜轻易进入。因此，选择目标市场时必须对目标市场的人口、购买力、购买欲望进行分析和评价。

（3）符合企业目标和能力，企业具有竞争优势。在经过市场细分后，企业可以发现很多可进入的市场，但是不一定都能成为企业自己的目标市场，必须选择企业有能力去占领的市场，符合企业发展目标的市场作为自己的目标市场。在被选择的目标市场上具有竞争的优势，这样企业才能取得较大的市场占有率。

2. 目标市场策略

企业通过对市场进行细分，发现一些潜在需求或未被满足的需求，并结合企业自身的目标和资源，分析竞争的情况，寻找到理想的市场机会，这就是目标市场的选择。企业需综合考虑产品特性、竞争状况和自身实力，选择不同的目标市场营销策略。具体包括以下三种。

（1）无差异性目标市场策略。企业经过市场细分之后，虽然认识到同一类产品有不同的细分市场，但权衡利弊得失，不去考虑细分市场的特性，而注重细分市场的共性，决定只推出一种产品，或只用一套市场营销策略来满足市场所有顾客的需求，以求在一定程度上适合尽可能多的顾客需求，这就是无差异性目标市场策略，如图10-1所示。

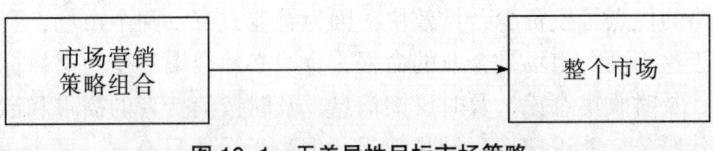

图 10-1　无差异性目标市场策略

由于只生产或销售一种产品，企业容易做到机械化、自动化、标准化生产，生产成本低、产品质量好；同时仅采用一种营销策略，销售成本也最低，这样企业能以物美价廉的产品满足消费者的需求。但由于企业只用一种产品或策略，难以满足消费者多样化的需求，不能适应瞬息万变的市场形势，所以应变能力较差。这一策略适用于产品刚上市或获得专利权的时候，因为这个时候企业没有竞争者或竞争者少；同时也适合于生产规模大、实力雄厚的大企业。

（2）差异性目标市场策略。企业经过市场细分之后，认识到不同细分市场消费者存在不同的需求，企业决定推出多种产品，采用多种市场策略，分别去满足多个目标市场消费者的需求，这就是差异性目标市场策略，如图10-2所示。

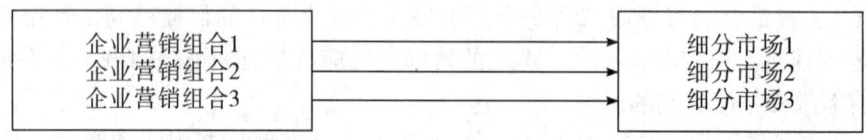

图10-2　差异性目标市场策略

差异性营销的优点是全面满足消费者的不同需求，同时，一个企业经营多种商品，实现营销方式和广告宣传的多样性，能适应越来越激烈的市场竞争，有利于提高市场占有率，扩大企业销售额，提高企业信誉。其缺点是销售费用和各种营销成本较高，受到企业资源和经济实力的限制较大。因此，差异性市场策略适用于选择性较强、需求弹性大、规格等级复杂的商品营销。

（3）密集性目标市场策略。密集性市场策略也称集中性市场策略，是企业把整个市场细分化后，选择一个或少数几个细分市场作为目标市场，实行专业化经营，即企业集中力量向一个或少数几个细分市场推出商品，占领一个或少数几个细分市场的策略，如图10-3所示。

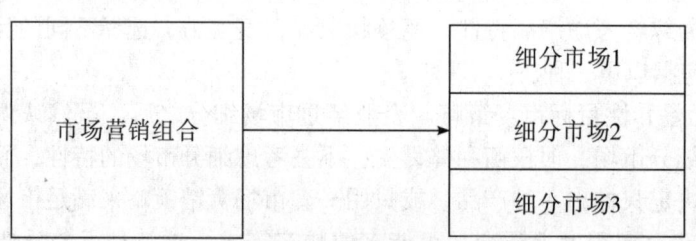

图10-3　密集性目标市场策略

这种策略的优点是投资少，见效快。因为企业只有一两个市场，资金的需要较少，同时由于这一两个市场是企业的命根，企业必然会竭尽全力对目标市场做深入的调查研究，及时收集意见，及时反馈信息，及时按消费者的需求和欲望去改进产品，提供最佳服务，能迅速产生销售效果。但由于企业只有这一两个市场，万一市场发生变化，就会导致企业经营失利，使企业难于翻身，即风险大是这种策略的不足。这一策略适应于资源薄弱的小型企业，或是处于产品生命周期衰退期的企业。

三、企业及产品定位

(一)市场定位的含义和作用

目标市场范围确定后,企业就要在目标市场上进行定位了。市场定位是由美国营销学家艾·里斯和杰克·特劳特在1972年提出的,其含义是指企业根据竞争者现有产品在市场上所处的位置,针对顾客对该类产品某些特征或属性的重视程度,为此企业产品塑造与众不同的、给人印象鲜明的形象,并将这种形象生动地传递给顾客,从而使该产品在市场上确定适当的位置。

市场定位的主要作用在于确定产品或品牌的竞争优势,着重推出与竞争者产品和品牌不同的产品以满足消费者的需要,更有效地吸引目标市场的消费者,尤其是有利于消费者迅速做出购买决策,重复购买本企业产品。因为在当今信息爆炸的社会,消费者被过量的产品和服务的信息所困惑,因此不可能在每项购买决策前都对产品作重新评价,为了简化购买决策,消费者往往会将产品加以归类,即将产品和企业在他们心目中"定个位置",这种产品位置是消费者将某种产品与竞争者产品相比较而得出的一组复杂的感觉、印象和感想。对产品进行了有效的定位,就可使消费者产生深刻、独特的印象和好感,对该产品和品牌形成习惯性购买,从而使企业的市场得到不断巩固和发展。

(二)市场定位的基础

市场定位的实质是基于消费者心理的差异化。那么差异化源于何处,有哪些方面的差别会有助于牢牢抓住消费者的心呢?按照菲利普·科特勒的分析,企业可以从产品、服务、渠道、员工及形象五个方面体现差异化。

1. 产品差异化

产品差异化是指在产品实体方面能让消费者感觉到的差别,企业可以从特征、性能质量、耐用性、式样等方面实施产品差异化。

2. 服务差异化

服务差异化是指企业向目标市场提供与竞争者不同的优质服务,尤其是难以突出有形产品的差别时,竞争成功的关键常常取决于服务的数量与质量。企业的服务差异化可以体现在以下方面,包括送货的速度、准确性和对产品的保护程度,产品的安装速度、顾客培训、咨询的范围、咨询的方式、是否收费、维修服务等。

3. 渠道差异化

分销渠道的差异化可以从渠道的模式、渠道成员的能力及渠道管理政策等方面具体体现,互联网的发展为渠道差异化带来了更多的机会。

4. 员工差异化

员工差异化是指通过聘用和培训比竞争者更优秀的员工以获得竞争优势。员工差异化的特征主要表现在六个方面：称职、礼貌、诚实、可靠、敏捷、沟通。在有形产品的差别很难突出的服务行业，比如旅游业、金融业、运输业等，这一方式尤其值得采用。

5. 形象差异化

形象差异化是指通过一些标志、文字、视听媒体、气氛、事件和员工行为来表述。在实施形象差异化时，企业需要有创造性的思维和实际，需要持续不断地利用企业所有的传播工具，针对竞争对手的形象策略，以及消费者的心智而采取不同的策略。

> **典型案例 10-1**
>
> ### 餐饮差异化创新，打造核心竞争力
>
> 经济环境下行，引发了激烈的市场乱战，大量的抄袭模仿行为让餐饮业坠入同质化的海洋。怎样才能创造出与竞争对手不同的差异化特色，已成为摆在餐饮企业家面前的一大难题。
>
> 那么，餐厅该如何进行差异化创新？餐饮差异化创新可分为以下不同的角度：产品创新、模式创新、文化创新、服务创新、体验创新。
>
> 1. 聚焦产品差异化创新
>
> 餐饮业无论是在产品还是营销上，都围绕着"故事"展开，一旦有了故事，也就有了卖点。这个"故事"其实从食材的选择上，就已经开始。
>
> 2. 提炼环境方面的卖点
>
> 餐饮企业环境和形象设计是差异化的一个重要元素。好的餐饮企业环境和形象都是有特色的。比如：胡桃里对环境的打造，将餐厅+酒吧的业态进行融合，再加入音乐的元素，打造出独一无二的音乐酒馆的形象，占据了消费者的认知。
>
> 3. 研发制作工艺方面的卖点
>
> 当然，烹饪工艺方面也不例外。比如：真功夫挖掘传统烹饪的精髓，利用高科技手段研制出"电脑程控蒸汽柜"，自此决定将"蒸"的烹饪方法发扬光大。
>
> 4. 打造差异化服务
>
> 服务内容可以不变，但可以换一种服务方式，这样也能让顾客记住餐厅的名称。在日本，有一家名为"Kayabukiya"的餐馆，看似普通却深受顾客喜欢，因为那里有两只猴子服务生——雅特（Yat）和福西（Fuku）。12岁的雅特总是穿着工作服迅速地穿梭在各个餐桌间，为顾客端茶递水，年龄较小的福西则会在顾客用餐前为他们送上热气腾腾的擦手毛巾。

5. 寻找营销手段的卖点

微信、微博、H5场景等社会化媒体、社交媒体已经成了新品牌营销的主要战场。餐饮行业升级时代来临，各种品类的餐饮品牌都在求新求变，以品类创新谋求市场，进入整体创新时代，这其中，最切实的体现就是在餐品角度，传统大而全的产品线无法满足个性化的饮食消费需求，必须精简化、特色化。

餐饮差异化创新是不断更新升级的过程，没有一劳永逸，只能紧扣消费需求，让品牌不断地升级优化，维护和提升消费黏性，塑造特色化的品牌体验。

（资料来源：编者根据相关案例组织整理，2019年）

（三）市场定位的方法

1. 区域定位

区域定位是指企业在进行营销策略时，应当为产品确立要进入的市场区域，即确定该产品是进入国际市场、全国市场，还是进入某市场、某地等。只有找准了自己的市场，才会使企业的营销计划获取成功。

2. 阶层定位

每个社会都包含许多社会阶层，不同的阶层有不同的消费特点和消费需求，企业的产品究竟面向什么阶层，是企业在选择目标市场时应考虑的问题。根据不同的标准，可以对社会上的人进行不同的阶层划分，比如按经济地位划分，可以分为富裕阶层、小康阶层、温饱阶层等。进行阶层定位，就是要牢牢把握住某一阶层的需求特点，从营销的各个层面上满足他们的需求。

3. 职业定位

职业定位是指企业在制定营销策略时要考虑将产品或劳务销售给什么职业的人。比如将白大褂销售给医生，将职业套装销售给白领，将警服销售给警察，这种分类是非常明显的，而真正能产生营销效益的往往是那些不明显的、不易被察觉的定位。在进行市场定位时要有一双善于发现的眼睛，及时发现竞争者的视觉盲点，这样才可以在定位领域内获得较多的收获。

4. 个性定位

个性定位是考虑把企业的产品如何销售给那些具有特殊个性的人。这时，选择一部分具有相同个性的人作为自己的定位目标，针对他们的爱好实施营销策略，可以取得最佳的营销效果。

5. 年龄定位

在制定营销策略时，企业还要考虑销售对象的年龄问题。不同年龄段的人，有自己不同的需求特点，只有充分考虑到这些特点，满足不同消费者要求，才能够赢得消费者。比如老年人消费者买东西比较注重价格，企业应强调物美价廉；对于婴儿用品，营销策略应针对母亲而制定，因为婴儿用品一般由母亲来购买的。

第二节　市场营销组合策略

教师箴言

创业成功的标志就是成功实现产品的销售。对于一个创业企业来说，拥有了一种新产品后，如何把新产品成功推向市场就成了一个至关重要的问题。

核心概念

制定出符合企业和产品的市场营销策略，才能充分发挥企业和产品的优势，增强竞争能力，更好地适应营销环境变化，以较少的营销投入获取最大的经济效果。

学习重点

在了解市场营销组合策略的基础上，懂得在企业的不同生命周期制定不同的营销组合策略，并能对新创企业进行营销组合策略的设计。

一、市场营销组合策略的含义

（一）市场营销策略的含义

在人类已跨入21世纪的今天，由于信息科学技术高速发展，消费方式发生巨大的变化，现代市场行情变得更为错综复杂，市场竞争异常激烈。任何企业要想成功进入、占领、巩固和扩展市场，采用正确的营销策略显得尤为重要。

市场营销策略是指企业根据自身内部条件和外部竞争状况所确定的关于选择和占领目标市场的策略。它是制订企业战略性营销计划的重要组成部分，其实质就是企业开展市场营销活动的总体设计。企业制定市场营销策略，目的在于充分发挥企业优势，增强竞争能力，更好地适应营销环境变化，以较少的营销投入获取最大的经济效果。

（二）市场营销组合策略的内容

1. 传统营销组合理论

长期以来，被营销理论界广为接受的市场营销策略是由美国学者杰罗姆·麦卡锡提出的4P理论。1960年，麦卡锡在《基础营销》一书中提出了著名的4P组合。麦卡锡认为，企业从事市场营销活动，一方面要考虑企业的各种外部环境，另一方面要制定市场营销组合策略，通过策略的实施，适应环境，满足目标市场的需要，实现企业的目标。4P 营销策略能从复杂的营销变数中找到最为重要的因素，并从单纯的因素上升为一组策略，从而更好地适应日益复杂的营销环境。

（1）产品策略，是指企业为目标市场提供的产品及其相关服务的统一体，具体包括产品的质量、特色、外观、式样、品牌、包装、规格、服务、退货条件等内容。

（2）价格策略，是指企业制定的销售给消费者商品的价格，具体包括价目表中的价格、折扣、折让、支付期限和信用条件等内容。

（3）渠道策略，是指企业选择把产品从制造商转移到消费者的途径及其活动，具体包括分销渠道、区域分布、中间商类型、营业场所、运输和储存等内容。

（4）促销策略，是指企业宣传介绍其产品的优点和说服目标顾客来购买其产品所进行的种种活动，具体包括广告、人员推销、促销和公共宣传等内容。

市场营销组合中可以控制的产品、价格、分销和促销四个基本变数是相互依存、相互影响的。在开展市场营销活动时，不能孤立地考虑某一因素，因为任何一个因素的特殊优越性，并不能保证营销目标的实现，只有四个变数优化组合，才能创造最佳的市场营销效果。

20 世纪 90 年代，美国市场学家罗伯特·劳特朋首次提出了用 4C 取代传统 4P，为营销策略研究提供了新的思路，即针对产品策略，提出应更关注顾客的需求与欲望；针对价格策略，提出应重点考虑顾客为得到某项商品或服务所愿意付出的代价；并强调促销过程应是一个与顾客保持双向沟通的过程。4C 组合的内容包括顾客（Customer）、成本（Cost）、便利（Convenience）、沟通（Communication）。

21 世纪初，美国学者唐·舒尔茨提出了基于关系营销的 4R 组合，受到广泛的关注。4R 阐述了一个全新的市场营销四要素，即关联（Relevance）、反应（Response）、关系（Relationship）和回报（Return）。第一，与顾客建立关联；第二，提高市场反应速度；第三，关系营销越发重要；第四，回报是营销的源泉。4R 理论以竞争为导向，在新的层次上概括了营销的新框架，体现并落实了关系营销的思想。

2. 互联网营销理论

历经移动互联网的飞速发展，市场环境相应地也发生了巨大的变化，新型消费群体出现了社交化、本地化和移动化的特征，其购买特点也逐渐呈现全天候、多渠道、个性化的趋势。各类电商平台、新闻门户、SNS（社会性网络服务）社区、线下实体频道都是消费者获取商品信息的渠道来源。原有销售渠道受到严重冲击，企业销售渠道呈现多样化；随着时代巨变，商业重心也发生了剧变。在新互联经济时代，涵盖 Demand（需求）、Data（数据）、Deliver（传递）、Dynamic（动态）四大关键要素的 4D 营销模型（如图 10-4 所示），以消费者需求为基础，以互联网思维为灵魂，重新定义了企业营销模式。

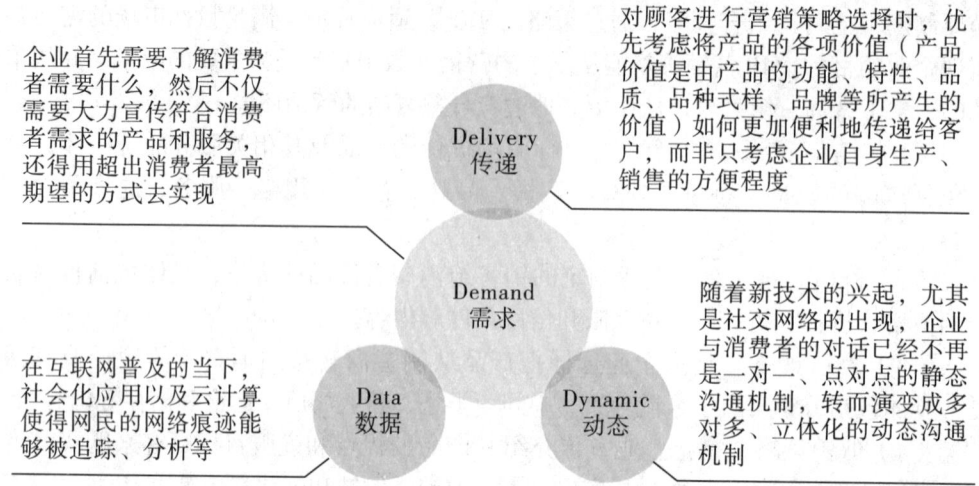

图 10-4　4D 营销模型

事实证明，原有的营销模型在互联网思维的冲击下已不能很好地指导当前企业的营销实践，4D 模型契合了新互联经济时代背景，以消费者需求为基础，以互联网思维为灵魂，重新回归商业的本质，让交易真正发生于生产者和消费者之间，促进双方的良性互动（如图 10-5 所示）。

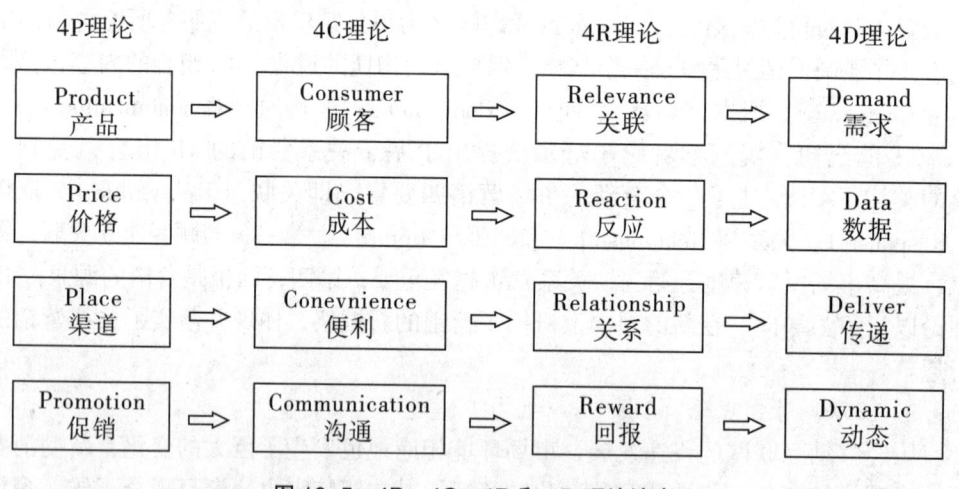

图 10-5　4P、4C、4R 和 4D 理论演变

二、市场营销组合策略的运用

目标市场一旦明确，就要考虑如何进入该市场，并满足其市场需求的问题，那就是有机地组合产品、价格、渠道、促销等因素，但不是几种组合因素的简单相

加,而是结合企业、产品的不同特点,根据企业、产品所处的不同阶段来进行营销策略的组合,以达到最佳的效果。

(一)不同类型企业渠道策略的运用

在弱肉强食的市场环境中,各种类型的企业都在努力探索一条适合自身发展的道路。市场营销 4P 组合理论中,分销渠道因其不易模仿的特性使得拥有它的企业具有相对独特的优势。更为重要的是,分销渠道的好坏直接关系到企业发展的根本——产品销售。所以,如果企业在产品、价格、促销这三个方面上都没有足够竞争优势的情况下,就要学会如何运用适合自身发展的分销渠道,实现销售业绩的增长,进而促进企业的成长。因此,合理的选择渠道和管理渠道已经成为现代企业成功与否的关键问题,而合理运用渠道系统进行营销无疑有利于企业的成长和发展。

1. 生产型企业

这类企业比较适合选择经销、销售代理、零渠道营销这三种分销渠道。因为生产型企业的优势在于生产,它们一般在产品的制造环节上已没有问题,可能存在的薄弱环节是在销售上,而前面所说的这三种分销渠道恰恰能够强有力地弥补这个不足。比如戴尔公司,当年正是靠零渠道营销起家的。进入市场之初,戴尔电脑就显示了其与众不同,它不是通过本公司的销售人员来进行推销的,也没有利用现有的分销渠道,而是通过在一些精选的电脑杂志上做广告,得到消费者直接反馈的信息,而后将电脑直接销售给最终用户。

2. 零售型企业

此类企业最适合选择的分销渠道就是连锁经营。因为零售业的利润率普遍比较低,零售企业要想生存,只有扩大规模,形成规模经济优势,而连锁经营的特点就是覆盖面广、销售量大。在这样的情况下,零售企业能采用的最好办法就是开连锁店,实行统一采购、配送和销售等管理活动来降低经营成本、获取利润,进而实现可持续发展。比如苏宁易购、国美电器,就是靠连锁经营成就它们的行业地位。

3. 服务型企业

这类企业选择特许经营作为其分销方式比较合适。这是因为服务型企业以服务为卖点,而服务一般是一种专业化的特殊产品,它有固定的生产和需求。比如餐饮业的麦当劳、肯德基等企业,就是采用特许经营来发展其在中国的市场。

(二)促销组合策略的运用

促销组合是指企业根据产品的特点和营销目标,综合各种影响因素,对人员推销、广告、公共关系和营业推广四种促销方式的选择和综合运用,形成整体促销的策略或技巧。

促销组合的运用,使得促销作为一个系统性的策略,四种促销方式则构成了促销组合的四个子系统策略,每一个子系统都包含了一些可变的因素,即具体的促销手段或工具，某一因素的改变意味着组合关系的变化，也就产生了一个新的促销策略。促销组合是一个重要的概念，它体现了现代市场营销理论的核心思想——整体营销。这一概念的提出，反映了促销实践对整体营销理论的需要。

促销策略从总的思想上可以分为推式策略和拉式策略两种，如图10-6所示。

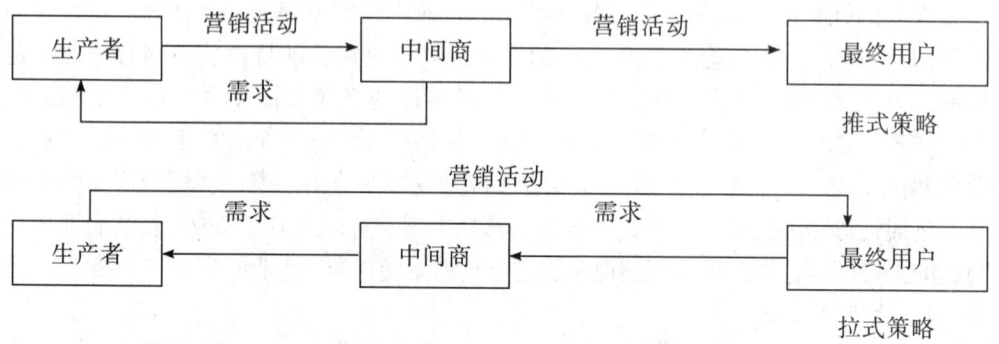

图10-6 促销策略的主要形式

推式策略是指企业运用人员推销的方式，将产品推向市场，即从生产企业推向中间商，再由中间商推给消费者，故称人员推销策略。推式策略一般适合于单位价值较高的产品，性能复杂、需要做示范的产品，根据用户需求特点设计的产品，流通环节较少、流通渠道较短的产品，市场比较集中的产品，等等。推式策略中企业主要面向的推销对象是批发商或零售商，主要采取人员推销和利益诱导的营业推广方式。

拉式策略是指企业运用非人员推销方式将消费者拉过来，使其对本企业的产品产生需求，以扩大销售，也称非人员推销策略。拉式策略一般适合于价值较低的消费品，流通环节较多、流通渠道较长的产品，市场范围较广、市场需求较大的产品。拉式策略中企业主要面向的推销对象是消费者，主要采取大量的广告方式。

三、新创企业市场营销组合策略设计

营销不是万能的，只有产品本身过硬，才会有营销的裂变价值。作为创业公司，在最初如果过度放大营销的价值，产品不过硬反而会把公司置于一个非常危险的境地。

（一）新创企业获得顾客的方式

一般情况而言，初创企业没有现形的营销体系，也没有过多的资源。在创业前期，获得顾客是极其重要的环节，也是关系到企业发展的关键因素。初创企业可分为两类，第一类是业务模式没有形成，获取客户之后，不能及时转化，成交率低；另一类是业务模式基本固定，获取客户之后可以有效转化，形成好的口碑。

对于第一类企业，最重要的就是先将业务模式打造成熟，尽量选取成本比较低的营销方式。目前大部分的企业以电话、微信、拜访（或者这3种方式任意组合）的形式比较多，客户多来自网络查找（渠道包括企查查、招聘网站、行业网站等）、网络抓取（需要采取技术手段）、资源置换等。线下除了单点联系客户之外，多参加与业务有关的各种峰会、交流会也是一个非常好的方式，另外可以选择和相关企业进行战略联盟、资源共享。早期很多线上资源也可以获取一定的客户，要充分利用贴吧、论坛、行业网站等资源线上发布消息，总之，前期要多关注学习行业相关的各种渠道，通过前期的积累将业务模式打造成熟。

对于第二类企业，业务模型成熟之后，主要考虑的就是增长问题了，在原有的业务基础之上增加新的渠道或者加大投入。线下的方式可以通过招商、会销、直销等形式来扩大业务量。线上可以通过投放渠道广告来实现增长，渠道包括百度、公众号、行业网站、APP、朋友圈等，广告投放要根据产品及运营规划来进行投放，选择合适的渠道。另外，也要对渠道做调研，在投放前对要投的渠道做详细了解。

所以，对于一个初创企业来说，在资金、资源并不是非常丰富的时候，在业务模式未成型之前，尽量采取成本相对低的营销方式来获得顾客；当业务成熟之后，逐渐摸索出最适合企业的渠道搭配，实现企业的快速发展。

（二）新创企业在不同产品生命周期阶段的营销组合策略

新创企业在进行市场营销组合策略设计时，要关注产品的生命周期阶段，根据不同的促销目标，应采用不同的促销组合策略。产品在投入期，促销的目的在于提高产品的知名度，使消费者或用户认识产品，产生购买欲望，从而促使中间商进货和消费者试用。广告起到了向消费者、中间商宣传介绍产品的功效。因此，这一阶段应以广告为主要的促销方式，以公共关系、人员推销和营业推广为辅助的促销方式。

产品在成长期，销售量迅速增长，同时出现了竞争者，这时企业的促销目标是增进消费者或用户对本企业产品的购买兴趣，进一步激发其购买行为，因此应注重宣传产品的特点，以改变消费者使用产品的习惯，逐渐对产品产生偏好。在这一阶段，广告仍然是促销的重要手段，但此时的重点已经不是介绍产品了，而是增进消费者的好感与偏好，树立产品的特色，因而需要不断地改变广告形式，以争取更多的消费者和用户，特别是购买量大和购买频率高的购买者，如集团购买者。

产品在成熟期，企业的竞争对手日益增多，企业的促销目标应是巩固老顾客，增加消费者对本企业产品的信任感。这一阶段为了与竞争对手竞争，保持已有的市场地位，企业在保持一定广告宣传的前提下，注重营销推广手段的采用，加强在终端的销售竞争力，同时采用公共关系宣传，以提高和保持企业和产品的市场美誉度。

产品在衰退期，由于有关信息已经被消费者熟知，产品的销售开始下降，企业的任务不再是扩大知名度，而是延迟产品退出市场的时间，尽量采用成本较小的促销手段将现有的产品销售完毕，准备转产。这一阶段，企业可以做一些提示性的广告，主要是有效地利用营业推广手段，刺激产品的销售，加速资金的周转。

在产品的整个生命周期里，可以根据不同的生命周期阶段采用不同的促销方式和促销组合，具体如表10-3所示。

表10-3 产品生命周期不同阶段的促销方式与组合

产品生命周期	促销方式	促销组合
投入期	建立产品知名度	介绍性广告、人员推销
成长期	提高市场知名度和占有率	形象建立型广告等
成熟期	提高产品的美誉度，维持和扩大市场占有率	形象建立和强调型广告、公共关系，辅以营业推广
衰退期	维持信任和偏好、大量销售	营业推广、提示性广告

典型案例 10-2

百事可乐在不同生命周期的广告策略

导入期——以生产观念为中心阶段向以推销观念为主导阶段的转型。

百事中国最早的广告是张国荣代言的——伴随着动感的音乐，张国荣出现了，他迈着青春的脚步在自动售货机上取了一罐百事；画面切换到他的演唱会场面，他在动感的音乐下边跳边唱，这时候台下的一个小朋友说了声"百事"，接着张国荣面带微笑地说："你的百事呢？"这是一个典型的导入期的广告。尤其是从最后一句"你的百事呢？"，我们可以很明显地看出，这是百事在创牌时的广告，借张国荣的名声以期打造更大的市场知名度。几乎是在一夜之间，让中国人知道了除可口可乐外还有另一种可乐的存在，那就是百事可乐。

快速成长期——以推销观念为主导阶段向以营销观念为导向的转型。

在20世纪90年代初期，中国最火的男歌手莫过于"四大天王"了，在女歌手中，王菲绝对是重量级的。当时，百事请刘德华、郭富城和王菲作为其形象代言人，绝对是一个明智的选择。刘德华代言的百事广告还带有明显的推销观念，到了郭富城和王菲代言的百事广告，就很好地体现了百事的营销观念了。尤其是郭富城唱的百事广告歌，成为当时传唱的经典，这同时也体现了百事的音乐营销策略。处于快速发展期的百事，广告的目的主要就是在巩固已有的品牌知名度的同时，以期争取更多的潜在消费者；再者就是通过一系列的广告，塑造百事的品牌个性——"新一代的选择""渴望无限"。

成熟期——以营销观念为导向阶段向整合营销传播阶段的转型。

组织雪碧原唱音乐先锋榜、百事校园新星大赛等一系列的活动，是百事在整合营销观念的指导下采取的大广告营销策略,以期达到共同塑造百事——这个年轻人的可乐的形象。这个阶段百事的广告是越来越多,而且越来越有特色。百事广告请了大量的明星——周杰伦、F4、古天乐、蔡依林、姚明、陈冠希、陈慧琳、Rain、郑秀文、何韵诗等。拥有豪华的明星阵容,再加上百事公司自身良好的市场运作,造就了百事可乐在中国的成功。

(资料来源:编者根据百度网络资料整理,2019年)

第三节 移动互联网下的营销创新

教师箴言

在移动互联网快速发展的大背景下,产生了实时化的营销传播机会,任何时间、任何地点、任何对象、任何信息、任何方式都将成为信息传播的新观念,从而改变企业的营销模式。

核心概念

移动互联网消除了时空维度对信息传播的限制,实现了传播的随时性、随地性。移动互联网的蓬勃发展为企业描绘了一个崭新的未来世界,给企业带来了新的营销机会。

学习重点

在了解移动互联网营销的基础上,懂得对企业营销策略进行及时、有效的创新。

一、移动互联网对传统商业模式的冲击

(一)移动互联网营销的含义

移动互联网营销是基于手机、平板电脑等移动通信终端,利用互联网技术基础和无线通信技术来满足企业和客户之间的交换产品概念、产品、服务的过程,通过在线活动创造、宣传、传递客户价值,并且对客户关系进行移动系统管理,以达到一定企业营销目的的新型营销活动。移动互联网营销可借助彩信、短信、微信、公众号、WAP、APP、二维码等方式,市场上的移动互联网营销主要包括WAP、APP、彩信、即时IM工具等方式。这些新营销方式具有灵活性强、精准性高、推广性、互动性强等特点。

（二）移动互联网对传统商业模式的影响

移动互联网时代的到来让企业的经营方式、营销方式、管理方式都发生了巨大变化，让粉丝经济成为企业增长的动力引擎，粉丝经济的背后是文化，文化的背后是参与感，参与感的背后是客户的个性化价值主张。无论是行业格局，还是商业模式、产品策略、渠道运营、员工管理等传统企业，都面临着巨大的挑战。

1. 商业营销观念的变化

互联网的发展加速了市场从规模性营销过渡到细化营销的过程，规模不再是企业的唯一优势，一些规模比较小的公司也能与大公司共享受众以及网络等各种资源，而且具有个性化的、快速的营销优势。移动互联网的快速发展，使得传统商业的沟通营销模式由以往的单向沟通发展到双向互动。企业要充分利用互联网实施双向沟通，在掌握消费者需求之后生产的产品或者提供的服务，才能更好地满足广大消费者的需求。

2. 主力消费群体的变化

与企业内部员工一样，社会主力消费群体也在发生巨变，一方面，"80后""90后"甚至"00后"，这些互联网网民已经习惯了基于互联网的消费模式；另一方面，即便是"70后""60后"，也有越来越多的人开启互联网消费模式。

3. 营销的关注点发生变化

传统企业的营销是满足客户需求，而网络营销本质即是直接创造客户让渡价值。传统企业转型的核心是企业主的思维观念，互联网思维是新生代企业家必备的思维方式，它在冥冥之中左右着众多互联网企业的未来。在传统商业时代，我们拼关系、拼资源、拼资本，而在互联网时代，我们要学着拼速度、拼效率和拼创新。在移动互联网时代，手机将成为主导未来财富的新战场。二维码的普及、微商城的出现、移动支付的开通将彻底颠覆传统的商业模式，引发新一轮的经济变革。在传统商业时代，改变命运需要3年、5年、10年，而在移动互联网时代，只需要18个月，这是一个新时代的开始。

4. 竞争模式的变化

传统企业的业务扩张是以空间拓展和空间竞争为主，传统企业通过不断地进行市场拓展和丰富产品线来获得竞争优势，而在互联网时代，客户更加关注交付周期，造成企业之间的竞争由空间竞争向时间竞争转变。比如说客户在线上下单，他们不太会关注产品是从北京来的还是广东来的，而关注的是24小时到货还是12小时到货。

5. 流通渠道的变化

以前，生产和销售是一种分离式的流通渠道，这种渠道是流通职能专门化发展的必然产物，这也是社会经济进步的表现。然而移动互联网的发展，使得商品的设计者、制造者、批发商、服务商、零售商以及消费者之间的距离大大缩短了，使得买卖双方能够在网上直接进行交易。同时，互联网为广大消费者提供的便利以及选择权更多了，消费者通过点击鼠标就能买到想要的商品，购物时间与精力大为减少。另外，消费者能够利用网络掌握大量的商品信息，对不同的商品进行对比，选择的余地更大，从而获得更多的购买机会。

当前，世界经济相互依存，全球化趋势明显，与传统商业相比，移动互联网带来了许多新的特点，它的出现既是对传统商业的一个挑战，也给传统商业带来了飞跃发展。移动互联网的发展代表了未来的商务发展方向，也代表了网络时代新型的营销模式，最终不仅使企业营销成本降低，增强企业的核心竞争力，使之立于不败之地，更重要的是还使广大消费者受益。

二、移动互联网带来的营销机会

移动互联网消除了时空维度对信息传播的限制，实现了传播的随时性、随地性。手机和平板电脑等移动终端，使人们利用了在各个空间移动中的碎片化时间，可以实现信息的实时性传播。移动互联网的蓬勃发展和宏伟的发展蓝图为企业描绘了一个崭新的未来世界，给企业带来了新的营销机会。

1. 投资数字化

消费者使用移动设备与移动互联网的需求持续增长，因此，企业也需要重新评估技术、流程与投资。移动网络不仅帮助营销部门与高管层建立良好的沟通，还能够拉近公司与客户的距离，建立更好的客户关系。

2. 建立应用程序与移动网络

营销部门变得更加数字化，无论是设备、接口还是触摸点，通过更易于浏览的小屏幕向消费者介绍公司产品信息，根据消费者需求提供及时、灵活、优质的服务。

3. 重塑客户移动体验服务

为了给客户提供移动体验，营销团队将重塑服务内容，包括投资网络移动营销、转换应用程序、移动网络、移动设备通讯等。此外，越来越多的企业将采用移动技术分析，以此为用户提供个性化多元化的移动服务。

4. 基于客户所在位置的营销

包括零售、旅游、酒店在内的企业，必须把重点放在消费者身上，根据消费者的位置来提供更好的服务。为此，营销部门需花费资金投资定位基础设施，当然，考虑到隐私等方面的因素，公司可根据消费者的需求随时进行数据更新或服务。

5. 运用网络分析投资回报率

随着数字业务类型从台式电脑到智能手机转变，移动优化对于用户体验来说是越来越重要，企业将通过移动数据来分析经营业绩与投资回报率，分析收入增长点与节约成本方式。与此同时，考虑到大多数人使用手机检索或购物，营销人员需把注意力集中在移动网络上，比如数字频道或无缝移动体验等。

6. 个性化的服务体验

移动消费给客户提供个性化服务，消费者的数字化服务，运用网络给客户提供数字化与更加多样化的服务。比如应用程序、电子邮件、短信、设备等，在网络与客户之间建立移动网络关系，给数以百万的客户提供更加多元化的移动接触点与落实到位的服务。

7. 移动支付的便利

随着移动支付技术的普及，实体店将能够向客户的移动端推送更多的优惠打折券、会员卡服务等，通过客户流量来增加营销渠道，提高客户的忠诚度。

8. 数据采集技术带来全新挑战

全球市场对移动网络的数据采集提出了更高的要求，比如消费者信息保密协议、数字隐私等相关法律，这也给营销部门提出了更高的技术与法律要求。

三、创新企业营销模式

传统的营销关注销售和渠道，以售卖产品为核心。现在的营销在互联网的冲击下已经从以产品为核心转变成了以用户为核心，确切来说就是营销要前置。在设计产品之前，需要洞察客户的需求，并且根据客户的需求来提供相应的产品。此时的营销已经不再是一种手段，而是一种战略，根植于产品和服务本身。例如联想和小米，联想有很广的营销渠道和强大的分销网络，所以在早期就拥有了较大的市场占有率；而小米是靠互联网单一渠道而发展壮大的，除了产品过硬外，就是靠其营销和品牌。因此，企业要在移动互联网时代创新企业营销模式。

（一）不断更新企业品牌营销理念

1. 营销要更加注重人性化

品牌营销所追求的应是品牌的溢价，让消费者在面对种类繁多的同种商品时能够选择自己的产品。在互联网时代下，品牌营销的关键不再是产品当下的销量，而是品牌的用户黏度。用户黏度指的是用户对于品牌或产品的忠诚、信任与良性体验等结合起来形成的依赖程度和再消费期望程度。因此，互联网品牌营销应该要注重消费者的消费需求和消费心理，将消费者服务做得越来越好，从而使消费者对企业的品牌保持持久的关注度。

2. 营销要更加注重趣味性

互联网用户数量与日俱增，也越来越倾向于网络购物，所以企业一定要抓住用户的眼球，用自己的品牌吸引住用户。因此，企业在互联网上进行品牌营销时，应该注意营销内容的语句措辞，太过呆板、严肃的内容很难吸引消费者的关注，因此营销内容要做到生动有趣，消费者才会产生兴趣，品牌才有可能传达到他们的眼里甚至心里。

3. 营销要更加注重时效性

互联网的作用是将世界各地的信息汇集在一起，人们每时每刻都会看到众多的网络信息。企业要借助热点新闻的力量，然后通过蹭热点来提高品牌曝光度。这就是借势营销，也是互联网品牌策划中企业必须要掌握的一种营销方式。

全新的互联网时代为人们带来了更多生活、工作上的方便，同时也创建并推动了一个重要的社交媒体环境和运作模式，在这种环境影响下，人人都可以是"麦克风"，人人都是品牌代言人，所以企业要做好品牌营销，做到让消费者主动帮忙宣传自己的品牌。

（二）互联网背景下企业营销策略创新的途径

1. 实施品牌营销策略

进入品牌竞争的时代，随着消费者对产品认识的加深，选择产品也更为挑剔与苛刻，必然加剧企业之间的竞争。提高产品质量和满足消费者的需求，成为企业的必由之路。因此，企业品牌营销战略，需要企业根据自身实际情况制定品牌战略，确定不同阶段的目标，采取可行性的实施步骤，并将质量创新作为缔造名牌产品的根基。此外，企业借助科技创新，采用全新的技术、工艺、材料改进产品，开发新产品，以此在激烈的市场竞争中脱颖而出。

2. 实施服务营销策略

随着消费者生活水平的提高，消费从原有的物质性需求上升到精神追求或者文化追求。因此，企业市场营销应当在优质产品之上追求优质的服务。企业要将消费者的需求作为企业开发产品的源头，产品的价格、销售及售后服务等系统，应当以消费者为中心，最大限度地满足消费者的需求。企业要站在消费者的角度开发和设计产品，不断完善产品服务体系，生产让消费者放心、省心、安心的产品，重视消费者的意见，强化企业内部管理，提高市场服务质量。此外，企业还要树立超值服务理念，全面实施服务营销战略，运用爱心、诚心及耐心，向消费者提供超乎预期的全方位服务。

3. 塑造企业形象营销策略

企业形象的塑造，首先，应当以产品形象为内涵，以企业形象为基础，细分目标市场，准确定位，针对不同的地区、市场与目标人群采取相应的营销策略。其次，通过独特的服务战略决策增加企业或者产品的价值，改善营销手段，增加企业产品和服务的文化内涵。再次，通过广告方式，展示企业形象的系统性、本质性、物质性及优势等，打造良好的市场地位。最后，采用公共关系等手段，诠释企业文化，塑造企业形象，通过有效的沟通与传播方式，构建企业与外在的良好关系，赢得社会各界的好评与信赖。

4. 实施网络营销策略

在互联网背景下，企业应从消费者的需求出发实施网络营销策略。首先，研究消费者的需求，根据消费者的个性化需求制定产品策略，为消费者量身定制满足他们需求的产品。其次，研究为满足消费需求的消费者愿意付出的成本，以消费者支付的成本为出发点，确定相应的生产成本和商业成本，由此降低产品开发和制定价格在市场中的风险。最后，加强与消费者的互动交流，通过赢得消费者的信任，为企业培养忠诚客户。

随着我国市场经济的竞争日益激烈，对于传统企业市场营销模式要进行适时的革新和升级，从而更好地满足消费者的需求以及更好地符合市场经济的发展走向，这就要求企业借助移动互联网的发展，不断地进行市场营销理念的更新以及市场营销管理模式的创新，最大限度地挖掘企业的销售潜能，最终促进企业经济的健康发展。

本章小结

商场如战场，为了取得市场竞争的胜利，创业者在创业初期要做好充分的准备，要通过大量的调查研究掌握宏观环境、行业环境和微观环境的具体情况，从而发现机会，了解面临的威胁。环境是企业生存和发展的土壤，创业环境分析有利于指导创业，避免盲目，减少创业风险，提高创业成功率。

选择适合自己的市场对初创企业的整体营销活动具有重要的作用，精确选择企业的目标市场至关重要，能否进行准确的市场定位决定着企业营销的成败。

市场环境千变万化，企业经营方式日新月异，4P策略始终是市场营销策略的基础，也是企业首要考虑的策略。面对复杂多变的市场环境和不断发展的移动互联网，企业要以顾客需求为出发点，通过各种手段的相互协调，不断创新营销组合策略，扩大产品的销售，提高企业的市场份额。

课外训练

设计促销活动计划

主题 不同类别店铺促销计划。

事例一　杂货店促销

假如你开了一间杂货店，假期过后，现在正是销售淡季。上个季度你积压了大量库存。你清楚这是由于订货太多造成的，但是，你并不服输。你计划在未来5周内对库存商品搞一次特别促销，那么你如何设计促销方案来提高销售量呢？

事例二　药店促销

假如你的小药店经营得相当好，但是，你却发现客户数量并没有增加。你怀疑大部分潜在客户都跑到街道对面的那家药店去了，事实正是如此。你已经认识到，只有增加客户才能带来更多利润。那么，你如何设计促销方案？

目标 培养创业者利用传统渠道和互联网渠道进行产品营销的能力。

活动步骤 活动步骤如表10-4所示。

表10-4 活动步骤

步骤	内容
步骤一	将班里学生分成若干小组
步骤二	教师给出若干个类别店铺案例
步骤三	学生分组讨论，分别利用传统渠道和互联网渠道对教师给出的案例进行营销设计
步骤四	学生分组进行结果展示

第十一章 人力资源管理

学习目标

知识目标

1. 了解招聘规划与管理流程，认识招聘渠道和招聘方法的类型。
2. 熟悉绩效管理，绩效考核与薪酬福利体系的概念和内容。
3. 认识培训管理的内涵。

能力目标

1. 掌握招聘管理与招聘实施的方法。
2. 熟练绩效管理考核和设计方法，以及薪酬体系与福利计划的设计方法。
3. 掌握培训管理与实施的方法。

知识导读

对于一家初创企业，创始人考虑得比较多的是核心团队的构建、市场的策略和运营的细节。当企业需要扩大规模，进入发展快车道时，人力资源管理就决定了创业的成败。

管理大师杰克·韦尔奇说："我的工作就是将最好的人才放在最大的机会中，同时将金钱分配在最适当的位子上，就是这样而已。传达理念，分配资源，然后就让他们自由发挥，不再挡在他们面前。"人力资源管理分为六大模块，即人力资源规划、招聘管理、绩效管理、薪酬福利、培训管理和员工关系管理。我们从人力资源管理六大模块中，选择了初创企业比较关注的招聘管理、绩效管理、薪酬福利以及培训管理进行重点阐述。这几个要素决定了初创企业的选人、用人和育人的方向与方法，保障企业充分调动员工的积极性和创造性，使他们对未来充满信心和希望，与企业共同发展。

第十一章 人力资源管理

致胜未来，组织先行——VUCA时代的京东人力资源策略革新

随着VUCA（Volatility易变性，Uncertainty不确定性，Complexity复杂性，Ambiguity模糊性）时代的来临，对企业运营和组织管理方式提出颠覆性的挑战。京东首席人力资源官及法律总顾问隆雨女士对未来12年京东人力资源管理的愿景做了全新的展望，提出京东人力资源管理的"OTC价值主张"〔OTC是Organization（组织）、Talent（人才）、Culture（文化）的缩写〕：基业常青，文化先行；战略落地，人才先行；致胜未来，组织先行。

京东的绩效评价体系的改革创新引起人们的注意，即建立"网状评价关系"。通常来讲，组织内的评价关系只有上级、下级、平级这样的线状关系，并不是真正的360度的关系，即"线性评价关系"，为常用的绩效评价方式。通过参与虚拟组织、加入任务团队，员工在组织内的关系网络会在相对稳定的线状关系基础上不断扩充，逐步变成网状关系。网状评价关系是以个体为中心，更加重视个人价值的贡献和相应的回报。每个员工身边会有两张网，一张网是组织内部的关系网，另一张网是员工每天和大量外部的客户、合作伙伴、供应商进行沟通、交互的外部关系。这两张网构成了一个员工的网状评价关系。网络越密集，说明个体被需要的场景越多。而因为很多关系的建立是临时性、阶段性的，每个网络实际都在动态发生变化。员工能否适应在不同的虚拟团队之间流动，接受不止一个老板的评价，都需要通过文化来塑造和强化。而如何提升个体能力在组织平台上的可见价值，如何提升管理者在新型模式下的管理能力，也对人才能力建设提出了更高的要求。

（资料来源：哈佛商业评论．VUCA时代，想要成功，这些原则你一定得明白〔J/OL〕．（2018-05-28）〔2019-03-04〕．https：//yuedu.baidu.com/ebook/0490542eb94ae45c3b3567ec102de2bd9605de98？ pn=1&click_type=10010002．）

提出问题

1．人力资源管理六要素是什么？
2．创业哪个阶段需要开展人力资源管理？为什么？
3．绩效考核的线性评价和网状评价，哪种更适合初创企业？为什么？

第一节　招聘管理

教师箴言

认识招聘管理，把好企业选人的第一关。

核心概念

招聘是指初创企业为发展需要，根据人力资源管理规划，通过各种途径发布岗位需求信息，选择合适人才的过程。

学习重点

了解招聘和招聘管理的流程，掌握常用的招聘渠道和方法。

一、招聘管理与招聘

招聘管理，是指企业根据组织人力资源规划和工作分析，得到人才数量与具体要求，通过发布招聘信息，经过考核和选择，获得企业需要的人才并安排到任职的岗位上工作的过程。这既是企业人力资源管理工作中的一个重要部分，又是企业人力资源部门的重要职能。招聘管理不仅包括具体的招聘工作，还包括前期准备工作、后续实施和管理工作，如招聘需求分析、岗位分析、招聘渠道和方法的选择，以及后期的招聘效果评估和工作改进等。因此，招聘管理并不是招聘，如果把二者等同，企业的招聘管理工作就形同虚设，无法达到期望效果。

招聘规划是为了避免企业人力资源供需不平衡，造成企业运行不顺畅，带来不必要的损失，根据员工需求状况，按照轻重缓急，列出招聘岗位清单，做好员工招聘计划，明确各岗位需求人数，使用人规划明朗清晰。

为了系统全面地展开招聘计划，可先在企业内部做需求分析，统筹岗位闲置和员工闲置的情况，为企业做全面的人力资源规划，根据用人需求，招聘适合空缺岗位的优秀人才。首先应该确定招聘需求的合理性，一般包括三类需求：因公司发展新增的岗位、因离职产生的岗位补充和部门负责人提出的招聘岗位。然后制订招聘需求计划，向人事部门和相关部门负责人提出申请。接着明确招聘信息的内容。最后规划招聘计划，按计划有序地进行招聘活动。

要想做好招聘管理，首先要搞清楚招聘管理的各个流程。招聘管理流程是指导招聘管理有序进行的规范步骤，只有遵循正确的步骤，招聘管理工作才能有效进行。完整的招聘流程如图 11-1 所示，招聘管理流程如图 11-2 所示。

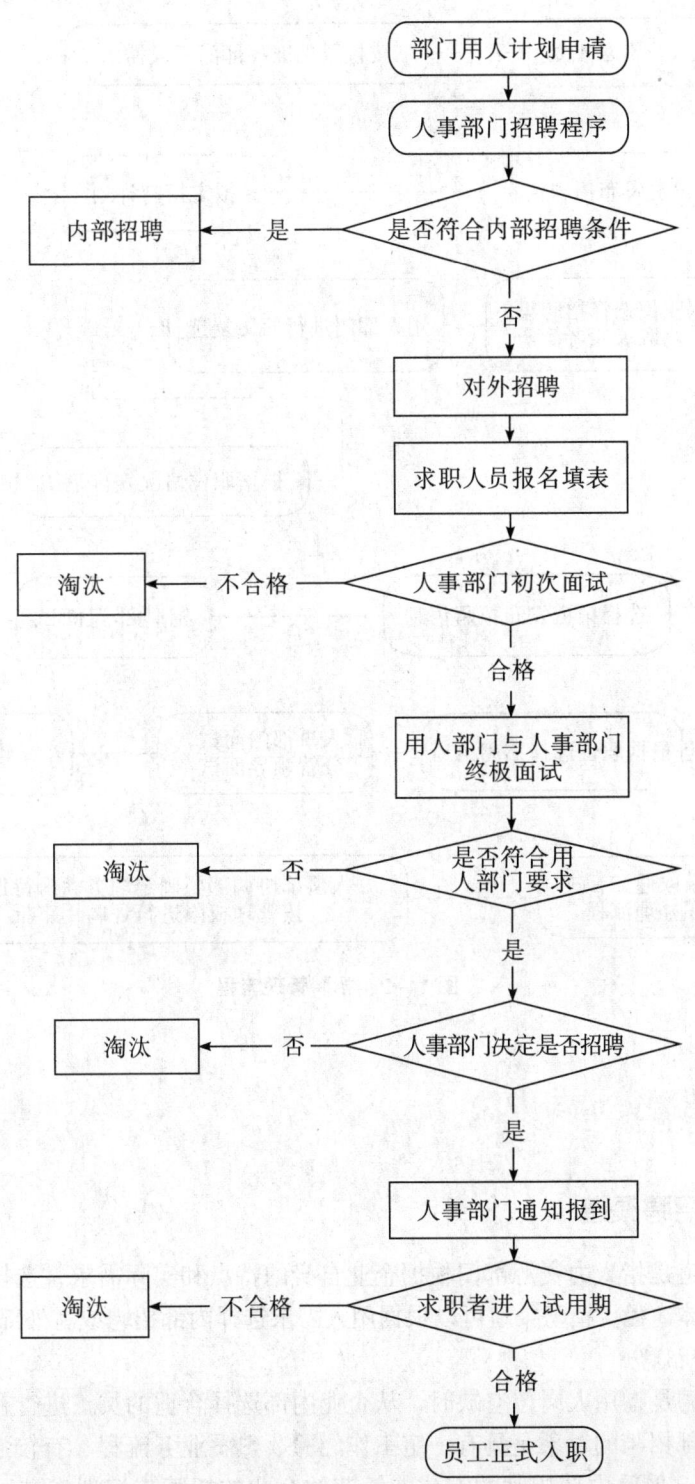

图 11-1 招聘流程

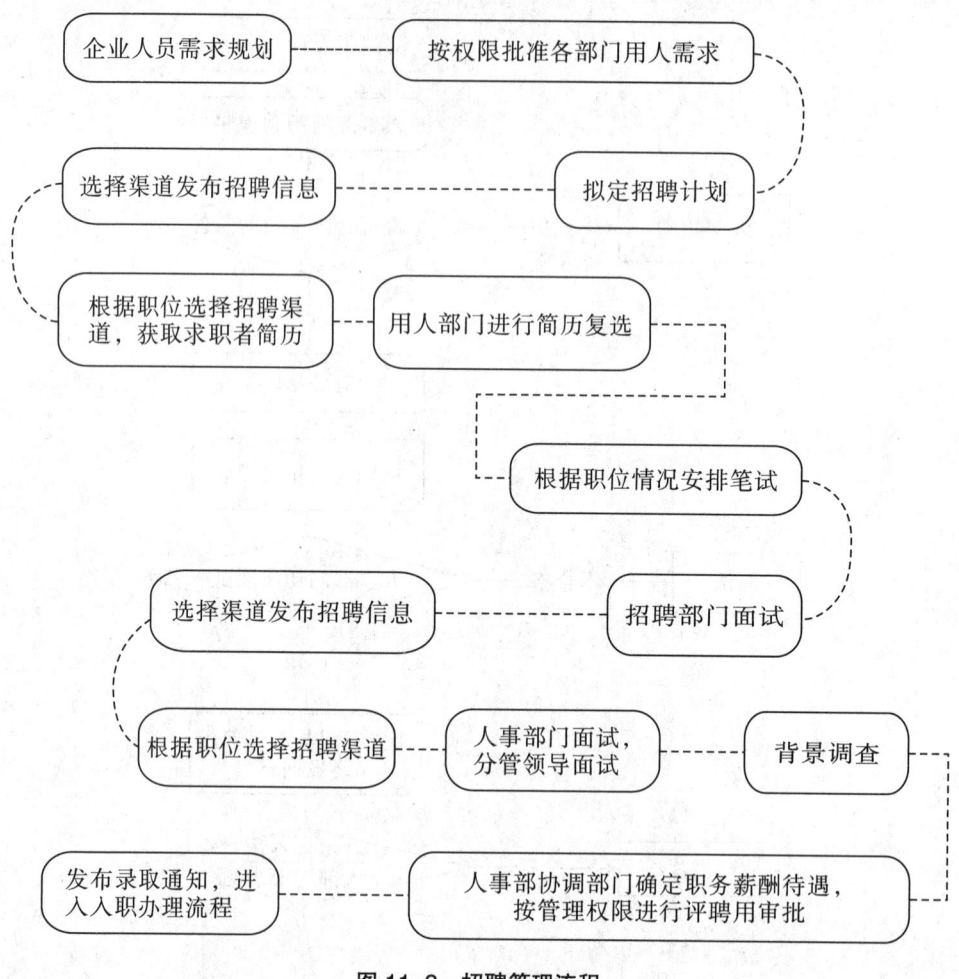

图 11-2 招聘管理流程

二、招聘渠道与方法

（一）招聘渠道

招聘渠道是指人力资源部门根据企业自身的特点和实际需求，选择能够招到合适员工的具体途径。招聘渠道可以根据用人需求选择内部招聘或者外部招聘。

1. 内部招聘

内部招聘是指用人岗位空缺时，从企业内部选择合适的员工进行补充的人才招聘方式。内部招聘的对象是具有一定工作经验、熟悉业务流程、有较强竞争力的企业内部员工。采取内部招聘的方式能够节约企业的招聘与培训成本，降低招聘风险。同时，内部招聘能够促进企业内部人力资源的合理流动，提高人力资源的利用率，使企业人力资源始终保持活力。内部招聘主要有调岗轮岗、提拔晋升、返聘、部门推荐等方式。

2. 外部招聘

外部招聘是指企业通过外部途径进行人才招聘，根据企业的标准和程序，从社会行业的众多候选人中选拔出符合空缺职位工作要求的员工。外部招聘是平衡企业人力资源短缺最常用、最有效的方法，能够为企业及时补充员工，通常在内部招聘后进行。常见的外部招聘主要有媒体广告招聘、现场招聘、校园招聘、在线招聘、猎头公司招聘、劳务市场招聘、社交网络招聘七种方式。

（二）招聘方法

招聘方法是企业根据自身需求，选择使用的招聘形式和途径，主要有笔试和面试两种。

1. 笔试

笔试是一种用理论知识考核应聘者学识水平的重要方法。这种方法可以有效地评估应聘员工的基本知识、专业知识、管理知识、综合分析能力和文字表达能力等素质及能力。笔试的优势在于：①知识类型多样化，可全面考核应聘者理论综合素质；②易于分类考核，可分别考核智力、判断力、专业能力等方面，全面了解应聘员工的情况；③针对性强，理论知识考核与招聘岗位需求相符。

2. 面试

面试是以面谈的形式企业招聘员工的一种重要方法，是一种经过组织者精心设计，在特定场景下，以考官对应聘者的面对面交谈与观察为主要手段，由表及里测评应聘者的知识、能力、经验等素质的考试活动。面试给企业和应聘者提供了双向交流的机会，能使企业和应聘者之间相互了解，从而使双方都可更准确地做出聘用与否、受聘与否的决定。

应聘者能力评估应主要参考以下要素：工作态度、专业知识及技能、语言表达能力、创新意识及性格特点。面试员工根据对应聘者以上几个要素的评估，考量与应聘岗位的匹配度，进行员工筛选。企业在不同的阶段对应聘者职位稳定性要求不一样，结合企业不同发展阶段、不同职位对职业稳定性的要求，可以综合评估应聘者的稳定程度是否满足拟招聘职位稳定性方面的要求。

三、聘用管理

从整个招聘管理过程来看，招聘环节的任务是将应聘者集中起来，构建一个人才资源库，接下来的任务是在人才库中挑选适合的应聘者，而聘用环节则是在适合的应聘者中，挑选最佳的人选并确定聘用的过程。因此，员工的聘用是指企业在经过信息发布和考核等工作后，选拔出最合适的人才，做出了聘用决定，通知应聘者在规定的时间内到企业相关部门报到，办理入职手续，安排分配工作并开始入职培训，即进入试用期前的过程。聘用环节作为企业招聘工作最后的一个步骤，在整个招聘管理乃至人力资源管理中都具有非常重要的地位。

员工聘用流程，包括做出聘用决策、发出聘用通知、办理聘用的手续，以及与应聘者签订劳动合同等工作。正式聘用后，就开始新员工入职培训、试用期考核和转正等工作。聘用决策需要了解聘用的决策者、聘用决策的内容和程序。

（一）聘用决策

1. 决策者

聘用的决策者主要有用人部门管理者、人力资源部门和企业高层管理者三种。用人部门管理者作为提出岗位需求的人，对于岗位所需的知识、技能和经验非常了解，作为岗位员工的直接负责人，在日后的工作中，是其工作表现和业绩情况的第一负责人。因此，用人部门管理者在进行聘用决策时具有较大的决策权。

人力资源部门是招聘工作的组织与实施部门，一般来说，该部门在应聘者选择环节享有一定的话语权。该部门参与了人员招聘选拔的全过程，对应聘者的了解与认识比较全面。另外，人力资源部门具有专业的测试技术和员工筛选态度，对应聘者的评价更加客观。从分工来说，人力资源部门主要负责从应聘者的工作态度、精神情况、价值取向等方面做出综合评价，而用人部门管理者则需要从专业知识、职业技能和工作经验等方面对应聘者做出专业评价，两者相辅相成，能够提高聘用决策的科学性与准确性。

企业的一些关键岗位，主要是中高层管理岗位员工的聘用，涉及制定企业的发展目标、需要做重大决策、在企业业务流程中承担关键性的任务或者涉及企业机密信息等，一般人力资源部门不做最终决策，而是经过初步的选择后，最终由企业高层领导者或分管部门的领导做出聘用决策。部分的企业会由现有员工参与应聘者的面试，由现有员工对应聘者的情况做出评价。对应聘者主要是强调与团队气质的匹配性，包括考虑团队需要的团结协调能力和相互合作精神等。

2. 聘用决策的流程

人力资源部门在做聘用决策时，需要考虑以下问题：首先，做是否聘用的决定，即招聘员工时，在综合分析应聘者能力与素质的基础上，对是否聘用应聘者做出决定。聘用决定分三种情况：聘用、拒绝聘用及推荐其他岗位聘用。其次，是聘用岗位的选择，即企业对应聘者最终岗位的配置选择和确认。一般聘用岗位与应聘者的应聘岗位是相同的，但有应聘者在笔试或面试过程中，表现出的能力和综合素质，更适合其他的岗位要求，那么在这种情况下，人力资源部门会推荐其他岗位给应聘者。应聘者可以根据岗位情况和个人需求，决定是否任职该岗位。岗位选择后，是聘用待遇的内容，即企业能够为应聘者提供的薪酬和福利待遇，企业根据自身情况，设计该岗位的薪酬和福利待遇，包括工资、五险一金、食宿、旅游、医疗等各种补助。如果应聘者特别优秀，可为其单独定制聘用的待遇。最后，是对聘用员工的报到时间、地点及所要办理的一系列入职手续提出具体规定并通知应聘者。

3. 聘用决策的内容

聘用决策的内容主要包括制定决策的标准、汇总分析应聘者信息、健康体检、背景调查和做出决策。

企业常用的员工聘用决策标准，有单向选择标准和双向选择标准两种。大部分企业主要是以岗位的要求为标准，聘用最优秀、最符合岗位任职要求的员工。有部分岗位，例如技术总监、高级工程师和技术员这类技术岗位，则是以人的能力为标准，从拟聘用员工的实际情况出发，根据其笔试和面试的综合得分为其安排职位。以上两种决策标准都是单向选择标准，都存在一定的局限性。其结果要么是出现一个岗位有很多合适的人选，导致很多优秀人才因为岗位不足而被淘汰，要么是出现一个优秀的人选，但有很多合适的岗位，例如以上提到的技术类岗位，导致其他空缺岗位招不到适合的人才。因此，很多企业在确定聘用决策标准时，会将以上两种标准结合起来使用，结合应聘者的要求做出双向选择标准，综合个人优势与岗位的要求，做出相对平衡的选择。

汇总并分析应聘者的相关信息，招聘员工对拟聘用员工的各项信息进行汇总，分析拟聘用员工的能力、素质及测试表现，重点考查拟聘用员工与企业、岗位的匹配度，考查拟聘用员工对企业文化是否认同，然后做出聘用评价。

经过人力资源部门的筛选后，特殊岗位要进行背景调查，如有无犯罪记录或者在原单位有无重大失职行为等，甚至行业的口碑也会成为考虑因素。体检也是筛选人才的一个关键环节。不管哪类岗位，一般企业都会为拟聘用员工安排体检，调查拟聘用员工有无重大传染疾病，或因身体健康问题，无法承受拟聘用岗位的工作强度等情况。拟聘用员工的体检报告要注意保密性，除了招聘相关人员外，不应将拟聘用员工的体检报告给无关人员传阅。

做出聘用决定，聘用决定需要用人部门和人力资源部门的共同参与，主要决定权应掌握在用人部门管理者的手中，人力资源部门提供笔试和面试成绩等参考内容，有的特殊岗位还需要高层领导做出决定。聘用决定需要形成书面文件，文件内容应包括聘用员工年龄、学历和工作经验基本信息、聘用的岗位、基本薪酬、笔试和面试成绩以及聘用决定的决策者和聘用意见等。聘用决定书面文件由用人部门与人力资源部门分别归档，方便后期管理。制好聘用通知后，人力资源部门将其发送给应聘者。

（二）聘用通知

聘用通知书，是企业向拟聘用员工发出的聘用邀请，是一份资方拟与劳动力建立劳动关系的文件，具有一定的法律效力。一份完整的聘用通知书应该包括以下构成要素：工作时间、工作部门、聘用岗位、岗位的职责、任职日期、试用期期限、劳动合同期限、薪酬待遇等内容。聘用通知书具有一定的法律效力，对招聘双方都有一定的约束力，签订之后，如果企业因某种原因单方面撤销约定，就必须承担赔偿责任。聘用通知书的编写一定要注意规避法律风险，很多企业为了方便管理会在聘用通知书中加入一些企业的特殊规定，如加班没有加班费、试用期内不缴纳五险一金、试用期离职需提前半个月提交离职申请等，这些都是不合法的。

在互联网的无纸化时代，企业要给拟聘人员发送聘用通知，电子邮件发送是主要方式，也有的企业会一并发送书面通知。目前，很多中小型企业没有独立的人力资源部门，也没有完善的员工聘用流程与制度，常常会采取口头传达或QQ、微信等方式向应聘者发送聘用通知。这种做法虽然快速便捷，但是风险很高，一旦传达出错就可能产生劳动纠纷，企业就会因为缺乏有效的证明文件而遭受损失，应聘者也无法维护自身的权益。为了确保聘用通知的规范性与合法性，建议招聘员工尽量不要使用单一的口头或微信通知方式，可以先进行电话或短信通知，再发送邮件或书面通知，并请拟聘用员工确认。

（三）辞谢回复

当人才筛选结束，拟聘用人员会收到聘用通知，但是不少企业忽视了给未被聘用的应聘者的辞谢回复。甚至有的企业为避免麻烦，而不给应聘者任何回复。辞谢回复是人力资源部门给那些未被聘用的应聘者的通知，目的是向其告知未获得聘用通知的结果。除此以外，还应该表达企业对其积极参与招聘工作的感谢之情，鼓励应聘者继续努力。及时的辞谢回复和鼓励，彰显了企业以人为本、尊重人才的态度，能够在广大应聘者心目中树立良好的企业形象。这也是对企业的一次间接宣传，为以后的招聘工作奠定良好的基础。辞谢回复一般可以用邮件的方式进行发送，一些特殊的高层管理岗位也可由人力资源部门通过电话回复。

（四）拒聘处理

有的时候会出现拟聘用员工接到聘用通知却不回复或未按要求报到的情况，而企业已经向其他应聘者发送了辞谢通知，这就造成岗位招聘失败的后果，导致用人部门不能及时获得需要的人才。当遇到拒聘情况时，人力资源部门应该积极与拒聘员工进行沟通，询问其拒绝聘用的原因，同时对于那些非常优秀的人才，人力资源部门应尽力争取，积极向其展示企业的优势与发展潜力，争取他们的加入，也为之后改进招聘工作提供依据。企业要加强对人力资源部门员工的培训工作，通过专业系统的培训让人力资源部门员工提高看人、识人、选人的准确性。企业的招聘活动是企业风采的展现，人力资源部门员工只有保持热情、礼貌、文明的精神风貌，才能够向应聘者准确传达企业的文化精神，促使应聘者选择企业。因此，想要获得优秀的人才加盟，企业就要对招聘工作予以充分的重视。

（五）签订劳动合同

劳动合同是员工与用人单位之间确立劳动关系、明确双方权利和义务的协议，劳动合同签订双方可依法订立、变更、中止、解除、终止及续签。劳动合同的主体分别是员工与用人单位，签订劳动合同的主体双方还必须符合法定要求。

第二节 绩效管理与薪酬福利

教师箴言

有效的绩效考核与合理的薪酬体系，是创业团队攻坚克难的保障。

核心概念

绩效管理是通过设计合理的评价体系与方法，对员工工作业绩进行考核，并帮助员工不断改进并实现企业目标的过程。薪酬管理是企业根据自身发展目标设计、选择、控制和调整员工的薪酬制度、规定、内容及功能的过程。

学习重点

了解绩效和薪酬管理的内涵，掌握常用的绩效考核与薪酬设计方法。

一、绩效管理内容

所谓绩效管理，是一个识别、衡量和改进绩效的过程，是以企业发展目标为导向，将企业要达成的战略目标层层分解，通过对员工的工作表现和业绩情况进行考核和分析，改进员工在企业工作中的问题，充分激励员工的工作积极性，更好地实现企业目标的程序和方法。

绩效管理流程如图11-3所示。

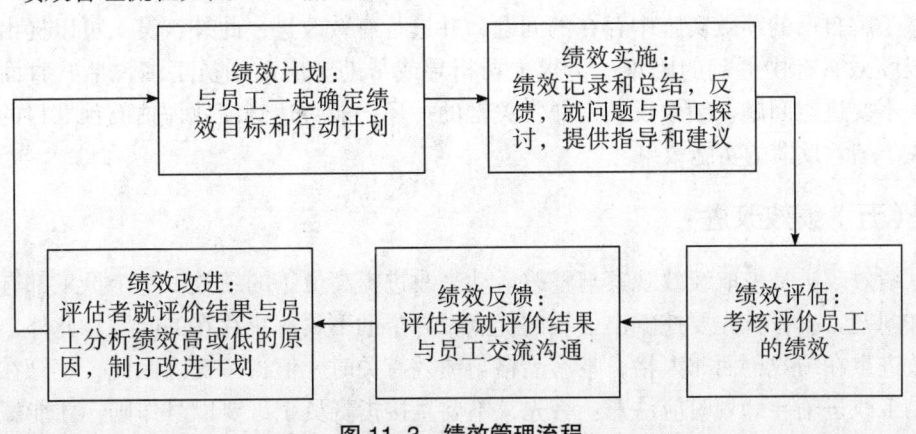

图11-3 绩效管理流程

（一）绩效计划

绩效计划是绩效管理流程中的第一个环节，制订绩效计划的主要依据是工作目标和职责。绩效计划应随工作的开展而更新或改善。此外，绩效计划是对企业战略目标尤其是年度经营计划的分解和细化。在绩效计划阶段，管理者和员工之间需要在对公司员工的工作职责、工作业绩如何衡量、找出影响绩效的问题和提高绩效的方法等问题上达成共识，令个人目标与部门目标、企业目标结合起来。在此基础上，员工对工作目标做出承诺。

（二）绩效实施

制订绩效计划之后，员工作为被评估者，开始按照计划开展绩效实施工作。在工作的过程中，管理者要对被评估者的工作进行指导和监督，发现问题及时予以解决，并对绩效计划进行调整。在整个绩效考核期间内，管理者都需要不断地对员工进行指导与反馈。

（三）绩效评估

在绩效考核期间结束的时候，依据预先制订的计划，主管员工对下属的绩效目标完成情况进行评估。绩效评估的依据就是在绩效考核期间双方达成一致意见的关键绩效指标。在绩效实施与管理过程中，收集的能够说明被评估者绩效表现的数据和材料，可以作为判断被评估者是否达到关键绩效指标要求的依据。

（四）绩效反馈

绩效反馈就是将绩效评估的结果反馈给被评估对象，并对被评估对象的行为产生影响的环节。绩效反馈阶段，需要参评者对考核目标达成一致，然后根据工作结果找出差距，从而明确下一个阶段的改进目标。完成绩效评估后，主管一般会与被评估员工进行面谈交流沟通。通过绩效反馈面谈，员工会清晰了解上司对自己的期望，了解自己的绩效实施中存在的问题，并进行有效改进；此外，员工可以提出在完成绩效目标中遇到的困难，请求上司指导或帮助。应鼓励员工多说话，直面困难，不要逃避问题。绩效反馈是非常关键的一环，能否达到绩效评估的预期目的，取决于绩效反馈的实施效果。

（五）绩效改进

绩效改进是采取绩效观察与整改活动来改进提高员工的绩效。每个员工都有优点和问题。主管首先要挖掘出下属的优点，再帮助下属解决存在的问题。此外，绩效改进重在绩效，而非人格，唯有品格与绩效有关时才值得一提。因此，主管在制订员工改进辅导计划时应注意：首先，不要直接指责员工，要以身作则，才能赢得下属的尊重。如果是能力不足，要帮助员工制订学习规划，与下属员工一起做好全面的学习规划与设计，并做好学习效果的评估，提升能力；如果是观念和思想问题，不要逃避矛盾，要做好职业和心理辅导，帮助下属员工进行职业生涯规划，解放思想，把员工自身发展的需求变为不断提高绩效的动力。其次，主管应该乐于助人和富有支持性，与下属员工一起合力确定改进项目和制订改进计划。

绩效管理与考核结果可以运用在企业人力资源管理的多个方面，如岗位职务晋升、劳动合同管理、工资奖金管理、员工培训开发等。创业企业初期，在生存压力下，企业的重心是产品研发、生产制造和市场营销，一定不能盲目追求绩效管理的规范化，而应以现阶段的目标为导向，关注财务结果。绩效体系重在激发员工的创业激情，倡导结果对于企业的发展意义，弥补系统上的不足。

二、绩效考核方法与体系

（一）绩效考核方法

1. 关键绩效指标

企业关键绩效指标（KPI）是一种常见的绩效考核方法，是通过对组织内部流程的输入和输出端的关键参数进行设置、收集、计算、分析和判断的一种目标式量化管理指标，是企业总体战略目标决策经过层层分解产生的可操作性战术目标，也是对总体战略决策执行效果的监测。

关键绩效指标作为绩效评估依据，不可能穷尽所有影响员工绩效的元素。因此，KPI 的理论基础是"二八"原理，即 20% 的员工创造了企业 80% 的价值。该原理同样适用于员工工作过程中，80% 的工作任务是由 20% 的关键行为完成的，抓住这 20% 的关键行为，就能抓住绩效评价的重点。也就是说，关键绩效指标是一个标准体系，是定量化的，如果难以定量化，则是行为化的。如果定量化和行为化这两个特征都无法满足，就不是符合要求的关键绩效指标。

KPI 适用于管理系统尚未健全或初次实施绩效管理的初创企业，目标明确，对于销售类的岗位，易于实现标准化。缺点是对职能类岗位，难以量化绩效标准，过于强调短期利益，忽视了员工的成长性。

2. 目标管理法

目标管理法（MBO）是一种综合性的绩效管理方法，是通过将组织的整体目标逐级分解直至个人目标，最后根据被考核人完成工作目标情况来进行考核的一种绩效考核方法。目标管理方法通过确定目标、制定方法、分解目标、落实措施、安排进度、组织实施、结果考核等形式达到管理目的，是一种领导者与下属之间的双向互动过程。组织最高层在确定了组织目标后，必须对其进行有效合理的分解，使其转变为各部门以及每位员工的子目标，管理者根据子目标完成情况对员工进行考核、评价和奖惩。考核开始前,考核者和被考核者应该对需要完成的工作内容、时间要求、考核标准等方面达成一致。在工作时间结束时,根据完成情况及考核标准来进行考核。MBO 适用于企业的中高级管理人员,评估周期为年度,与高级管理人员的年薪挂钩,一般会以目标协议的方式确定。

3. 网状考核法

网状考核法,也称为 360 度考核法,即本章引入案例中京东拟采用的一种绩效评价方法。这种绩效反馈过程与传统的绩效反馈和评价方法不同,它不是把上级的评价作为员工绩效评价的唯一来源,而是将在企业内部和外部与员工有关的所有主体(其中也包括员工本人)作为对员工绩效的不同方面提供反馈的信息来源。就是指帮助一个组织的成员(主要是管理员工)从与自己发生工作关系的所有主体获得关于本人绩效信息反馈的过程。这些信息的来源包括来自上级监督者自上而下的反馈,来自下属自下而上的反馈,来自平级同事的反馈,来自内部的本人反馈,来自企业外部的客户和供应商的反馈。如果与自己关联的所有人的评价都很高,则表明职业能力和业绩水平很高,反之亦然。但是这种评价方法的问题也很明显。首先,反馈通常是以匿名的形式提供的,而且评价者众多,难以确保不带有个人偏见,造成较大的主观偏差。其次,容易造成员工为获得较好的评价,回避矛盾,不作为。最后,人力资源部门实施这种考核方法,工作量太大,时间成本和管理成本都很高。

4. 平衡计分卡

平衡计分卡(BSC)是从财务、客户、内部运营、学习与成长四个维度,将组织的战略落实为可操作的衡量指标和目标值的一种新型绩效管理体系。设计平衡计分卡的目的就是要建立"实现战略指导"的绩效管理系统,可以有效保障企业战略得到执行。BSC 可以避免 KPI 等绩效评估方法因过度关注财务指标而忽视长期目标和团队的发展,但是 BSC 的关注点过多,需要企业有明确的战略目标、良好的管理环境和运行基础,不适用于初创发展阶段的中小型企业。因此,人们通常称平衡计分卡是加强企业战略执行力的最有效的战略管理工具。

(二)绩效考核体系

绩效考核体系是由一组既独立又相互关联并能较完整地表达评价要求的考核指标组成的评价系统。绩效考核体系的建立,有利于评价员工的工作情况,是进行员工考核工作的基础,也是保证考核结果准确、合理的重要因素。考核指标是能够反映业绩目标完成情况、工作态度、能力等级的数据,是绩效考核体系的基本单位。

绩效考核体系由绩效考核周期、绩效考核内容、绩效考核者和被考核者四个元素组成。绩效考核周期指的是多长时间进行一次考核,绩效考核内容指的是考核哪些内容,绩效考核者指的是由谁进行考核,被考核者指的是对谁进行考核。构建绩效考核体系就是明确由谁负责考核、对谁考核、在哪些方面进行考核、多长时间进行一次考核等方面的制度规定。

1. 绩效考核周期

考核周期有固定时间间隔和非固定时间间隔。固定时间间隔一般有月度考核、季度考核、年度考核，甚至有周考核、日考核；非固定时间间隔一般是指一个项目完成后进行的考核，如果这个项目时间跨度比较大，那么可以把这个任务或项目划分为几个阶段，在中间进行阶段考核。

2. 绩效考核内容

关于绩效考核内容，签订目标责任的负责人年度绩效考核一般以目标责任为主，同时考虑满意度、综合测评等因素。没有签订目标责任的负责人年度绩效考核一般以阶段考核结果计算，同时考虑满意度、综合测评等因素。对于普通员工的阶段绩效考核一般以关键业绩为主，可以同时考虑能力素质因素。普通员工年度绩效考核可以根据阶段绩效考核结果确定。具体考核内容可分为业绩考核、计划考核、能力态度考核、部门满意度考核这四种。

3. 绩效考核者

绩效考核者是指由谁负责进行绩效考核，一般是用人部门和人力资源部门。

4. 被考核者

被考核者是绩效考核的主体，明确划分被考核者是建立绩效管理体系的第一步，一般将绩效被考核者分为团队考核和个人考核两大类。团队考核可以是对公司整体、分（子）公司、项目部、事业部、生产部门、职能部门、业务部门等的考核。如果公司实行矩阵式管理，则项目团队一般作为整体来考核。个人考核可以是对总经理、副总经理、部门经理、部门主管、部门员工等的考核。

（三）岗位职责与绩效考核设计

企业管理过程中，明确岗位职责是确保工作有序开展的重要前提，同时也是企业管理规范化的重要内容。不规范的和模糊的职责范围，将严重制约工作效率的提高和员工潜能的充分发挥。职责管理正是通过对企业内部职责的划分、明确定义职责、指定职责的负责人，通过职责负责人进行任务分派，通过电话和信息等方式及时通知，使得企业内部职责范畴的事务得到统一规划和监督管理，有效地解决了企业职责不明确、做事推脱和效率低下的问题。在实际应用中，职责管理体现了职责分配明确的工作模式，全方位做好岗位的职责管理工作，最大限度地激发员工的工作积极性与主动性，切实提高工作效率。企业常见的岗位职责与绩效考核设计如下。

1. 中层管理人员

中层管理人员一般在企业主要承担经营和管理的职责，绩效管理直接影响企业的运营。中层管理者既是领导者，又是执行者，客观上具备了全方位反馈的最佳角度和环境，比较适合使用网状评价法。因此，中层管理人员的绩效管理，原则上应该抓住关键岗位和关键指标。绩效考核周期一般为月度，由其上级领导根据绩效计划对其绩效完成情况进行评价。

2. 技术人员

考虑到各种技术的差异，抓住技术人员最关键的成功因素作为评估要素是最有效的方法。其主要职责是保证本岗位编制、保管的各种技术文件、资料的质量，并对由技术指导差错引起的质量事故负责；制定关键工序、重要特性及特种工艺的质量控制程序，制定重要特性工序的质量控制点，对关键工序进行技术指导；负责检查工艺的执行情况等。该类员工绩效评估周期短，常使用KPI绩效管理体系。

3. 职能人员

职能人员的绩效考核，最困难的环节莫过于绩效指标和内容的提炼，一般不应将财务目标赋予该类员工。其职责为根据工作任务的需要确立工作岗位名称及其数量，根据岗位工种确定岗位职务范围，根据工种性质确定岗位使用的设备、工具、工作质量和效率，明确岗位环境和确定岗位任职资格，确定各个岗位之间的相互关系，根据岗位的性质明确实现岗位的目标与责任等。

4. 销售人员

销售人员的职责比较明确，绩效考核不宜过于复杂，评估的指标和维度也不宜太多，可以按如下设计：考核原则是"业绩考核"（定量）+"行为考核"（定性）。定量做到严格以公司收入业绩为标准，定性做到公平、客观。考核结果与员工收入挂钩。销售员工业绩考核标准为公司当月的营业收入指标和目标、销售费用、新客户量和老客户保有量等。销售员工行为考核标准是执行遵守公司各项工作制度、考勤制度、保密制度和公司规定的其他行为表现，如履行本部门工作的行为表现、完成工作任务的行为表现、遵守国家法律法规及社会公德的行为表现等。

5. 生产人员

生产人员属于基层员工，绩效考核相对简单，主要以计件制和计时制为主。计件制主要以生产员工的具体生产数量为计算基准，而计时制则主要以工作时间的安排作为考核依据。计件制充分体现了多劳多得的公平原则，员工的绩效驱动充分而自然，一般无需将计件制员工纳入绩效管理系统中。

三、薪酬体系与福利计划

（一）薪酬体系

对于员工来说，最关注的莫过于薪酬待遇。因此，薪酬管理是企业对其薪酬战略、薪酬政策、薪酬制度及薪酬功效的确定、控制和调整过程。薪酬管理是企业人力资源管理的一项重要职能活动，也是一项影响企业经营目标实现程度的战略管理活动。

薪酬结构即薪酬的组成部分。薪酬结构是对同一组织内部的不同职位或者是技能所得到的薪酬进行的各种安排，是依据公司的经营战略、经济能力、人力资源配置战略和市场薪酬水平等为公司内价值不同的岗位制定不同的薪酬水平和薪酬要素，并且提供确认员工个人贡献的办法。

1. 基本工资

基本工资是薪酬结构的重要组成部分。基本工资以岗位价值为基础，是公司按月支付给员工的固定收入部分。基本工资可以作为职务晋升和年度调薪的参考基础，描述在合同文本内。根据员工所在职位、能力、价值核定的薪资，一般不直接与公司的经营业绩挂钩。

2. 补贴

补贴为企业以现金形式发放的各类补助，包括按规定标准发放的餐饮、交通、住房、通信和地区物价补贴等。

3. 绩效工资

绩效工资是以对员工绩效的有效考核为基础，实现将工资与考核结果相挂钩的工资制度，它的理论是体现"以绩取酬"的原则。绩效工资适用于具有成熟绩效管理基础的企业，岗位的层级不同，比例应该有所区分。企业利用绩效工资对员工进行调控，以激励员工的工作，通过调节绩效工资，鼓励员工追求符合企业要求的发展目标，激发每个员工的积极性，努力为企业的发展做出贡献。

4. 年终奖

年终奖是指每年度末企业给予员工不封顶的奖励，是对员工一年来的工作业绩的肯定，适用于创业企业的初创期和成长期。年终奖的发放额度和形式一般由企业根据情况调整。良好的年终奖设计要匹配适用的考评指标、评价方法、发放规则等相应的各项制度，可以有效地激励员工，增强企业凝聚力。

5. 福利

福利是员工的间接报酬，一般包括社会保险、健康体检、带薪假期、过节礼物或退休金等形式，适用于发展进入成熟阶段的企业。这些奖励作为企业成员福利的一部分，发放给职工个人或者部门。

（二）薪酬模式

1. 高弹性薪酬模式

这是一种激励性很强的薪酬模式，绩效薪酬是薪酬结构的主要组成部分，基本薪酬处于次要的地位，所占的比例非常低，即薪酬中固定部分比例比较低，而浮动部分比例比较高。在这种模式中，员工的收入几乎完全取决于工作绩效，这种模式适合对工作十分热情的员工，例如销售和业务人员。

2. 稳定模式

这是一种稳定性很强的薪酬模式，基本薪酬是薪酬结构的主要组成部分，绩效薪酬等处于非常次要的地位，所占的比例非常低。薪资结构固定的比例非常高，浮动部分比较少。这种薪酬模式适合对工资稳定性有要求的员工，例如行政或职能人员。

3. 综合模式

这是一种既有激励性又有稳定性的薪酬模式，绩效薪酬和基本薪酬各占一定的比例。当两者比例不断调整变化时，这种薪酬模式可以演变为以激励为主的模式，也可演变为以稳定为主的薪酬模式。

综合模式的薪酬结构适用广泛，基本上适用于所有员工。薪酬一般包括固定工资、浮动工资中的绩效工资和奖金提成。其中，固定工资还包括基本工资和补贴，绩效工资包括日常绩效和年终绩效。在这种薪酬结构模式下，企业的薪酬相对比较全面，绩效与奖金都有所体现。

（三）岗位薪酬设计

1. 销售员工

销售员工直接促使公司产品在市场上的销售，把握公司的经济命脉，是公司最为重要的人力资源。如何有效地激励销售员工的工作积极性是摆在众多企业面前的共同问题，激励的关键在于薪酬制度，因此，如何建立有效的薪酬激励制度会成为企业员工激励的核心。

2. 高层管理员工

在现代企业中，高层管理员工是企业运营和发展的核心人才，他们从事管理工作并拥有一定的职位。他们的工作内容主要是对整个企业或部门的管理负有全面的责任，主要职责是制定企业或部门的总体目标和发展战略，掌握企业的大政方针，并且要对企业的整体绩效做出评价。高层管理员工的工作重点在于决策，因此，他们要掌握的知识更加趋向于理论技能，例如经营预测、经营决策、管理会计、市场营销和公共关系等。同时，在企业对外的合作和交往中，企业的高层管理员工以企业代表的身份出现。企业高层管理员工所承担的计划、组织、领导和控制等职责，是制定高层管理员工薪酬体系的主要依据。高层管理员工工作的特殊性决定了其薪酬管理的差异性。因高层管理员工对企业的发展起着重要的作用，故企业更应该突出薪酬管理的重要性。

3. 生产员工

生产员工通常是指企业的生产员工，生产型工作对生产员工的体力要求比较高，身体健康是必备的基本条件。工作强度大，要求员工能够严格遵守岗位工作的操作规范，执行好岗位的相关操作要求。生产员工的薪资模式，一般采用计件制或计时制的模式。

（四）福利计划

员工福利计划一般是指企业为员工提供的非工资收入福利的综合计划。它所包含的项目包括保险保障、退休计划、带薪假期、教育津贴等各种各样的津贴和福利。而从现代人力资源管理的角度来看，员工福利计划是指企业为员工提供的非工资收入福利的一揽子计划。所包含的项目内容可由各企业根据其自身实际情况加以选择和实施。完善的员工福利计划是企业保留人才的重要手段。

第三节 培训管理

教师箴言
创业依靠的是人的力量，培育企业需要的人才，才有源源不断的力量。

核心概念
培训管理是根据企业或岗位需求，制定并实施培训的内容和方式，并获得培训反馈与改进效果的过程。

学习重点
了解培训管理流程与方法，掌握常见培训内容、方式和效果转化。

培训是企业人力资源管理中的一个重要环节，企业想要在现代社会的竞争中立于不败之地，就必须重视对员工的培训。员工培训是企业增强竞争力的有效途径，也是激励员工工作积极性的重要措施。

一、培训管理流程与方法

（一）培训管理流程

培训是培养公司人才、提高员工职业发展能力及为企业打造人才梯队建设的重要手段，为员工提供职业生涯发展的学习平台。因此，企业的培训管理应基于公司战略与员工的职业发展需要。同时，员工在职业规划下不断提升自己，完善自我，改善个人业绩，推动企业的发展。很多企业为储备管理干部或提升骨干员工的职业能力，开展长期的人才梯队培养计划，如营销特训计划、技术骨干训练营、中高层管理干部提升计划、高级工程师培养计划、储备人才训练营等。培训管理的工作流程有以下几个方面。

1. 确定培训需求

企业要根据各部门的岗位要求、员工的优势与不足、员工的职业规划路径和绩效反馈的问题等，帮助员工找到目前和未来最需要学习的知识和课程，因材施教才能达到理想的培训效果。确定培训需求一般有三种方式：①基于个人素质确定培训需求，素质是驱动员工产生优秀工作绩效的各种个性特征的集合，也是决定并区别绩效高低差异的个人特征。②基于绩效完成情况确定培训需求，通过绩效实施和反馈，员工的绩效完成情况是衡量员工能力与水平高低的基本参考。因此，从员工的绩效表现着手进行分析，是确定员工培训需求的一个重要途径。③基于员工职业生涯发展规划确定培训需求，确定培训需求还可以从企业和部门的发展目标和方向出发，将企业发展所需要的员工素质与员工的职业生涯发展规划有机地结合起来，从而找到具有针对性的培训需求和实施方案。

2. 制订培训计划

为了使培训达到效果，人力资源专员根据自己所负责的部门需要，分析该部门员工的实际情况，确定培训的内容和安排，制订出有效且可操作的培训计划。培训计划必须能解决以下几个问题：培训谁、为什么培训、培训什么、怎么开展培训、谁来负责培训、谁来组织培训、什么时间开展培训等。部门的培训计划应与企业的整体培训计划对接，获得企业培训资源的支持，避免出现重复的培训计划。

3. 监督培训实施

在具体培训计划的实施过程中，部门管理者要处理好工作与培训的关系，积极支持下属参加公司统一组织的培训活动，为下属的培训创造各种便利条件。人力资源专员要指定负责人管理企业各部门的培训计划，监督确保培训计划得以顺利落实，如全程跟踪培训过程，提供后勤服务和追踪培训效果等。

4. 效果考核评估

培训效果的评估，是培训管理的最后一个环节，也是确保培训取得实效的关键一环。培训评估一般可分为实施反馈评估和工作绩效评估。实施反馈评估主要是对培训的组织开展、培训方式和培训内容等进行评估，评估员工是否通过培训学到了必须掌握的知识和技能等，这一般由人力资源管理部门在培训结束后通过调查问卷、会议座谈等方式进行。而工作绩效评估，则需要人力资源专员在培训结束后，针对培训内容和绩效反馈进行评估。在培训结束3个月或半年后，人力资源专员要结合员工的绩效考核，对照以前的绩效情况和问题，研究和分析员工工作的改善情况和绩效提高情况，评估员工是否达到了预期培训目标和效果。在评估过程中，人力资源专员要建立培训效果反馈档案与跟踪评估记录，并纳入个人绩效考核内容，将员工的能力与业绩提升情况作为其职务晋升、薪酬福利、调岗换岗或再培训等方面的重要依据。

（二）常见的培训方法

1. 市场学习

走向市场，是了解企业的最佳途径。从市场了解企业，市场就是最好的培训老师。一般针对刚毕业、没有足够工作经验的大学生。培训通过设计市场活动，引导大学生从市场角度观察企业的发展情况，思考企业存在的问题。这种培训一般需要达到以下目标：让即将加盟的新员工走进市场，通过观察、调研和走访客户等方式提前认识企业，了解企业在消费者心目中的形象，结合企业的产品、项目、经营方式等重大问题设计市场调查问卷，全面学习企业的产品情况、营销手段、服务方法，深入了解消费者的口碑和存在的问题。市场永远处于变动之中，从市场获得的经验，即使是成功的经验，也只能代表过去，无法保证永远有效。市场学习不仅可以培养新员工对市场发展方向的认识、整理和收集材料、分析判断等方面的能力，而且可以获取市场最新的需求和资讯，为下一步的工作奠定基础。每一家企业都有自己的发展历史，有许多服务客户和令客户称道的项目和事迹，新员工只需要调研和收集这些最新的市场案例，经过整理挖掘就能成为公司品牌宣传和企业文化建设的灵丹妙药，令企业不断改进，更好地反哺市场，服务客户。充分给予新员工展示个人能力的平台，让新员工把整理好的案例发表在企业的信息系统上，令新员工在培训过程中得到宣传展示，加深新员工对企业的认同感和归属感，激励新员工的工作热情。

2. 入职培训

入职培训的意义在于从培训中认识企业和岗位要求。通过学习培训的方式，提高员工的工作能力和知识水平，最大限度地使员工的能力和素质满足岗位工作基本要求，促进员工现在及将来的工作绩效的提高；帮助新员工调整心态，做好上岗的准备，了解职业通道，储备必要的知识和技能，实现快速上岗。

入职培训一般是首次对新员工提出企业的要求，可以采用多种方式相结合的培训形式，如军事训练、户外拓展、企业文化及职业技能课程培训等。首要目的就是让新员工了解企业的发展历程、企业文化和相关的规章制度等。入职培训的核心内容，是让新员工了解企业的组织机构及部门职责；熟悉企业当前的业务和具体的工作流程；通过工作岗位介绍，掌握在职岗位的业务知识和技能技巧。培训时间可以根据岗位特点安排，可以采取集中面授的形式，也可以采取老员工指导新员工的方式。在了解企业文化、管理、运营的基础上，新员工需要深刻理解岗位工作流程，熟悉对接业务的实施方法，通过观察或操作去发现工作中的细节问题，提出自己的意见。因此，综合培训是新员工培训中必不可少的环节，这是新员工定岗前为岗位集中做准备的阶段。由此可以看出，培训是解决问题的有效措施。

3. 上岗实习

上岗实习的意义在于让新员工了解企业的价值创造环节，直观感受企业产品价值，这对建立新员工的企业价值观具有十分重要的意义。因此，需要设计新员工的上岗实习环节，在岗位上感受企业文化氛围。上岗实习理论培训主要内容包括通用知识、企业知识与产品知识。其中，通用知识包括企业概况、企业精神、企业核心价值观等；企业知识主要包括企业的组织架构、职能职责以及员工管理制度等；产品知识包括产品工艺、生产流程、质量监督、现场管理等。在职生产阶段又划分为三个步骤，即观摩实习、顶岗实习、轮岗实习。每个环节都有明确的实习目标和实习内容，并且在每个阶段都有明确的过关条件。企业可以制定激励办法，鼓励员工在岗位上进行改进和提高。上岗实习的主要形式如下：①沟通辅导法，这是企业培训的重要手段，也有利于培养后备干部和核心员工的责任感和管理水平，实现企业与员工的共赢。②自主学习法，这是取得事业成功的必由之路。无论是理论学习还是课堂教学，只有在实践中应用才会有切身的体会，才能转化为自觉的习惯。新员工在遇到问题时，可以马上请教别人，将问题整理归纳，或者查找资料，通过自己的努力解决问题，积累自身经验。上岗实习通过这两种方法帮助新员工熟悉工作内容，掌握工作技能。这两种方法应结合新员工的个性和心理特点，按照岗位训练的不同阶段展开，重点是端正新员工的心态，培养其职业价值观和思维模式，传授其工作技能和方法，从而形成良好的职业习惯和素养。

4. 认证考评

认证考评是用企业内部认证或国家、知名企业的职业技能认证推动职场新员工的培养，一般针对不同岗位进行培训，尤其是技术类岗位。根据岗位的技能需求，结合国家行政部门的职业技能鉴定考试或企业认证，提供给员工认证培训和考试。认证考评除了提供讲师的授课培训，也要引导员工自主学习，帮助他们成为合格的职业人，在工作中崭露头角、散发光芒。认证考评的原则是坚持先培训、再认证、后考核的原则，坚持"培训考试—职业认证—部门评价"三要素的原则。行政职能岗位的认证考评包括熟悉公司政策制度；基本技能的掌握（Office、OA、ERP等软件，打印机、复印机等设备应用）；本部门的业务流程、规章制度及对接其他部门的业务等；还涉及该岗位的职能职责、工作计划、业务审批等。专业技术岗位的认定，包括所需要的技术技能，可以用参加国家职业技能鉴定或企业认证培训和考试的方式完成等。评价方式包括述职答辩评价、考试总结评价和调研报告评价等。

二、培训内容与流程

员工培训的内容必须与企业的战略目标、员工的岗位需求相适应，同时考虑适应内外部市场环境的变化，提高企业的竞争力。不管是初创企业还是成熟企业，培训内容都是为了提高工作绩效，改善工作问题，降低员工流失率，缩短新员工适应岗位的时间，体现明确的岗位职责及个人结合企业的职业规划，使员工接纳企业文化，从而为公司创造更大的效益。培训是令企业和员工双赢的人力资源功能，是企业对员工的一种能力投资行为，某位著名的管理大师说："员工是企业唯一的资产。"培训的目的是使员工这一资产不断增值，从而令企业不断发展。

（一）培训内容

（1）介绍企业的发展情况、经营历史、宗旨、规模和发展前景，了解公司领导组织、企业文化及核心价值观，激励员工积极工作，为企业的发展做出贡献。

（2）介绍公司的规章制度和岗位职责，使员工们在工作中自觉地遵守公司的规章，一切工作按公司制定的规则、标准、程序、制度进行。介绍企业内部的组织结构、权力系统，各部门之间的服务协调网络及流程，有关部门的处理反馈机制。使新员工明确在企业中进行信息沟通的方法、提交建议的渠道、了解和熟悉各个部门的职能，以便在今后工作中能准确地与各个对接部门进行联系，并随时能够就工作中发现的问题提出建议或申诉。

（3）业务培训，使新员工熟悉所在岗位的工作内容及流程，掌握所在岗位的专业知识及相关技能，从而迅速地胜任工作。新员工应通过培训了解企业的经营范围、主要产品、市场定位、目标顾客、竞争环境等，以增强自己的市场竞争意识。

（4）安全培训，让员工了解如何做好安全保护工作，如何发现和处理工作中发生的安全问题，提高工作过程的自我保护和安全意识。

（5）行为举止规范培训，如关于员工的日常行为、职业道德、环境秩序、作息制度、开支规定、接洽和服务用语、仪容仪表、精神面貌、谈吐、着装等的要求。

（6）介绍福利、薪酬标准及绩效考核标准。

（7）员工心理状态、精神情绪调整和抗压能力等岗前职业化训练。

（二）培训流程

1. 培训准备阶段

培训需求分析，是指通过对企业及其员工的目标、技能、知识等方面进行系统的鉴别与分析，寻找员工现有状况与应有状况的差距，以确定是否需要培训及培训内容的一系列活动过程。如何做好员工培训需求分析，对准确把握公司内部员工培训脉搏，有效提高员工队伍的整体素质，实现企业的改革和发展有着重大而深远的意义。培训需求分析一般包括组织分析、任务分析与个人分析三项内容。

培训目标确定，是员工培训必不可少的环节。培训目标是指培训活动的目的和预期成果。目标可以针对每一培训阶段而设置，也可以面向整个培训计划来设定。有了明确的培训总体目标和各层次的具体目标，对于培训指导者来说，就确定了要实施的教学计划，积极为实现目的而教学。对于受训者来说，明确学习目的之所在，才能少走弯路，朝着既定的目标不懈努力，才能达到事半功倍的效果。

培训预算，开展培训活动，一定要有必要的经费保证，因此，为了使培训活动顺利开展，增加培训效益，事先进行准确的经费预算是十分必要的。

2. 培训实施阶段

培训方案设计，是培训目标的具体操作化，即告诉人们应该做什么，如何做才能完成任务、达到目的。培训目标的确定，会给培训计划提供明确的方向。确定了总体培训目标，再把培训目标进行细化，就成了各层次的具体目标。目标越具体，越具有可操作性，越有利于总体目标的实现。培训内容的选择，一般包括三个方面，即知识培训、技能培训和素质培训。知识培训的具体形式可表现为组织员工听讲座或者阅读相关专业的书籍，获得相应的知识。技能培训即对员工使用工具、按要求做好本职工作、处理和解决实际问题的技巧与能力的培训，使员工迅速熟悉工作内容及流程。高素质的员工即使在短期内缺乏知识和技能，也会为实现目标有效、主动地进行学习。

3. 培训评价阶段

培训评价是一个运用科学的理论、方法和程序，从培训项目中收集数据，并将其与整个组织的需求和目标联系起来，以确定培训项目的价值和质量的过程。培训评估体系，既可检验培训的最终效果，又是规范培训相关员工行为的重要途径。其内容包括确定评价标准，设计评价目标；拟定细化的标准；组织有关部门和员工讨论、审议征求意见；最后实行与修订。

培训结果评价，不仅是对员工接受培训后在工作实践中的具体运用或工作情况的评价，还包括对培训目标、方案设计、场地设施、教材选择、教学管理以及培训者的整体素质等各个方面进行评价。员工培训的反馈阶段是员工培训系统中的最后环节。企业通过对培训效果的具体测定与量化，可以了解本次培训所产生的效益，把握企业的投资回报率；也可以给企业的培训决策及培训工作的改善提供依据，从而更好地进行员工培训。

三、岗位培训目标与效果转化

（一）岗位培训目标

基层管理人员培训的重点，在于提高其专业技能，增强公司经营管理理念，提高日常工作效率，提升工作的主动性和积极性，以及团队的组织协调能力。对基层管理人员的技能培训，由所在部门主管制订计划，并负责组织实施，再交人力资源部门备案。

中层管理人员的培训重点，在于开发其管理能力，通过培训激发经理级员工的个人潜能，使中层管理者加深对现代企业经营管理的理解，了解企业内外部的形势，树立长远发展的观点，提高部门领导力、计划与执行能力，增强团队活力、凝聚力和创造力。对中层管理人员进行培训的目的主要有：第一，使其明确企业的经营目的和经营方针，正确传达企业的宗旨、使命、价值观和企业文化；第二，为其提供胜任未来工作所必需的经验、知识和技能；第三，使其适应不断变化的环境并解决所面对的问题，提升企业的整体管理水平。

销售人员的培训，主要是提高销售人员的整体素质和销售技能，解决日常工作中存在的业务问题，加强销售人员对企业的了解和信任，激发销售人员的潜能，增强销售人员的自信心，从而提高销售人员的业绩，进而提高企业的销售额和市场占有率，达成企业的市场目标，实现企业的经营业绩。企业通过有计划、有针对性的培训，可以逐步提高销售人员的工作水平。

设置技术人员培训课程，包括岗位技能课程、专业技能课程和综合素质课程等，目的是提高专业技术人员专业技能，同时实现一专多能的目标，从而使专业技术人员更好地发挥专业技术对产品研发、生产及技术保障的指导作用，让公司在未来的行业竞争市场中拥有较强的竞争力，稳定、快速地向前发展。

（二）培训效果转化

企业培训的效果在很大程度上取决于培训方式的选择，要选择合适、有效的培训方法，需要考虑培训的目的、培训的内容、培训对象的自身特点及企业具备的培训资源等因素。培训方法包括课堂讲授法、操作示范法、多媒体视听法、E-learning教学案例研讨法、师徒式培训法、小组讨论法和户外拓展法等。不同的培训方法适用于不同的培训场合，培训方式的选择要综合考虑员工的特点、培训师的组织及授课能力等因素。因此，培训师要根据自己的特长及学员基础、授课环境等综合考虑运用哪种培训方式。

培训开始前，需分析企业存在的问题，明确部门或高层领导的要求，提炼出培训后员工变化的预期效果。例如，企业内部有一些行为是违反规章制度的，有的部门存在工作流程上的错误，那么根据这些问题，明确培训后的效果是员工不会再出现违规行为和错误的工作流程。

培训期间，强调员工必须根据部门负责人或领导的期望，严格以预期效果为目标，对需改善的问题进行强化训练，务必让员工找到弥补差距的工作方法。

培训结束后，安排人力资源专员进行定期的效果跟踪，也可以安排参训员工的上级主管进行效果跟踪。实施了培训的部门要做的是制定好跟踪的表格、内容和评估方法等工具和文件，以便高效顺利地执行。跟踪的时间和方式，要与日常的管理和工作相结合，不能额外增加过多的工作量和加大参训员工的工作负担，影响员工的情绪，这不利于效果的转化。检查跟踪期间，人力资源专员要定期与这些部门负责人进行沟通，了解存在的问题，并予以支持和帮助。对培训效果的转化，可以要求培训公司给出工具性的、实用的后期跟进指导，再结合企业部门主管和人力资源部门的评价，高效完成培训效果的转化。

拓展链接

利用碎片化方式和微课，使用移动互联网支撑培训

高强度和快节奏是现代企业员工工作状态的显著特点。传统的长期性培训模式，无法满足员工快速转化培训效果的要求，也很难集中培训对象的精力和注意力。培训开发者想要解决这个问题，可以尝试设计微项目和微课，以便能快速地传播知识。微项目和微课对培训对象的时间要求更宽泛，操作

性更强。此外，员工还可以利用网上视频课件学习或者参加远程教育的培训班，不懂的可以重复学习，还可以直接在线提问或讨论，大大提高了学习的互动性和趣味性。应届毕业生步入职场后各司其职，这也导致他们培训的内容也是千差万别的，技能岗位、销售岗位、生产岗位等，种类分散又多样。笼统的培训模式已经不能适应员工的个性化需求。如果将这些知识全部在集中培训里分享，则会浪费不必要的时间。利用移动学习平台之后，我们能够将这些内容以微课的形式在平台上共享，让新员工进行自主的碎片化学习。对于通用类的知识，则可重点安排他们进行集中培训。

本章小结

通过本章的学习，需要了解掌握初创企业常用的招聘管理、绩效考核与薪酬福利体系，以及培训管理等人力资源管理要素。建议在企业的发展过程中，不断总结经验，根据企业的需求和员工的特点，灵活运用人力资源管理理论，创新改革方式方法，迸发员工的创新创业激情，使员工时刻保持与企业一起发展，走向成功。

课外训练

主题 初创企业人力资源管理方案的改进与设计。
目标 培养绩效考核设计、福利体系设计和培训管理能力。
活动步骤 活动步骤如表11-1所示。

表11-1 活动步骤

步骤	内容
步骤一	按创意或创业思路，将学生组成若干小组
步骤二	分组分析某房地产代理商初创阶段存在的绩效、福利和培训问题，提出本组的见解
步骤三	针对房地产代理商在人力资源管理上存在问题，分析创业者提出的改进方案的内容，判断是否解决了问题
步骤四	根据本组的创业思路，虚拟一家创业公司，根据行业或专业特点，分析公司的人力资源需求并进行初步规划，制订公司的人力资源管理方案。方案内容包括招聘管理、绩效管理、薪酬福利和培训管理等
步骤五	分组汇报本组的方案，介绍内容，评选优秀人力资源管理方案

第十二章 企业文化培育

学习目标

知识目标

1. 了解企业文化的内涵、结构。
2. 理解企业文化对企业发展的功能。
3. 掌握企业文化管理对企业发展的作用。

能力目标

1. 能够开展企业文化建设。
2. 能够设计企业文化建设方案。
3. 能够提出实施文化管理的对策。

知识导读

企业文化是企业员工所普遍认同并自觉遵循的一系列理念及行为方式的总和，表现为企业使命、愿景、价值观、管理模式、行为准则、道德规范和传统习惯等，在企业人力资源管理过程中，发挥着重要作用。

子曰："道之以德，齐之以礼，有耻且格。"企业文化在企业发展中发挥导向、约束、凝聚、激励、调节、辐射等功能，推进文化管理，就是最大程度实现自主管理，这也是当今世界企业普遍采用的相对于传统管理模式而言的一种现代管理模式。企业传统管理模式强调命令和服从，现代企业管理模式强调文化管理，从根本上调动员工的积极性、主动性和创造性，激发员工整体意识，这是优秀企业得以生存和发展的先决条件，企业文化管理即坚持"以人为中心"，本质上是以人为中心的文化管理。

> **案例导入**

海尔优秀文化促进海尔成长

> 海尔集团创业34年，从一个街道小厂发展成为国内最大的家电企业之一，海尔集团总裁张瑞敏是迄今登上哈佛讲台的唯一中国经济人。海尔成为哈佛商学院哈佛案例的第一个中国企业，海尔集团学习借鉴外国经验，结合中国国情，创造了"吃休克鱼"理论，实施人本管理，从而走向了世界。
>
> 海尔精神的"敬业"是指专心致力于工作；"报国"即践行"天下兴亡，匹夫有责"之名训；"追求"即努力求索之意，就是用积极的行动争取达到某种目的；"卓越"即"杰出、超出一般"之意，"追求卓越"就是持续创新争第一。
>
> "敬业报国，追求卓越"的海尔精神，蕴含了荀子的"不积跬步，无以至千里"，老子的"千里之行，始于足下"的"跬步"和"足下"之意，昭示了"千里"之外的景状与气象，那就是"卓越、报国"。海尔全体员工践行海尔精神，促进了海尔的成功。
>
> （资料来源：编者根据相关案例组织整理，2019年）

> **提出问题**

1. 找出身边具有优秀企业文化的企业，分析其成功之道。
2. 企业做大、做强、做久的核心动力是什么？为什么？
3. 如何建设企业文化？

第一节　企业文化概述

教师箴言

企业文化是形成企业竞争力的核心要素，是企业的灵魂，是企业延长生命周期的"遗传密码"。

核心概念

文化是指人类在社会实践过程中所获得的能力和创造的成果，是人类社会实践中创造的物质财富和精神财富的总和。企业文化是企业生产经营和管理活动中形成的具有本企业特色的物质财富和精神财富。它包括企业价值观念、企业愿景、企业精神、企业制度、物质环境、企业产品等。其中，企业精神是企业文化价值观的核心体现。

学习重点

了解企业文化的内涵，理解企业文化的概念，并掌握企业文化的结构。

一、企业文化内涵

文化是人类区别于其他动物的根本标志。文化是指人类在社会实践过程中所获得的能力和创造的成果,是人类社会实践中创造的物质财富和精神财富的总和。文化具有广义与狭义之分:广义的企业文化是人类创造的物质生产和精神生产能力及产品,主要包括企业表层物质层(物质文化)、次外层行为层(行为文化)、中间层制度层(制度文化)、核心层精神层(精神文化);狭义的企业文化特指精神文化,是组织发展过程中形成的,并为全体员工自觉遵守和奉行的经营思想、企业道德、价值观念、人际关系、传统风俗、精神风貌的总和。核心是组织精神,企业文化就是组织个体文化,企业文化培育的重点是企业精神文化培育。

二、企业文化结构

企业文化包括四个层面,即物质文化、行为文化、制度文化和精神文化(或称为理念文化)。其表层是物质文化,是企业文化的外在表现与载体,是体现制度文化与精神文化的物质基础;次外层是行为文化,是企业制度文化的外在表现,是制度文化的具体行为体现;中间层是制度文化,是企业精神文化的制度反映,制度文化约束和规范物质文化和精神文化的建设;核心层是精神文化,企业精神文化为物质文化、行为文化、制度文化提供思想基础,是企业文化的核心,是企业文化的灵魂。

企业文化结构如图12-1所示。

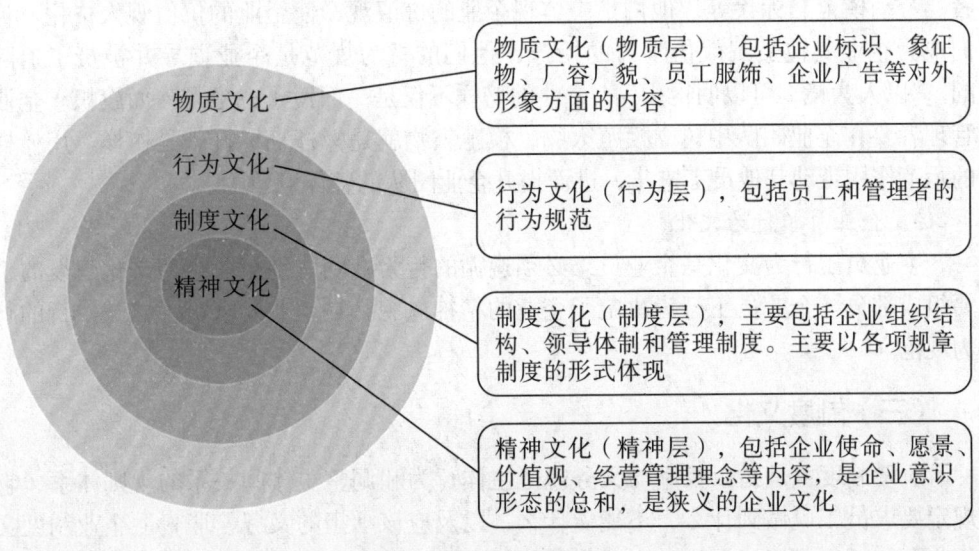

图12-1 企业文化结构

（一）物质文化

企业物质文化是由企业员工创造的产品和各种物质设施等构成的器物文化。它是一种看得见、摸得着的以物质形态呈现的表层文化，是企业行为文化和企业精神文化的显现和载体。主要包括以下几方面：①企业标识，包括企业名称、企业标志、企业商标、旗帜、企业之歌、工作服装、徽章等。②企业环境，主要是指企业内部环境，即与企业生产相关的各种设施、厂房以及员工的娱乐设施，包括企业的办公环境，如象征物、空间结构和布局等，此外，也包括企业外部经营环境。③技术装备，包括企业生产设备及办公设备等。④企业人力资源，包括企业人力资源的数量、质量与结构。

（二）行为文化

企业行为文化是指企业员工在生产经营活动中产生的文化现象。它是企业经营作风、精神面貌、人际关系的动态行为体现，也是企业精神、企业价值观的行为折射。依据企业人员结构，企业行为文化可分为企业家行为文化、企业模范人物行为文化、企业员工行为文化。此外，企业行为文化也包括企业礼仪、企业人际关系和企业文化活动行为规范等。

1. 企业家行为文化

企业家主要是指企业高层管理者，特别是董事长、总经理、监事会主席等高层管理者的行为，包括企业经营管理者的决策方式、决策行为、工作方式等。

2. 企业模范人物行为文化

企业模范是指企业的模范代表，是企业的骨干力量，是企业评选的先进工作者、劳动模范、标兵等，他们集中体现企业的价值观，使企业的价值观人格化。他们成为企业其他员工效仿学习的榜样，他们的行为规范是企业倡导并被员工追随的。"以人为镜，可以明得失"，企业的榜样不仅是一面镜子，也是一面旗帜。企业管理者要在企业团队中树立模范人物，模范人物就是标杆，标杆就是榜样。用榜样的示范作用带动其他员工进步，进而提升企业团队的整体竞争力。

3. 企业员工行为文化

企业员工行为文化是企业员工必须遵循的行为准则，是企业行为文化建设的主要组成部分。企业员工行为决定了企业的精神风貌，是企业要求员工自觉执行的行为规范。

（三）制度文化

所谓制度，是指以权利与义务规范主体行为和调整主体间关系的规则体系，它规定要求员工应做到什么，不能做什么，以及应该承担的义务、职责。企业制度文化主要包括企业组织结构、企业领导体制和企业管理制度三个方面。企业组织结构是企业文化的载体，是指企业建立的内部机构及其相互关系；企业领导体制由企业领导方式、领导结构、领导制度组成，重点是领导制度；企业管理制度是企业在进行生产经营管理时所制定的、规范企业及员工行为的各项规定或条例，包括企业人事管理制度、生产管理制度、民主管理制度、财务管理制度等。

企业应建立优秀的企业制度文化，强调员工自我管理、自我约束，将制度管理与人文关怀有机结合起来，营造出良好的企业制度文化氛围。

（四）精神文化

企业精神文化是企业在发展过程中形成的文化观念与企业意识，是以企业精神为核心的价值体系，是企业的信念与追求的反映。企业精神是企业文化的核心，在企业文化中处于支配地位，引领企业文化体系建设。企业精神文化主要包括企业经营哲学、企业价值观、企业使命、企业愿景、企业精神、企业道德等，企业精神是企业精神文化的核心。企业精神文化结构如图12-2所示。

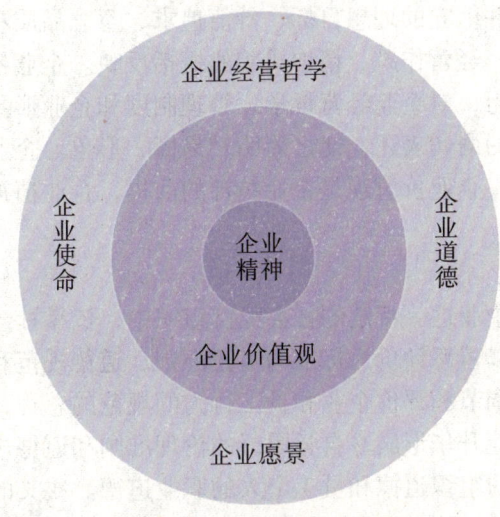

图 12-2　企业精神文化结构

1. 企业经营哲学

企业经营哲学也称为企业哲学，是企业最高指导思想，是企业特有的从事生产经营和管理活动的理论化和系统化的世界观和方法论。如北京蓝岛商业大厦的经营哲学为"诚信为本，情义至上"。

2. 企业价值观

企业价值观是企业文化的核心，是企业不断积累形成的一套判断标准。价值观是企业行为规范制度的基础。如中国移动的企业价值观是"正德厚生，臻于至善"。

3. 企业使命

企业使命是指企业在社会进步和社会经济发展中所应担当的角色和责任，是企业存在、发展的根本意义和终极目的，体现了企业的根本追求，是企业价值观在企业总体目标和发展方向上的反映，是关于企业存在的目的或对社会发展的某一方面应做出的贡献的陈述，也称为企业宗旨。企业使命是企业存在的理由和价值，即回答为谁创造价值，以及创造什么样的价值。企业使命是指企业的根本性质和存在的理由，为企业目标的确立与战略的制定提供依据。企业在制定战略之前，必须先确定企业使命。明确企业的使命，就是要确定企业实现远景目标必须承担的责任或义务。

4. 企业愿景

企业使命是企业的价值所在，是企业生产经营的哲学定位，也就是经营观念。愿景是解决"企业是什么"，企业将做成什么样子，是对企业未来发展的一种期望和描述。如中国移动的愿景是"成为卓越品质的创造者"。

5. 企业精神

企业精神是企业的"遗传密码"，是企业之魂。企业精神是企业长期形成的，被企业全体员工认同并信守的理想目标、价值追求、意志品质和行动准则，是企业经营方针、经营思想、经营作风、精神风貌的概括反映。企业精神以价值观念为基础、以价值目标为动力，对企业经营哲学、管理制度和企业形象起着决定性作用。企业精神可以用凝练的语句表述，使之简明、易懂、形象。企业精神与企业价值观既有区别又密切相关，企业价值观是企业精神的前提，企业精神是企业价值观的集中体现。

6. 企业道德

企业道德是指在企业这一特定的社会经济组织中，依靠社会舆论、传统习惯和内心信念来维持的，以善恶评价为标准的道德原则、道德规范和道德活动的综合。企业道德规范是用来调节和评价企业和员工行为的规范的总称，是企业在长期的生产经营实践中逐渐积淀升华形成并自觉履行的伦理准则和道德规范。按照道德活动的主体，可分为企业的组织道德和员工个人的职业道德。狭义的职业道德是指在一定职业活动中应遵循的、体现一定职业特征的、调整一定职业关系的职业行为准则和规范。从企业外部来讲，企业道德还包括遵守商业道德、平等交易、诚实守信、保护环境、节约资源等；从企业内部来讲，企业道德主要包括善待员工，关注员工生命安全和身体健康，改善工作环境，保障员工的合法权益，促进员工成长。员工个人职业道德主要包括爱岗敬业、诚实守信、办事公道、服务群众、奉献社会、素质修养等。

三、企业文化的功能

企业文化的功能是指企业文化发生作用的能力。企业文化既有积极功能，也有消极功能。优秀企业文化发挥积极功能，劣质企业文化发挥消极功能。美国哈佛商学院就曾经对世界各国企业文化与企业成长之间的关系问题进行研究，结论是：企业文化是影响企业本身业绩的重要原因。表12-1为企业文化与企业业绩成长关系对比。

表12-1 企业文化与企业业绩成长关系对比

经济增长指标	对企业文化的态度	
	重视企业文化的企业	不重视企业文化的企业
总收入平均增长率	682%	166%
员工增长百分率	282%	36%
公司股票价格增长率	901%	74%
公司净收入增长率	756%	1%

从美国哈佛商学院研究的数据来看，企业文化对企业生存与发展具有决定性作用。其主要功能有以下几方面。

（一）导向功能

企业文化是企业的精神支柱，是企业的旗帜，它指明企业的价值取向和企业方向，引导企业员工同心协力为实现企业的愿景目标而奋斗。

（二）凝聚功能

企业文化具有凝聚企业合力的功能。优秀的企业文化具有强大的凝聚人心的力量，可将企业员工团结起来，形成向心力，促使企业员工认同企业价值观，把员工紧密地团结在一起，使他们目标一致，使企业协调有序、和谐科学发展。

（三）约束功能

优秀的企业文化对员工违背企业目标的思想和行为产生约束作用，促进企业和员工自我约束、自我控制。约束功能重点体现在通过企业规章制度，约束和规范员工的思想和行为。同时，企业精神文化和道德规范对企业员工具有软约束作用，它发挥着无形的、理性的软约束作用。

（四）协调功能

企业文化的协调功能体现在对外协调、对内协调两个方面。一方面，企业文化对外协调包括企业与国家、社会、顾客、投资者等之间的关系协调；另一方面，企业文化对企业内部干群关系进行协调，有利于建立和谐的人际关系。

（五）激励功能

企业激励功能是指企业建立有效的激励机制。优秀的企业文化可以促进企业形成竞争的意识、积极向上的理念、奋发进取的精神，从而调动职工的积极性、主动性和创造性，使他们的知识、智慧、才能和潜能得到充分发挥，形成强烈的使命感、持久的驱动力，为企业努力工作。

（六）辐射功能

优秀的企业文化可以塑造良好的企业形象，赢得社会信誉，获得社会的广泛认同与信任。优秀的企业文化可以通过自己的优秀文化而辐射社区，并影响社会。

（七）教育功能

教育功能是指企业通过各种文化手段，提高员工的思想道德素质和职业技能水平，企业通过对员工进行教育培训和文化熏陶，为企业和社会培养优秀的人才。

（八）振兴功能

企业文化对企业发展具有振兴作用。优秀的企业文化可以提高员工的凝聚力和积极性，提升企业的核心竞争能力，使企业走出困境，提升企业克服困难的信心，振兴企业经济，使企业持续发展。

（九）过滤功能

优秀的企业文化把不利于企业发展的因素挡在企业外面，把有利于企业发展的因素吸纳进来；而劣质的企业文化把有利于企业发展的因素挡在了外面，把不利于企业发展的因素吸纳进来。

（十）免疫功能

优秀的企业文化可以使员工个人具有免疫功能，进而增强企业的免疫功能。因为企业有了正确的价值观，可以避免不健康的经营思想和经营方式的入侵，保证企业个人与企业机体的健康，使企业能够茁壮成长、持续发展。

第二节　企业文化建设

教师箴言

企业文化是推动企业前进的源动力，也是形成企业核心竞争力的关键要素，培育优秀企业文化有利于增强企业核心竞争力。企业文化建设的目标就是努力培育和建设具有本企业特色的优秀企业文化。

[核心概念]

企业文化建设包括物质文化、制度文化、行为文化和精神文化建设。其中，企业精神是企业文化建设与培育的核心。

[学习重点]

了解企业文化建设的内涵，理解企业文化建设的路径与方法概念，并掌握企业文化建设的内容。

企业文化是推动企业前进的源动力，也是形成企业核心竞争力的关键要素，培育优秀的企业文化有利于增强企业的核心竞争力。企业文化建设的目标就是努力培育和建设具有本企业特色的优秀企业文化。

一、物质文化

物质文化建设包括企业标识、企业产品、厂容厂貌、企业广告、技术装备、人力资源、福利待遇等七个方面。

（一）企业标识

1. 企业名称

企业名称一般由行政区域、行业、组织形式依次组成，法律、行政法规和本办法另有规定的除外。

2. 企业标识

企业标识是通过造型简单、意义明确的统一标准的视觉符号，将经营理念、企业精神、经营内容、产品特性等要素传递给社会公众，使之识别和认同企业的图案和文字。

（二）企业产品

合格产品是企业物质文化的核心，即产品达到质量规定标准。其中，产品包括有形物质产品和无形服务（售前、售中、售后）、产品设计与包装。

（三）厂容厂貌

在抓生产与服务的同时，企业要建设好厂容厂貌、工作环境、生活环境和文化设施，加强劳动保护，以活跃员工的业余生活，促进员工身心健康，增强企业凝聚力和向心力，推动企业健康发展。

（四）企业广告

企业广告是指企业支付一定费用，通过传播媒体传递信息及其载体。

（五）技术装备

企业生产上所用的各种机械，如仪表、仪器、工具等设备。

（六）人力资源

人力资源，又称劳动力资源或劳动力，是指能够推动整个经济和社会发展，具有劳动能力的人口总和。企业人力资源指企业拥有的能被企业所用的具有智力劳动能力和体力劳动能力的人的总和，包括数量和质量两个方面。狭义的人力资源是指企业所拥有的用于制造产品和提供服务的人力。企业人力资源是企业核心竞争力形成的基础。

（七）福利待遇

福利待遇指企业支付给员工的工资、奖金、公积金、社保等。良好的福利待遇有利于提高员工的幸福指数，有利于增强员工的归属感，稳定员工队伍。

二、行为文化

企业行为文化是企业在生产经营活动中形成的一系列基本行为模式，是企业价值观的实践，属于企业文化的外显层。行为文化表现为企业员工的着装打扮和言行举止、礼仪习俗和工作风格等。企业要发展，必须将制度文化转化为企业员工的行为文化，使之成为员工的自觉行为。

（一）企业管理者行为文化

企业管理者特别是企业高层领导是企业文化的设计者，理应是企业文化的倡导者、身体力行者和实践者。企业管理者在企业文化建设中居于主导地位，必须以身作则、率先垂范，努力使自己的行为成为企业价值观的载体，并引导企业员工践行企业文化。

中层、基层管理者是建设的中坚力量，应发挥他们以身作则、指导本部门贯彻实践企业文化的作用。基层管理者更多地担任培育的角色，使员工在企业文化建设中做到学以致用。

（二）企业模范人物行为文化

企业模范人物是企业中集中体现企业价值观的先进人物。企业模范的行为在企业行为文化中占有重要地位。企业模范人物是企业员工学习的榜样，可以引导并规范员工行为。企业模范行为包括企业模范个体和群体行为两类。企业模范个体行为标准是企业个人行为规范，企业模范群体行为规范是企业团队建设中群体行为规范，如企业进行评选时的关于个人和先进集体的评选标准。

（三）企业员工行为文化

企业员工以企业价值观作为行动指南，企业价值观被全体员工认同，成为员工衡量自己行为和工作的标准。因此，企业文化建设需要全体员工全程参与和实践培育。

三、制度文化

制度一般指要求大家共同遵守的办事规程或行动准则。没有规矩，不成方圆，制度就是企业规矩。企业制度是企业管理的基础，是遵循企业精神建立并严格执行的系列规章制度。制度文化是指围绕企业核心价值观，在企业的长期生产、经营和管理实践中发展起来的，以提高经济效益为目的，以企业规章制度为载体，约束企业和员工行为的规范。企业制度文化是企业精神文化的基础和载体，并对企业精神文化起反作用。企业制度文化由企业领导体制、企业组织结构和企业管理制度组成，其中，企业领导体制是核心，企业组织结构是载体，企业管理制度是主要内容。

（一）领导体制

领导体制是指社会组织以领导权限划分为基础所设置的机构和各种组织规范、领导制度体系的总称。领导体制是领导权限、组织运作、领导关系的制度化、体系化，包括企业领导方式、领导结构、领导体制三个方面。其中，领导方式的实质是领导者对待被领导者的行为模式，按权力控制程度，一般包括集权型领导、分权型领导和均权型领导三种模式。企业应根据企业和领导者个人的价值取向、员工状况、工作任务情况和环境变化等因素选择合乎企业的领导方式。一般企业在初创期、衰退期应该选择集权型领导模式，同时注意结合分权型领导模式。企业进入成长期、步入成熟期，应该更多地采用分权型领导模式。其企业领导结构为按照现代企业制度的基本要求，建立董事会和监事会，选举董事长，聘任总经理的权利制衡的组织结构。企业领导制度实行董事会领导下的总经理负责制，董事长聘请总经理。董事长履行领导决策权，是最高权力机构；总经理履行行政执行权，是最高执行机构；监事会履行监督权，是最高监督机构。依此建立起决策、执行、监督"三权"制衡制度。现代企业制度以公司制为主体，以有限责任公司和股份有限责任公司为主要表现形式，中小型企业以有限公司的形式为宜。

（二）领导结构

现代企业组织结构建设，遵循《中华人民共和国公司法》的规定，由全体股东或股东代表组成股东大会，由股东大会选举产生董事会、监事会，由董事会聘任经理对公司日常的经营活动进行管理，各组织机构的权力相互制衡。

（三）管理制度

科学的管理制度是企业进行科学管理的前提和保证，是确保企业正常运转、实现企业目标的有效手段和强有力措施。企业管理制度是企业制定的在生产经营管理实践活动中带有强制性的义务，并能保障一定权利的各项规定或条例。企业管理制度一般包括规章制度和责任制度。规章制度侧重于工作内容、工作范围、工作程序和工作方式。企业管理制度包括企业规程、管理工作制度、民主管理制度、责任制度、考核奖惩制度等一系列规章制度。与此同时，企业还必须重视制度执行与创新。加大制度执行力度，在制度执行中，坚持人人平等，领导带头执行。

四、精神文化

企业精神是企业经营宗旨、价值准则的集中体现，是企业文化的核心。企业精神对内表现为内聚力，给人以理想与信念、鼓舞与勇气、荣誉与力量，也给人以约束与规范。企业精神对外表现为辐射力，优化企业形象，提升社会知名度。因此，企业必须加强精神文化建设。

（一）共同愿景

共同愿景是指一个企业及其员工共同为之奋斗的目标，是具有引导与激励组织成员作用的未来情景。企业管理层应提出符合企业实际并能引导企业前行的共同愿景。

（二）价值观

企业价值观是企业在追求成功经营过程中所推崇的基本信念和奉行的行为准则。正确的价值观有利于充分调动员工的积极性，发挥员工的潜能，使追求企业发展与个人发展相一致。企业价值包括经济价值、社会伦理价值、环境价值。

（三）企业精神

企业精神是企业文化的核心，是全体职工认同信守的理想目标、价值追求、意志品质和行动准则，是企业经营方针、经营思想、经营作风、精神风貌的概括反映。企业精神在整个企业文化中处于支配的地位，对企业文化建设起着决定性作用。建设优秀企业文化、培育优秀的企业精神,重点在于培育以下七种精神。

1. 人本精神

(1)以员工为本。以人为本就是满足人的合理需求,促进人的全面发展,把以人为本的思想贯彻落实到企业人力资源开发管理之中。以员工为本就是要培育员工的主人翁意识、大局意识和服务意识,培育员工的奉献精神、民主精神和协作精神,尊重、关心、爱护员工,将员工个人发展同企业发展结合起来。

(2)以顾客为本。企业为顾客提供合格的产品与优质的服务。

(3)以债权人为本。企业对债权人负责,保证按期还本付息,保证信用。

(4)以投资者为本。企业实现对投资者资本的保值增值责任。

(5)以社会为本。企业承担依法经营、守法经营、保护环境资源等社会责任。

2. 创新精神

创新是一个民族进步的灵魂,是国家兴旺发达的不竭动力,也是企业可持续发展的源泉。培育创新文化包括观念创新、体制创新、技术创新、产品创新、市场创新和管理与文化创新等。观念创新是先导,体制创新是保障,技术创新是关键,这三者也是产品创新和市场创新的基础。产品创新是技术创新的外在表现,管理创新是保障。

3. 敬业精神

敬业精神可以引导员工负责地做好每项工作。敬业精神表现在企业员工的工作积极性高,也就是企业员工工作有热情、有激情,进取心和责任感强,既追求工作质量,又讲究工作效率。爱岗敬业能凝聚成巨大的创造力,能提高员工对企业的忠诚度。

4. 学习精神

知识经济时代的今天,必须坚持持续学习的观念,培育学习精神。知识经济是建立在知识和信息的生产、分配和使用上的经济。它主要以不断创新的知识为基础,是一种知识密集型、智慧型的新经济形态。知识更新快,每个人要适应时代发展要求,必须持续学习新知识,提高自身能力与素养,才能适应发展要求。知识经济时代要求企业树立终身学习的理念,建成学习型企业。

5. 奉献精神

奉献的"奉",即"捧",有"给、献给"之意;"献"原意为"献祭",指"把实物或意见等恭敬庄严地送给集体或尊敬的人"。奉献,两个字连起来,就是"恭敬地交付,呈献"。"奉献精神"是一种爱,是对自己事业不求回报的爱和全身心的付出。对企业员工来说,就是在爱的召唤之下,善待每一个人,把本职工作当成一项事业来热爱和完成,做好每一件事,全心全意为企业服务,尽职尽责。

6. 诚信精神

诚信是一切道德的基础和根本。《中庸》曰:"诚者,天之道也;诚之者,人之道也。"孟子说:"诚者天之道也,思诚者人之道也。"强调人应该效法天道真实无妄的品德，天以其客观自然为真实，而人尊重天道之自然、体验天道之真实，这就是人之诚。诚信是人立身之本，也是企业立足之源。诚信精神是延长企业生命的基石，是企业延年益寿的法宝。企业诚信包括质量诚信、信誉诚信、对员工诚信、对顾客诚信、对投资者诚信、对社会诚信等。诚信有利于拓展市场空间，失信最终被市场淘汰。同时，对于企业员工个人而言，也要求企业员工人人诚信，对企业诚信，对他人诚信，对社会诚信。

7. 团队精神

团队精神是大局意识、协作精神和服务意识的集中体现，核心是协同合作，反映的是个体利益和整体利益的统一，进而保证组织的高效率运转。企业具有团队精神，企业员工能够从组织的利益出发，服从大局，与同事和谐相处，达到工作上的默契，减少摩擦和矛盾，全心全意地为组织目标共同努力。

第三节　企业文化管理

教师箴言

企业文化管理是现代企业管理的升华，核心是人本管理。三流企业做产品，靠人管人；二流企业做品牌，靠制度管人；一流企业做文化，靠文化管人。

核心概念

企业文化管理是指企业坚持以人为中心，把实现人的自由而全面的发展作为企业发展的内在动力的企业管理方式。把人作为管理工作的出发点和归宿，核心是人本管理。要做到以人为本，其内涵就是要关心人、爱护人、理解人、尊重人、培育人，就是要坚持把维护好员工的根本利益、促进员工全面发展作为企业一切工作的出发点和落脚点。

学习重点

理解企业人本管理与文化管理的概念，并掌握企业文化管理的方法。

一、企业文化管理的内涵与特点

（一）人本思想

企业实施文化管理，本质上要求企业实施人本管理，因此，企业必须树立人本管理思想。人本管理思想是把员工作为企业最重要的资源，依据员工的能力、特长、兴趣、心理状况等综合性情况科学地安排最适宜的工作，充分地调动员工的积极性、主动性和创造性，促进员工的发展，提高工作效率，为企业发展做贡献，实现员工个人与企业共同发展，实现双赢。习近平总书记指出："发展是第一要务，人才是第一资源，创新是第一动力。""要坚持把增进人民福祉、促进人的全面发展、朝着共同富裕方向稳步前进作为经济发展的出发点和落脚点。""真正的核心技术是买不来的。"要保持快速发展，抓住机遇走在时代前列，就要"坚持人才为本"，紧紧抓住这重要的"第一资源"。其核心就是坚持以人为本。

综上所述，人本思想就是以人为本的思想，就是把员工作为中心和核心，发挥员工的主观能动性，树立依靠全体员工、以员工为主体的思想，采用人本性化管理方式，体现人文关怀，增强员工的归属感、责任感、奉献精神和忠诚精神，产生凝聚力、向心力和创造力。人本管理是人力资源管理之本，是现代人力资源管理的精髓。企业必须坚持人本精神。

（二）人本管理

人本管理相对于传统管理，是坚持以人为中心的管理模式。它是与"以物为中心"的管理思想相对应的概念。人本管理即以人为本的管理，是指以人的全面而自由的发展为核心，创造人文环境，以个人自我管理为基础，以组织共同愿景为引导的一整套管理模式，要求企业信任人、尊重人、依靠人并开发人的潜能。以人为本突出人在管理中的中心地位，实现以人为中心的管理，致力做到以员工为本、以顾客为本、以投资者为本、以债权人为本、以社会为本。

人本管理是在管理过程中，坚持以人为本的人本思想，以人为中心，满足人的合理需求，激发人的潜能，调动人的主动性、积极性和创造性，以实现人的全面发展与企业协同发展的管理理论与管理实践的目标。人本管理的本质是促进人的全面发展，人本管理是文化管理的核心。人本管理可以从以下四个方面进行理解。

第一，为了人——人本管理的目的。"为了人"主要包括以下几方面：①"为了员工"就是企业发展与员工个人发展相一致，开发员工的潜能，共同发展；②"为了顾客"就是提供满足顾客需要的物美价廉的安全产品；③"为了竞争者"就是避免恶性竞争；④"为了投资者"就是保证资本保值增值；⑤"为了债权人"就是要做到按期偿还债务；⑥"为了社会人"就是履行社会责任。重点是为了员工的发展，其次是为了顾客。

第二，依靠人——人是第一资源。人是社会经济活动的主体，是一切资源中最重要的资源，是企业资源中的第一资源，企业必须树立依靠人的经营理念。依靠人首先是依靠全体员工的共同努力去促进企业的发展。同时，由于企业是社会的一个主体之一，离不开社会其他人的支持，因此，还必须树立依靠利益相关人的观念。

第三，尊重人——人本管理的基础。所谓"尊重人"，是指在民主、平等的基础上，形成人与人之间的情感与态度。尊重全体员工的人格，重视员工的意见和建议，尊重员工的劳动。只有做到了尊重人，才能做到关心人、爱护人、帮助人，才能为了人和发展人。如果不懂得尊重人，就不可能做到理解人、信任人和关心人，更不可能实现人的全面发展，企业就失去了以人为本的基础，也就失去了存在与发展的基础。

第四，发展人——人本管理的本质。人的全面发展是企业发展的本质和目标。"发展人"是指人的全面发展，不仅包括物质上的发展，还包括精神上的发展，即人的德、智、体全面发展。德，包括社会公德、职业道德、家庭美德及政治素养；智，包括知识以及将知识转化为生产力的能力等；体，包括身心素质和精神需求的满足与发展。

人是企业中的第一资源，是企业管理的核心。人本管理把人置于企业最重要的资源地位。这是与以物为中心的人本管理的最大区别，企业的一切管理活动都围绕选人、用人、育人、留人而开展。人本管理的主体是企业的全体员工，人人是企业管理者。人本管理是全员参与管理，每位员工都是企业的主人，管理人员和员工是一种合作分工的伙伴关系。企业管理者的工作重点是做好授权与激励，让每位员工能享受权利、信息、知识和酬劳，人人授权赋能。人本管理的主要方式是开发人力资源，促进人的全面发展。所以，企业必须加大对员工的人力资本投资，大力开发人力资源，全面提升员工的整体素养。人本管理活动的服务对象包括企业内外的利益相关者。企业只有服务好了利益相关者，才能和谐稳定发展。人本管理的企业，全体员工是管理活动的主体，也是服务的对象。只有将企业目标和员工的个人目标有效地结合，才能充分调动员工的主动性、积极性、创造性，使企业之树长青。人本管理是人本思想理论和人本管理实践的统一。人本管理要树立管理思想，企业在人本管理理论的指导下，自觉地开展人本管理实践。

（三）文化管理

文化管理不同于以物为中心的管理思想，强调以人为中心。它针对的是科学管理学说的缺陷和不足，又立足在科学管理的理论和实践成就之上；以人为中心进行管理，把人作为管理工作的出发点和归宿，这是文化管理区别于科学管理等综合管理的根本标志。文化管理坚持以人为中心，把实现人的自由而全面的发展作为企业发展的内在动力。企业文化可以把合同契约发展成为心理契约。在具有优秀企业文化的企业中，员工在企业处于困境时不会扬长而去，而是与企业同舟共济、共渡难关。

二、企业文化建设与文化管理的关系

（一）企业文化建设是企业文化管理的基础

企业文化建设是一项系统工程，是现代企业发展必不可少的竞争法宝。一个没有企业文化的企业是没有前途的企业，一个没有信念的企业是没有希望的企业。从这个意义上说，企业文化建设既是企业在市场经济条件下生存发展的内在需要，又是实现管理现代化的重要方面。为此，应从建立现代企业发展的实际出发，树立科学发展观，讲究经营之道，培养企业精神，塑造企业形象，优化企业内外环境，全力打造具有自身特质的企业文化，为企业快速发展提供动力和保证。

企业文化含有物质文化和精神文化，企业文化管理重点是运用企业人本精神对企业实施人本管理。企业以人为本的文化管理始于企业文化建设。企业文化建设需遵循以下原则。一是以人为本的原则：坚持把员工视为管理的主要对象和企业的最重要资源，始终做到以人为中心；二是讲求实效的原则：制订切实可行的方案，一切从实际出发，不搞形式主义，以科学的态度，实事求是地进行文化塑造，重点突出，稳步推进；三是领导重视的原则：企业文化建设是一项庞大而复杂的工程，领导干部特别是高层企业管理者，必须率先垂范，明确自身的角色定位，要带头承担责任，带领全员投身文化建设；四是系统建设的原则：企业文化建设是一项战略性、长期性的系统工程，不可一蹴而就，要坚持打持久战的理念，运用系统论的方法，做出整体设计，分步落实；五是突出特色的原则：企业文化建设必须突出企业的鲜明个性，培育与众不同的特色文化，吸收中华文化内核，跟上时代步伐，不断完善，稳步推进。

（二）企业文化管理是企业文化建设的升华

企业文化管理以企业文化建设为基础，企业文化管理是企业文化建设的升华，只有建立了"以人为本"的优秀企业文化，企业才可能实行以人为本的文化管理。

同时，二者是相辅相成、相互渗透、互相促进、相得益彰的关系。在企业管理工作中，客观上要求我们在实际工作中，把二者有机地融合起来，使其融为一体，形成合力。企业坚持以人为本的企业文化的建设过程，也是企业进行企业文化管理的过程。在企业管理中，不仅要重视物质管理，而且更要重视人的管理，尊重人、关心人，以凝聚企业职工的力量，来推动企业的发展。企业文化建设与文化管理的主体都是企业全体职工，因此，必须坚持以人为本的文化管理，企业文化建设才能发挥积极的促进和导向作用。

三、企业实施文化管理的对策

（一）创新企业文化管理理念

1. "人本管理"理念

人本思想主要是相对于物本思想而提出来的。以人为本的核心就是以人为根本。首先，以人为本的"人"是相对于以神为本、以物为本的概念。"本"是"本原""根本"。以人为本的"本"不是"本原"的本，是"根本"的本。对于企业而言，人是企业生存发展之本。以人为本的内涵就是要关心人、爱护人、理解人、尊重人、培育人，就是要坚持把维护好员工的根本利益、促进员工全面发展作为企业一切工作的出发点和落脚点。了解员工需求，即从生活上、工作上和学习上给予他们关爱，解决员工存在的困难。

2．"人企双赢"理念

企业是企业与员工共同生存和发展的平台，企业的发展可以为个人发展提供舞台，任何人在企业这个平台上都能发挥自己应有的作用。同时员工应树立"企盛我赢，企衰我损"的思想，自觉关心企业，促进企业的充分发展，形成利益共享的机制。

3．"风险共担"理念

企业是制度共守、利益共享、风险共担的集体，这强调将企业的风险量化到个人，同时把企业的收益量化到个人。只有将企业的风险、收益和员工自然人的风险、收益有效地结合在一起的时候，企业才能形成一种风险共担、利益共享的抗风险力量和内在活力。

4．"终身学习"理念

根据建立学习型企业的要求，企业必须树立"终身学习、持续学习、全员学习、全程学习、团队学习"的理念，建立"学习工作化、工作学习化、学习制度化"的学习工作模式。建立学习型企业，领导是关键。企业领导不仅是企业文化的设计者、学习型团队的打造者，还是学习型企业建设的导师、教师和引领者。因此，要坚持"终身学习"理念，建立学习型企业的制度和机制，带头学习知识与技能，努力提高个人和团队的整体素质，促进企业团队人人学习，建立学习型企业。

（二）切实抓好企业文化建设

为确保企业文化建设的有效性，必须设置企业文化建设与管理机构，成立企业文化委员会，提供文化建设与管理战略，统筹企业文化建设。企业文化建设一般采取以下步骤。

1．深入调查研究，明确企业文化发展现状

企业组建企业文化相关部门，由专人（最好是企业最高领导）负责。开展企业文化调研，详细调查取得的第一手资料，从而对企业文化所面临的问题有清晰的了解与认识，为制订企业文化建设方案提供准确的决策依据。调查项目包括企业历史、企业家个人特质、员工人力资源状态、企业现状、行业态势、竞争状况、经营状态、最终目标等，从而得出企业存在的必要性和企业的发展要求。

2．提炼核心理念，明确精神文化主要内容

在调查的基础上，进行文化现状诊断分析，科学性凝练企业远景、企业使命、企业理念、企业精神、企业战略、企业口号等，重点明确企业使命、企业理念、企业精神等精神文化主要内容。

3. 设计企业形象，制订文化建设工作方案

制订企业文化的具体实施方案，以便于企业文化建设方案得到落实、执行。做好企业形象设计，营造视觉形象。企业文化实施方案是企业文化建设的重要内容，是企业文化建设落实的具体方法，有利于企业文化建设全面、系统地落实。制订方案要求企业高层领导高度重视，计划周密系统，实施步骤具体，责任分工明确。

4. 依据文化纲领，编制企业文化建设手册

在确定了企业主要精神文化后，就可以对企业文化要素进行设计，制定企业文化建设纲领，并在此基础上，制定企业文化手册。企业文化手册是企业文化建设的实施细则。

5. 推进建章立制，领导带头规范执行

企业的核心理念、企业精神经过充分的研究论证形成后，企业管理者要做两方面的工作：一是要对企业现有的制度逐个进行分析，去除与核心理念不相适应的部分，按照企业文化的核心理念进行修改，使之能体现核心理念的思想与要求，将企业的核心理念渗透其中；二是建立新的企业文化制度、行为准则，规范员工的职业道德，领导干部带头规范执行角色，养成良好的工作习惯。

6. 阶段论证完善，文化培训与持续强化

企业文化建设不是一步到位的，要在企业经营过程中，根据发展的需要，形成定期分析、论证制度，不断完善企业文化体系。企业文化建设是长期建设任务，根据企业文化建设规划与方案，纳入企业发展的总体规划中，一起部署、一起落实、一起检查、一起考核。重点应做好以下几项工作：一是开展企业文化培训；二是树立和培养典型人物；三是以企业文化理念与价值观为导向，完善企业管理制度；四是张贴文化标语，营造企业文化氛围，包括建立企业文化网站等；五是举办文体等文化建设活动，如体育比赛、文艺晚会等，在文体活动中贯穿企业文化价值观；六是创办企业刊物。企业刊物是企业文化建设的重要组成部分，也是企业文化的重要载体。企业刊物也是企业对外宣传的窗口。

（三）建立以人为本的人力资源开发管理机制

实施文化管理，核心是以人为本，在企业人力资源开发管理中，建立体现人本化的人力资源开发管理机制。

1. 建立以人为本的人力资源引进机制

（1）以诚求才。企业引进人才，必须做到以诚求才，创造吸引人才、留住人才的环境；关心人才的工作和生活，给他们以优厚的待遇。只有这样，才能吸引人才、聚集人才，特别是核心人才。

（2）以文求才。企业在人才引进工作中，必须坚持以人为本，按照德才兼备的原则，将认同企业文化的人才引入企业，建立良性人力资源进口机制。以人为本的企业文化，为招聘员工提供了标准和规范。在员工招聘时，根据企业文化要求，

对应聘者进行评估，从而选拔出德才兼备的优秀人才。

2. 建立以人为本的用人机制

（1）知人善任。知人善任就是能够识别人才并善于使用人才，这是用人之道的根本原则。知人是善任的前提，只有知人才能善任，知人善任才能做到人才互补、配置适当、优化组合，最大限度地发挥人才的能量和潜力。知人的目的在于善任，善任是关键。只有善任，才能使人才更好地发挥才能，做到人尽其才。善任就是能够使每个人的德才情况与拟任职位的才能需要相统一，使其达到最佳的结合。正确判断人才，合理使用人才。

（2）用人所长。古人云："金无足赤，人无完人。"每个人都有自己的长处和短处，企业管理者应多从长处看人，重视人的长处，容忍人的短处，努力做到量才适用、扬长避短。

3. 建立以人为本的留人机制

（1）提高薪酬，待遇留人。增加薪酬、提高物质待遇，是企业吸引人才、留住人才的"硬件"。越有能力和经验的人员，他们获得的报酬也应当越高。薪酬是人才的价值体现，是员工发挥能力的物质动力。尽管薪酬不是决定员工去留的唯一因素，但是大部分人都认为薪酬越高则越吸引人。一套有效的薪酬系统可以不断地激励员工的工作积极性，创造好的业绩。建立一个奖惩分明的薪酬体制，能留住员工，促进员工为企业做出更大的贡献。企业在提高员工薪酬待遇的"绝对值"的同时，还要注意薪酬待遇的"相对值"，以体现公平性原则，进而调动员工的积极性、主动性和创造性。

（2）发展企业，事业留人。根据马斯洛"需要层次理论"，人的需求是不断提升的，在知识经济时代的今天，企业仅是依靠薪酬待遇是留不住人才的，特别是专业人才和管理人才。满足物质需求后，他们更需要精神需求——自我实现的需求，需要给他们搭建一个事业发展的舞台，使他们实现自身价值。

（3）民主管理，环境留人。企业推进民主管理，必须做到公开、公平、公正、民主、科学、人性化。民主管理要求做到以下三点：一是决策程序民主，广泛听取各方面的意见，为建立合理的薪酬标准打下基础。二是完善职代会制度，推行厂务公开制度，落实职代会民主管理职权，保障职工的知情权、参与权、监督权。三是拓宽民主管理渠道，通过对话会、座谈会、听证会、经理热线、网上信箱、企业论坛等多种形式，了解员工的意见，营造一种积极向上、团结和谐的人际关系和工作环境。

（4）尊重人才，感情留人。俗话说"士为知己者死"，作为管理者应有意识地多了解员工的思想和感情，通过正式或非正式的渠道与员工多沟通，取得员工的理解与支持。尊重人才、尊重员工，就要转变观念，树立"人人是人才"的观念。坚持以人为本，首先尊重员工的劳动，重视员工的绩效，建立合理的薪酬分配体系和公平有效的激励机制，以吸引、留住人才。

4. 建立以人为本的教育培训育人机制

优秀的企业文化有利于建立良好的育人机制。遵循马斯洛由低向高不断递增的"生存""安全""社交""自尊""自我实现"需求发展规律，在满足员工生存、安全、社交需要的基础上，增加教育培训经费投入，加强教育培训工作，切实抓好员工教育培训，建立起学习型企业的教育培训育人机制。

5. 建立以人为本的人力资源出口机制

成功的企业必须建立科学的人力资源出口机制，避免出现人才危机甚至是管理危机。因此，企业要想成为"百年老店"，要按照劳动法建立、规范人性化出口机制，辞退员工时要提前告知事由，做到有理、有节、有情，使员工心服口服，且尽可能地做好安抚工作，做到人性化，以利于企业的稳定发展。

拓展链接

华为的"狼性"文化

华为的"狼性"文化在其发展过程中起了极其重要的作用。狼有最显著的三大特性：一是敏锐的嗅觉，二是不屈不挠、奋不顾身、永不疲倦的进攻精神，三是群体奋斗、团队合作的意识。同样，一个企业要想扩张，要想在危难面前不被击垮，甚至逆势增长也必须具备狼的这三个特性。作为一个民营企业，华为在创业的时候，面临着与行业内国际性IT公司的激烈竞争，如果没有敏锐的嗅觉、不屈不挠奋不顾身的进攻精神和群体奋斗的"狼性"精神，也许早就退出市场了。因此，华为的"狼性"文化在初期争夺市场、塑造企业形象、激发员工进取精神以及与利益共同体处理好关系等方面发挥了重要作用。"狼性"文化是表象而非本质，其本质是协作、配合、进取的精神，"狼性"文化只是其本质的外在表现形式。在创业初期，"狼性"文化作为其表现形式立下汗马功劳，为企业的不断壮大发挥了巨大的作用。

在全球一体化、国际激烈竞争，以及追求和谐发展的大趋势下，华为的"狼性"文化需要进一步完善和优化。华为已经将"狼性"文化中的竞争性、协作性、配合性、集体性精神焕发了出来，未来，应根据时代发展要求，与时俱进，创新文化内核，丰富文化内涵，创造出新的华为文化。

（资料来源：编者根据真实案例组织整理，2019年）

本章小结

企业文化是企业的核心,在现代企业人力资源管理过程中起到的作用越来越大,成为企业发展的核心动力。企业文化能够将员工的价值理念和行为方式与企业核心理念统一起来,为了共同的目标而奋斗。企业必须将企业文化融入人力资源管理之中,并运用优秀企业文化推进企业人力资源管理中的工作分析、人力资源规划、员工招聘、薪酬管理、绩效管理、人力资源开发管理等工作。通过系统学习,需要掌握企业文化与人力资源管理的内容与方法,加强企业文化建设,建议在课程学习中,加强企业调研,强化企业文化相关项目训练,以期提升企业文化建设与文化管理能力。

课外思考

1. 企业文化建设存在的主要问题有哪些?
2. 企业文化体系如何设计?
3. 企业如何实施企业文化管理?

课外训练

主题 企业文化建设方案设计。
目标 培养学生综合分析与设计能力。
活动步骤 活动步骤如表12-1所示。

表12-1 活动步骤

步骤	内容
第一步	成立3~5个模拟企业公司（学习小组10~15人）
第二步	完成模拟公司的企业组织架构
第三步	成立模拟公司文化建设领导小组
第四步	制订模拟公司的企业文化建设方案纲要
第五步	开展企业文化设计研讨
第六步	完成模拟公司的企业文化建设方案

第十三章　创新创业法规与政策

知识目标

1. 了解企业的法律环境和责任的内涵。
2. 了解企业的知识产权保护。
3. 熟悉粤港澳大湾区的创新创业政策。

能力目标

1. 掌握创业公司常见的法律问题及对策。
2. 熟悉创业者优惠政策、补贴政策与创业孵化基地优惠政策。
3. 掌握粤港澳大湾区创业优惠政策，制订大湾区创业规划。

知识导读

创业成功是天时、地利、人和的综合效应。创业法规与政策是创业企业面临的外部宏观环境。创业法规与政策环境必然直接影响着企业发展的前景。一个好的创业法规与政策环境，会给企业创业一个宽松与稳定的外部环境。因势利导，顺势而为，利用各地政府鼓励创业者创业的政策，可以四两拨千斤。不良的创业法规与政策环境，不仅使创业企业难以正常运营，承担一定的风险，不能很好地把握市场趋势，而且使企业难以实现公平竞争，甚至因为受法规与政策的影响，企业发展和经营出现困难乃至破产。

创新创业法规与政策，包含着许多方面的内容，其中，关于企业知识产权的保护、创业创新相关优惠政策是较为关键的环节。《粤港澳大湾区发展规划纲要》的出台，目标是建设国际一流湾区和世界级城市群，给创新创业者带来前所未有的机遇，值得创业者关注。

案例导入

成立大学生创业企业一定能拿到政府补贴？

小马在下沙某大学大四时开始创业，毕业之后做得还不错，继续创业。因创业前期感觉资金紧张，所以未及时缴纳社会保险，他到年底去申请补贴，申请却被退了回来。当地政策规定，公司法人必须在本公司内按时交纳社会保险，否则取消大学生创业相关补贴政策。小马因不了解相关政策而损失了创业补贴，这也提醒大学生创业者，必须对法律法规有一定的了解。

提出问题

1. 大学生创业补贴政策，申请者需满足哪些条件？
2. 你认为应该为创业政策补贴而创业，还是为了创业而去了解创业政策？
3. 在创业实践活动中，如何把创业优惠政策和自己的创业项目结合起来？

第一节 创办企业法律

教师箴言

初创企业作为一种组织，企业主必须注意防范创业中的法律风险。

核心概念

创业者要知道法律既对你的企业有约束的一面（规范企业活动），也会给你的企业以保护（保护企业的正当权益）。遵纪守法的企业将赢得客户的信任、供应商的合作、员工的信赖、政府的支持，甚至会赢得竞争对手的尊重，从而为自己营造一个良好的生存发展空间。

学习重点

熟悉与企业相关的法律法规，尤其要熟悉知识产权保护，识别并掌握创业中的法律风险与防范。

一、企业的法律环境和责任

既然已经选择了创业，就需要了解企业的法律环境和要承担的企业责任。所有创业者都要按照国家法律的规定开办和经营企业，并承担相应的企业责任。企业只有进行了工商登记注册，才能受到国家法律的保护。本文指的法律，是专门指由全国人民代表大会及其常委会依照立法程序制定，由国家主席签署公布的规范性文件，其法律效力仅次于宪法，如《中华人民共和国公司法》（简称《公司法》）、《中华人民共和国合同法》（简称《合同法》）、《中华人民共和国企业破产法》（简称《企业破产法》）等。与企业相关的法律法规和责任如下。

（一）公司成立之初

1.《公司法》

《公司法》是规范公司行为的基本法律，公司的设立、股东资格、公司章程、股东责任、股东权利、公司高层管理、公司解散、清算等事项，都应当按照《公司法》的规定来进行。

2.《中华人民共和国公司登记管理条例》

《中华人民共和国公司登记管理条例》（简称《公司登记管理条例》）是公司设立、年检、注销必须遵循的法规。

（二）公司成立运营期间

1.《合同法》

公司成立的目的是盈利，而盈利就离不开交易。《合同法》是规范市场交易的法律，是民事主体进行经济活动所遵循的主要法律。合同涵盖的内容广泛，不仅商品交易需要订立合同，涉及公司的股权交易、知识产权交易、物权变动等事项也均需有合同保障，均受《合同法》的调整。

2.《中华人民共和国物权法》

公司经营所得，涉及土地、房产等不动产以及交易某些动产，是需要登记才能取得物权的，这部分物权的取得是受《中华人民共和国物权法》（简称《物权法》）调整的。

同时，《中华人民共和国土地管理法》《中华人民共和国房地产管理法》也是涉及土地、房产物权方面应当遵循的规范。

另外，物权具有担保功能，在涉及物权担保时，《物权法》的相关规定是必须遵守的。

3. 金融类法律

公司在运营期间，需要支付结算、贷款融资时，则涉及的法律、法规有《贷款通则》《中华人民共和国票据法》《中华人民共和国证券法》等。

公司为了分散风险而必须选择保险时，则涉及《中华人民共和国保险法》的相关规定。

4. 知识产权类法律

公司要有自己的商誉，同时还会给自己的产品或者服务注册商标，有自己的商业秘密和专利技术。这些涉及《中华人民共和国商标法》《中华人民共和国专利法》《中华人民共和国反不正当竞争法》的调整。

5. 《中华人民共和国婚姻法》《中华人民共和国继承法》

公司在运转的过程中，可能出现股东因为婚姻、继承事项而导致股东或股权的变动，则会涉及《中华人民共和国婚姻法》《中华人民共和国继承法》。

6. 税收类法律

公司作为最重要的纳税义务人，在缴纳税款时要遵循《中华人民共和国增值税法》《中华人民共和国企业所得税法》《中华人民共和国个人所得税法》《中华人民共和国税收征管法》等法律的规范和约束。

7. 劳动类法律

公司的经营离不开人，因此公司作为用人单位就要遵守《中华人民共和国劳动法》（简称《劳动法》）、《中华人民共和国劳动合同法》（简称《劳动合同法》）以及相关规定。

8. 《中华人民共和国会计法》

公司的运转，各种经济指标都要用数字来体现，要受《中华人民共和国会计法》的规定，不能违背该法及相关规定。

9. 《中华人民共和国担保法》

公司经营的时候，不仅涉及为人担保，也可能涉及找人担保，这方面就要受到《中华人民共和国担保法》（简称《担保法》）的调整。

（三）公司终止时

公司的终止，就是公司作为法人人格的消灭，无论是股东自行决定解散还是申请法院解散，都要成立清算组。《公司法》有规定，企业到了资不抵债的时候，申请破产就要受《企业破产法》的调整。

通过上述所涉及的主要法律、法规，我们可以看到，国家为了保障公司的正常运转，制定了一系列的法律规范，可以形象地说，公司就是在"法网"里运转的经济体。

二、创业中的法律风险与防范

大学生在创业过程中遭遇法律问题的事时有发生。法律风险是大学生创业过程最常见的风险之一，也是大学生创业失败的重要原因之一。因此，了解创业企业常见的法律风险，并采取相应的应对措施，是创业企业预防风险的必备步骤。公司在创业阶段的法律需求应该包括对内管理和对外经营两个方面。对内管理，一是公司发起人的股权设置与激励，二是企业内部员工制度的设立与管理；对外经营主要是合同制度与流程开发和管理。因此，企业在创始阶段需要的专业法律服务领域应该包括人力资源、公司股权、合同管理三个方面。

（一）人力资源方面的法律风险与防范

企业如何适应劳动法律法规的新调整，企业人力资源管理如何防范劳动关系中的法律风险，是企业面临的一个重要和迫切的现实问题。任何违反法律法规的行为，都会给企业自身带来法律上的隐患和风险。因此，企业劳动用工中的法律风险值得企业高度关注。

1. 在制定企业规章制度上的法律风险

企业规章制度，是指用人单位依照法定程序制定的涉及员工切身利益并在本单位实施的书面的劳动规范，它既是企业内部的"法律"，也是处理劳动争议的重要依据。因此，用人单位应按照《劳动合同法》关于规章制度制定程序的规定，对自己的规章制度进行调整，以使规章制度符合法律规定，并进行公示、培训，才能在用工管理中发挥应有的作用。

2. 在员工招聘中的法律风险

招聘是人力资源管理工作的第一个环节。这个环节的疏忽，不仅可能使企业承担更大的人力成本，而且可能给人力资源管理埋藏一系列的定时炸弹。有的企业在招聘员工时，未严格审查应聘者的健康状况，或招用与其他用人单位尚未解除或者终止劳动合同的劳动者，或未严格审查应聘者是否与原用人单位签订了保密协议、竞业限制等法律文件，这都存在着隐患。

3. 在劳动合同管理中的法律风险

有的企业沿袭传统的用工习惯，存在不与劳动者签订书面劳动合同、试用期过后再签正式劳动合同、未将劳动合同文本交付劳动者、劳动合同文本未载明法定必备条款等情形，这些行为都违反了法律关于订立劳动合同的规定，是企业面临的法律隐患。

《劳动合同法》对于劳动合同的解除做出了具体规定，加大了对用人单位违法解除劳动合同的惩罚力度。如，从事接触职业病危害作业的劳动者未进行离岗前职业健康检查，或者疑似职业病病人在诊断或者医学观察期间的；在本单位患职业病或者因工负伤并被确认丧失或者部分丧失劳动能力的；患病或者非因工负伤，在规定的医疗期内的；女职工在孕期、产期、哺乳期等期间，企业不得按照该法第四十条、第四十一条的规定解除劳动合同。

4. 接受劳务派遣用工中的法律风险

接受劳务派遣的企业在实践中，可能会面临的风险主要是相关劳动关系主体的确定、临时性、辅助性或者替代性的工作岗位的界定，劳务派遣单位与用工单位规章制度的协调，工资的支付，被派遣员工侵害用工单位合法权益，被派遣员工的退回，劳务派遣单位与用工单位承担连带赔偿责任等方面，因此，企业必须依法规范接受劳务派遣用工的管理工作。

5. 其他人力资源管理中的法律风险

企业人力资源的管理，涉及企业众多领域，除上述法律风险外，以下企业人力资源管理的法律风险，如果不依法处理，企业还是要承担不利的法律后果。

（1）订立无固定期限劳动合同。《劳动合同法》第十四条规定：无固定期限劳动合同，是指用人单位与劳动者约定无确定终止时间的劳动合同。用人单位与劳动者协商一致，可以订立无固定期限劳动合同。同时，《劳动合同法》明确规定了用人单位违反上述规定不签订无固定期限劳动合同的法律责任。该法第八十二条规定：用人单位违反本法规定不与劳动者订立无固定期限劳动合同的，自应当订立无固定期限劳动合同之日起向劳动者每月支付两倍的工资。

（2）为劳动者提供专项培训。《劳动合同法》对企业为劳动者提供专项培训问题做了专门规定。值得关注的是，《劳动合同法》对劳动者违反服务期约定的违约金数额予以了严格限制，即违约金的数额不得超过用人单位提供的培训费用，用人单位要求劳动者支付的违约金不得超过服务期尚未履行部分所应分摊的培训费用。

（3）竞业限制与保密条款。《劳动合同法》针对竞业限制与保密条款问题，做出了具体规定，其主要内容如下：第一，用人单位与劳动者可以在劳动合同中约定保守用人单位的商业秘密和与知识产权相关的保密事项。第二，对负有保密义务的劳动者，用人单位应在竞业限制期限内按月给予劳动者经济补偿。第三，竞业限制的人员限于用人单位的高级管理人员、高级技术人员和其他负有保密义务的人员。第四，竞业限制的范围、地域、期限由用人单位与劳动者约定，竞业限制期限一般不得超过两年。

（二）公司股权方面的法律风险与防范

1. 股权投资对象的法律风险及防范

近年来，私募股权（PE）和风险投资（VC）越来越多，常以有限合伙企业的形式设立，一些国有企业也投资其中。《公司法》规定，除法律另有规定外，公司不得成为所投资企业的债务承担连带责任的出资人。同时，《合伙企业法》规定，除国有独资公司、国有企业、上市公司以及公益性的事业单位、社会团体不得成为普通合伙人外，公司可以向合伙企业转投资。故国有企业或国有独资公司只能成为有限合伙企业中的有限合伙人，否则将被认定无效。

法律风险：国有企业不能成为普通合伙人；投资于不规范私募基金可能涉及刑事犯罪。

防范措施：国有企业应当严格按照法律规定进行投资；对投资对象应做深入细致的尽职调查，如投资对象承诺保底和高额回报的，应值得警惕。国内已经发生了多起名为私募股权投资，实为"非法吸收公众存款"的刑事案件，导致股权投资人遭受重大损失。因此，股权投资人务必注意被投资对象及投资目的的合法性。

2. 股权投资过程中的法律风险及防范

股权投资主要有三种方式：一是直接出资设立；二是股权受让；三是参与增资扩股。

（1）直接出资设立中的两大法律风险，即虚假出资和非货币出资。

虚假出资的法律风险：已出资股东也可能为其他股东的虚假出资行为"买单"；出借资金协助他人进行虚假出资的，也要承担连带责任。

非货币财产出资的法律风险：出资财产的价值或权属存在瑕疵。

虚假出资风险防范措施：企业在对外投资时应加强对其他股东的资信调查；除自己足额出资外，还必须认真监督其他股东的出资情况。

非货币财产出资防范措施：注意出资协议的约定，在出资协议中写明："投资方保证，所投入的高新技术投资前是其独家拥有的技术成果，与之相关的各项财产权利是完全的、充分的并且没有任何瑕疵"，并约定投资方违反承诺的赔偿责任。

（2）股权受让中的法律风险。股权受让中的风险点和问题比较多，如转让的股权是否具有完全、合法的处分权，是否已履行法定程序、获得相关授权或者批准等。其中，容易被忽略的是标的公司的或有债务。或有债务不仅包括已经约定了条件或允诺了责任，待条件成熟时，就可能发生的或有债务，如担保债务，而且包括具有偶发性的，不可能在会计报表上有所记载的或有债务，如产品质量债务等。

法律风险：标的公司存在未知的或有债务，如标的公司对外偿债，将影响受让股权的价值；"零对价"股权存在风险。《公司法》解释（三）规定，未尽出资义务的股东转让股权时，知道该未尽出资义务事由，仍受让股权的受让人应当与该股东承担连带责任。因此要注意"零对价"受让股权的风险。

防范措施：有目的、有针对性地对标的公司的或有债务进行询问或调查；受让协议中列明出售方的保证清单。受让方通过保证清单确保自己获得预期的收购对象，确保所承担的责任等不利因素限于合同明确约定之部分，即锁定风险；协议预留部分股权受让款。在一定期间内，如承担了或有债务，则用预留的款项承担；通过司法救济请求损害赔偿。受让方可以出让方违反缔约过失责任或瑕疵担保义务为由提起诉讼，请求法院判令出让方赔偿其经济损失。

（3）增资扩股中的法律风险。第一，董事、高层管理人员未尽勤勉义务。《公司法》解释（三）规定，增资过程中股东未尽出资义务的，违反勤勉义务的董事、高层管理人员应当承担相应的责任。第二，恶意摊薄小股东利益。增资扩股时应当尊重小股东的意见和利益，按照法定程序进行。在小股东反对的情况下，尽量通过借款等其他方式融资，有的国有企业高层管理擅自放弃国有企业参与增资的权利，让与自己具有关联关系的企业或个人进行增资，造成国有资产权益受损，可能构成犯罪。

防范措施：务必注意有关增资扩股的法律规定，严格按照法律规定进行增资扩股的操作。

3. 股权投资运营中的法律风险及防范

第一，参股而不控股的企业，其风险在于大股东一股独大。防范措施：应通过积极行使知情权、异议股东请求公司回购权、股东代表诉讼等法定权利，维护自身合法权益。

第二，对于控股的企业，其风险在于内部人控制。防范措施：应行使好选人用人权、监督权等股东权利，完善公司内部治理结构和激励奖惩机制。

第三，各持50%股权的企业，其风险在于公司僵局。防范措施：应通过《公司章程》的约定，采用"金股"制度（赋予某一方在僵局时的决定权但不影响利润分配）、风险分类制度（参照分级基金中的一部分股权承担固定收益，另一部分承担风险收益）。

4. 股权投资退出的风险及防范

股权投资退出的路径主要包括股权转让、清算、改制、破产。

法律风险：不履行清算义务，股东要承担民事责任。

《公司法》解释（二）中对股东不履行清算义务做了明确规定。因负有清算义务的股东间系连带责任，故实际操作中，债权人倾向于把所有的股东都作为被告，故即使国有企业仅持有1%的股权，也可能会先承担100%的责任以及向其他股东追偿无着落的风险。

防范措施：公司解散后，股东应积极履行清算义务，保管好公司的主要财产、账册和重要文件等。

（三）合同管理

合同是现代企业从事经营活动和对外经济交往的主要手段，合同的签订与履行是企业取得经济效益的主要途径，现代企业的运营过程实际上就是合同签订、履行的过程。合同管理则是对合同的审批、签订、履行、变更、终止、违约处理等全过程进行计划、组织、控制、调节和监督检查等管理活动。来自合同管理过程中的法律风险既包括合同本身产生的法律风险，也包括外部因素引起的法律风险，即内部法律风险和外部法律风险。

合同风险是企业法律风险的源头，大部分法律风险都是因为合同本身不完善或者合同履行过程出现了问题而产生的。因此。合同管理在企业管理中占有非常重要的地位，充分认识其在生产经营过程中的重要作用，防范合同管理过程中可能出现的法律风险，对企业健康发展、创造更大经济效益具有十分重要的意义。

1. 合同管理中法律风险的具体表现

我国《民法通则》和《合同法》规定，违背法律和行政法规的合同属于无效合同。与主体不符合法律规定方签订合同将导致合同无效。因主体不适合，导致合同无效后，合同所有条款中只有争议解决条款对双方当事人有约束力，其他条款均无效,双方订立合同的目的不能得以实现,造成人力物力的浪费,给企业带来经营风险。对于某些特殊行业,尤其是关系国计民生的行业,国家实行行业准入制度,不符合一定标准的自然人和其他主体不允许进入市场。如发包人与没有资质或者资质等级达不到要求的承包人签订建设工程施工合同,属无效合同。

根据法律规定,招标、投标是订立合同的基本方式。而在招标、投标中有很多做法不符合法定程序:应当招标的工程而未招标的;招标人泄露标的;投标人串通作弊、哄抬标价,致使定标困难或无法定标的;招标人与个别投标人恶意串通、内定投标人的;国家重点建设项目及大型建设项目公开招标的,其议标单位少于三家的。这些情况很可能会带来合同无效的法律风险。

履约能力即合同当事人履行合同的能力,履约能力既包括支付能力也包括生产能力。合同当事人作为市场主体,内部的风险和外部的风险都可能影响到其支付能力和生产能力。在签订合同之前对对方的履约能力做全面的调查,将对风险防范有很大帮助,调查的内容应当包括对方的企业性质、注册资金、银行的信用等级、项目审批、资金来源、生产能力、生产规模、技术力量和已有业绩等。要在经济往来过程中注意对方的履约能力,必要时可以自行也可以委托社会中介机构进行调查。

合同在履行过程中可能会因为某种因素发生主体的变更,使合同的权利义务转让给第三人。合同主体发生变更后,第三方的信用程度和履约能力对合同一方来说存在未知的风险。比如合同履行过程中的债权转让,转让人只需通知债务人即可,债务人对受让人的情况可能并不了解;此时受让人对债务人来说就是一个新的风险。某些合同在履行的过程中,内容不可避免会发生变化。合同条款的制定者不可能穷尽需要合同双方完成的每一项工作,已经约定的条款根据现实情况的变化可能会发生变化,原来的合同条款可能已经没有履行的必要。此时合同内容的变化对双方当事人来说就意味着风险的产生。

合同欺诈的主要表现形式有伪造虚假证件,对自己的真实身份和能力加以隐瞒,以及利用企业对新业务范围的信息缺乏,抓住急于获得经济利益的心理诱使上当。企业遭受合同欺诈后,应该利用《合同法》关于合同无效的相关规定积极维护自身的合法权益,要求返还财产。对于合同标的额大、影响恶劣的,可以请求公安、司法机关处理。

政策变动带来的合同风险属于企业的外部法律风险。在我国这样一个经济转轨国家,政策调整和变动的风险始终是影响企业经营的重要因素。国家政策变动包括金融政策变化、税收政策变化、产业政策变化等。由于我国《合同法》尚未设立情势变更规定,因而防范由于政策变动带来的合同风险显得尤为重要。

2. 防范合同管理中法律风险的措施

在企业内部建立严格的合同评审机制,落实合同会签制度,做好合同风险的事先防范。这是防范合同管理中法律风险的制度保障。在合同评审体制中,最重要的就是合同会签制度,合同在签订之前,必须经过业务部门负责人签署意见。相关业务部门应当从自身的职责及角度出发，对合同的内容进行审核，将本部门的意见签署在合同会签单上，明确是否同意签订合同，合同内容还应该做什么样的修改。合同评审属于合同风险的事先防范，事先防范投入的成本远远低于事后救济，但起到的作用却不可估量。事先防范的投入和事后救济的投入是成反比的，事先防范的投入小，事后救济的投入就大；反之，事先防范的投入大，事后救济的投入就小。企业应重视发挥合同评审机制的作用，可以小的投入获得大的收益。

收集与本行业有关的合同文本，对合同文本进行整理，形成符合本企业特点的示范文本。企业的性质不同，使用的合同种类也不相同。企业的主导产业所使用的合同是最重要的合同，是关系企业经济效益的重要合同，其他合同从性质和合同金额上来讲，都是为主导产业服务的。企业应当针对自己的主要业务内容对这些经常使用的合同进行总结，一方面可以借鉴行业内其他企业的通行做法，另一方面可以总结自身在长期的经营管理过程中形成的合同实际履行的经验，并把经验书面化到合同中，建立本企业经常使用的示范文本。除此之外，企业还应当根据国家法律、行政法规、地方性法规和规章以及行业规范的更新变化，及时调整示范文本。

提高企业全体员工的法律水平，进行有针对性的培训，提高员工的履约能力，防范合同履行过程中的法律风险。签订一个好的合同只是开始，合同的履行才是真正重要的环节。企业相关人员在合同履行过程中，应当注意保存自己一方已经履行合同义务的证据，同时注意保存对方违反合同的证据，尽量将这些过程用书面形式记载下来。在履行合同过程中，有时合同内容可能会发一些变化，尤其是对方当事人占主导和支配地位的合同，对方当事人往往会利用优势地位在履行过程中让相对方承担合同义务之外的工作。相对方在此种情况下应做好补充合同或者备忘录等书面记载，将书面文件送交对方当事人签字或者盖章。如果对方拒绝签收或者在收到文件后不签字盖章，经办人应保留曾经将此类文件送交给相对人的书面证据。企业要针对本行业的特点对企业员工进行相应的法律培训，提高他们的法律素养，使他们在履行合同的过程中能够收集保管好相关证据资料，保证合同顺利履行，防止诉讼发生，为诉讼需要的证据资料做好准备。做好合同相对人的资信调查，建立信用等级评价，客户登记制度。

利用担保保证合同全面履行。企业在合同签订和履行过程中，为保证合同严格履行，可以依据《担保法》的规定，依法设定担保的内容，明确合同三方的权利义务，用好合同担保制度，降低合同风险。具体而言，企业要求其他企业为合同履行提供担保，应审查对方的担保资格以及用来担保的财产权利状况，并在合同中明确担保责任条款，一旦相对方违约，可依法追究担保责任，实现合同担保权利。企业如果是做担保人或为其他企业提供担保，要依法审慎设定，必要时可要求被担保人提供反担保，以减小合同担保风险。

利用保险制度转嫁合同风险。保险业有资金融通、经济补偿和辅助社会管理三大功能，企业可以利用其经济补偿功能转嫁合同风险，实现三方共赢。

在企业内部建立完善的法律事务机构，建立和实行企业总法律顾问制度。企业法律风险防范制度的建立贯穿企业经营管理全过程，涉及企业各岗位和人员。应针对企业实际状况和个性化特征，从定制、预知、预警、预案及危机处理几个方面入手，搭建严密、简易可行的法律风险控制体系。该制度既涉及公司战略结构、日常决策、经营授权等高层事项，也涵盖对外合同、内部财务、岗位教育、员工管理、索赔处理等细致问题。建立法律风险防范体系是一个复杂且耗时较长的过程，需要企业与律师的共同努力与配合完成。

三、企业的知识产权保护

知识产权是指人类智力劳动产生的智力劳动成果所有权。它是依照各国法律赋予符合条件的著作者、发明者或成果拥有者在一定期限内享有的独占权利，一般认为它包括版权（著作权）和工业产权。知识产权是人类重要的科技文化成果，对于社会经济的发展做出了巨大贡献。对于很多初创企业来说，很容易忽略知识产权的保护，自己的核心技术、公司商标一不小心就变成了别人的"专利"。面对竞争对手侵犯知识产权时应及时采取法律措施，保障自己的合法权益。

（一）商标

企业使用的商标必须按照法律程序进行注册，若商标不经过注册，商标使用人对该商标就不享有商标专用权。这样商标就不能起到标示商品来源的作用，也会使消费者混淆对商品的认知。此外，未注册商标还有一个严重的弊端，即一旦他人抢先注册该商标，就享有了该商标的专用权，该商标的最先使用人反而不能再使用该商标。根据我国《商标法》，商标专用权的原始取得只有通过商标注册取得，而申请商标注册，又采用申请在先原则。原则上，对一个未注册商标来讲，谁先申请注册，该商标的专用权就授予谁。有律师认为，未注册商标还有一个致命后果，就是未注册商标有可能与在相同或类似商品上已注册的商标相同或者近似，从而发生侵权行为。侵权行为一旦发生，则由侵权人承担侵权的法律后果。为了防止被抢注，创业公司需要提前将公司名称、品牌名、LOGO、APP icon、产品等重要信息注册为商标。商标注册时按照保护的领域或产业不同，施行分类别注册的原则。按照《商品分类表》，商标分类包括 45 个大类，涉及 10 000 多个商品和服务项目。对创业者来说，初期可将重点限定在产品或服务所在行业或领域中。

（二）专利

如果企业的技术是独创的，别人不具备的，就应该申请专利保护，获得了专利权后，企业就可以建立竞争的壁垒，如果有同行仿冒自己的技术，就可以利用专利权对竞争对手进行打击。《中华人民共和国专利法实施细则》第二条规定：专利法所称发明，是指对产品、方法或者其改进所提出的新的技术方案。专利法所称实用新型，是指对产品的形状、构造或者其结合所提出的适于实用的新的技术方案。专利法所称外观设计，是指对产品的形状、图案或者其结合以及色彩与形状、图案的结合所作出的富有美感并适于工业应用的新设计。专利从根本上说，属于一种商业手段。除了技术性之外，还有很多其他用途。比如企业通过产品或者公司拥有的专利来提升形象，可以向银行抵押专利来获得贷款，可以使用专利来提升公司的无形资产，甚至还可以通过专利来限制竞争对手给自己产品一定的溢价空间。

（三）著作权

著作权也是版权，软件、图片、文字等作品都可以申请著作权。版权登记是一种自愿性质的登记，由著作权人向登记机构提出申请，登记机构经初步审核合格后，依法予以登记并颁发著作权登记证书。该登记证书是著作权人对所登记的作品合法享有著作权的证明，国家司法和行政机关予以承认。著作权自作品创作完成之日起就已经自动产生，不必依靠登记来取得。但作品著作权登记的意义在于被侵权时能举证证明公司对该件作品享有著作权，从而获得著作权法的保护。对于涉及软件开发、文学创作、艺术等相关业务，或拥有移动APP的互联网创业公司来说，提前进行著作权登记是很有必要的。

面对蓬勃汹涌的创业大潮，对于大众创业来说，不论是自主创业，还是加入创业团队，如何做好包括商标在内的各类知识产权品牌建设和创意保护，合理使用知识产权竞争壁垒，避免侵犯他人的知识产权，在日常经营活动中尤为重要。随着国家经济体制改革的日益完善，以及"双创"环境的迅猛发展，更多的技术人员或公司骨干走上自主创业的道路。而随着公众对于新产品认知的增加，商业模式的接纳，初创型公司往往可以在短时间内获得资本市场的青睐。没有了资金的压力，初创型公司可以更好地研发自己的产品，推广自己的品牌，占领巨大的蓝海市场，但问题也随之而来，知识产权保护意识薄弱则成为普遍现象。

典型案例 13-1

在北京陌陌科技有限公司赴美首次公开募股（IPO）之际，接到了法院的传票。法院受理了一起普通的注册商标侵权案件，被告方为北京陌陌科技有限公司，据称，被告理由是其侵犯了原告注册的45类第"11312563"号陌陌商标。该商标由杭州尖锐软件有限公司申请，申请日期为2012年8月6日，专用权期限为2014年1月7日至2024年1月6日，其适用的商品/服务列表包括4502社交陪伴、4505交友服务/婚姻介绍/计划和安排婚礼服务、4503服装出租等。而根据当时的商标局网站的资料显示，北京陌陌科技有限公司已经注册商标超过60个，涵盖科技应用、地理等多个范围，涉及第9类可下载软件、第35类广告、第38类信息传送等，但并没有涉及45类的商标。而这家来自杭州的公司于 2012 年在第 45 类涉及婚介、交友的列别注册了"陌陌"商标。显然是北京陌陌科技有限公司当时的疏忽造成了这次失误。

在初创企业初期，尤其涉及实体行业的情况下，对于代理商的控制也要严格，不能因为代理商的出货量而转让商标权，更要小心部分代理商在其区域内抢注权利人的商标，一旦发生这种情况，要提早进行异议或者无效该商标，否则后续随着公司的发展会造成更大的麻烦。

第二节 创新创业政策

教师箴言

因势利导，善用政策，事半功倍。"大众创业、万众创新"，国家给企业主带来了创业的春天。

核心概念

"大众创业、万众创新"：2015 年 2 月 10 日，李克强总理邀请 60 余名外国专家举行座谈。关注中国"大众创业、万众创新"的诺贝尔经济学奖得主埃德蒙德·菲尔普斯提到，中国经济新引擎将带来"非物质性好处"。他说："如果大多数中国人，因为从事挑战性工作和创新事业获得成就感，而不是通过消费得到满足的话，结果一定会非常美好。"李克强总理提出"大众创业、万众创新"，以简政放权的改革为市场主体释放更大空间，让国人在创造物质财富的过程中同时实现精神追求，这是政府一直努力的方向。

学习重点

熟悉国家创新创业政策特别是对创业者的优惠政策，了解创业孵化基地的优惠政策。

创新创业政策是创业企业面临的外部宏观环境。创业法规与政策环境的好坏必然直接影响着企业发展的前景。中国各级政府拥有土地、资金、市场准入（信贷与上市机会等）控制权，在城建、民生工程、区级经济等方面，各级政府不仅是推手，有时还直接参与其中，因此，创业者要把政府政策视为创业的环境机会资源，纳入商机管理范畴。目前我国的创新创业政策，包括国家和各地政府对创业者的优惠政策、创业者奖励补贴政策和创业孵化基地优惠政策三类。

一、创业者优惠政策

创业者的优惠政策,可以从融资政策、人才政策、创业保障政策等几个方面解读。2019年《政府工作报告》在如何扶持中小企业方面明确了多项政策措施,实施更大规模的减税,普惠性减税与结构性减税并举,重点降低制造业和小微企业税收负担;深化增值税改革。将制造业等行业现行16%的税率降至13%,将交通运输业、建筑业等行业现行10%的税率降至9%,确保主要行业的税负有明显降低;明显降低企业社保缴费负担。稳定现行征缴方式,各地在征收体制改革过程中不得采取增加小微企业实际缴费负担的做法,不得自行对历史欠费进行集中清缴;着力缓解企业融资难、融资贵问题。加大对中小银行定向降准力度,释放的资金全部用于民营和小微企业贷款。2019年国有大型商业银行小微企业贷款要增长30%以上;强化普惠性支持。落实好小规模纳税人增值税起征点从月销售额3万元提高到10万元等税收优惠政策等。也就是说,从政策的角度来说,对中小企业发展的环境是相当好的,那么未来是否更加适合创业呢?

作为一个创业者,虽然政策环境越来越好,越来越有利于创业,但是决不能把希望寄托在有没有扶持政策和优惠政策上。因为创业不同于已经成功的企业投资项目,已经成功的企业到异地去投资项目时,希望得到的政策扶持越多越好,享受的优惠政策也越多越好。因为那些都有可能成为利润,可转化成投资收益。因此,扶持政策是多多益善。

如果在创业起步阶段有政策的扶持和优惠,对于较快地走过创业期,更好地运用技术、开发产品、拓展市场等是能够起到一定的促进作用的,是能够帮助企业克服一些困难的,也是更加有利于创业者尽早步入良性轨道的。所以一定的政策扶持是必须的,尤其是高科技企业、创新型企业,更需要在初创期得到政策的扶持和优惠。

国家在税收、资金等方面出台了一系列的措施,对起步阶段的创业者予以更大的支持。如果创业者有良好的创业能力,有良好的技术和产品,是能够比较好地步入创新创业轨道,比较顺利地克服各种创业困难的。所以,给予创业者更多的政策扶持还是需要的,是符合创业规律的。

(一)融资政策

近来年,部分民营企业在经营发展中遇到了一些困难和问题,有民营企业家形容为遇到"三座大山":市场的冰山、融资的高山、转型的火山。当前,随着高等教育事业的发展和高校招生的扩张,我国每年高校毕业生人数呈上升趋势,就业形势日益严峻。自2014年李克强总理首次提出"大众创业、万众创新"之后,大学生自主创业逐渐成为解决就业难的有效途径。2014年开始,国家不断出台相关的创业贷款及税收政策扶持。

1. 大学生自主创业

2017 年，国家规定符合大学生自主创业条件申请创业担保贷款的，额度为 10 万元，且超过贷款基础利率 3% 以上部分由国家财政补贴。2018 年，鼓励各地对个人创业担保贷款额度从 10 万元上调至不低于 30 万元；创业的税收优惠也比 2017 年有了更大的减免额度。总体而言，我国的创业环境得益于各类政策的实行而日益宽松。但是从实际数据来看，我国大学生自主创业成功的绝对数还是较少，失败者仍居多数。根据《2017 年中国大学生创业报告》显示，缺乏创业资金、社会关系和管理经验是创业大学生们共同的难题，而 61.37% 的受访者认为缺乏创业资金是最大的困难。一方面由于创业成功与否的不确定性影响了金融机构的贷款意愿；另一方面创业者自身未能很好把握和运用政策，诚信缺失等也导致了难以申请贷款的问题。因此，对大学生创业金融支持体系进行创新已成为一个现实问题。

2. 优化资本市场

综合运用征信管理、账户管理、外汇管理等手段，支持具有良好发展前景的创业企业在证券交易所、全国中小企业股份转让系统、股权交易中心上市、挂牌。充分发挥创业板对创业创新融资的重要平台作用，积极探索特殊股权结构类创业企业到创业板上市的制度设计，研究推动符合条件但尚未盈利的互联网和科技创新企业到创业板发行上市。规范发展省内服务于中小微企业的区域性股权市场，推动其建立与全国中小企业股份转让系统的转板机制。建立工商登记部门与区域性股权市场的股权登记对接机制，支持股权质押融资。支持符合条件的创业企业在银行间发行超短期融资券、短期融资券、中期票据、企业债、资产支持票据等债务融资工具，募集资金用于创新项目建设。鼓励具备高成长性的创业企业，依托高新技术产业开发区、产业基地、科技企业孵化器，以"区域集优"的模式发行集合票据。支持符合条件的创业企业赴香港发行人民币债券。支持符合条件的发行主体发行小微企业增信集合债等企业债券创新品种。

3. 创新银行支持方式

鼓励银行业金融机构针对创业创新企业资金需求和四众（众创、众包、众扶、众筹）特点积极创新信贷产品和服务模式，发展小额贷款、债务融资、质押融资等新业务。合理配置支持小微企业再贷款额度，适当向小微型创业创新企业信贷投放力度较大的城市商业银行、农村商业银行、村镇银行倾斜，引导地方法人银行业金融机构加大对创业创新活动的信贷投入。鼓励银行业金融机构在科技资源集聚区域设立专门从事创新金融服务的科技信贷专营机构，通过建立贷款绿色通道等方式，提高科技贷款审批效率。支持银行业金融机构利用互联网、大数据、云计算等新技术，构建金融公共云服务平台，积极向创业企业提供融资理财、资金托管、债券承销、信息咨询、财务顾问、并购贷款等一站式系统化金融服务。

4. 丰富创业融资模式

深入推进"互联网+"众创金融示范区建设，鼓励互联网金融平台、产品和服务创新。升级建设创业创新金融街，引导互联网金融企业与创业创新资源无缝对接，实现集聚发展。鼓励互联网企业依法合规设立网络借贷平台，为投融资双方提供借贷信息交互、撮合、资信评估等服务。大力发展政府支持的融资担保机构，加大创业担保贷款支持力度，加强政府引导和银担合作，综合运用资本投入、代偿补偿等方式，促进融资担保机构和银行业金融机构为符合条件的创业企业和四众平台企业提供快捷、低成本的融资服务。探索开展二次担保贷款业务，支持有条件的地区开展"信用贷款"。加快完善科技保险市场，探索在珠三角地区开展全国专利保险试点，支持保险公司创新科技保险产品及服务，支持符合条件的社会资本在广东省设立相互保险公司。实施知识产权金融服务促进计划，编制广东省知识产权质押评估技术规范，完善知识产权估值、质押和流转体系，设立知识产权质押融资风险补偿基金，鼓励银行业金融机构推广专利权、商标权、著作权等知识产权质押贷款业务。

（二）人才政策

1. 支持科研人员创业

高校和科研院所等事业单位专业技术人员，经所在单位批准并签订合同，可离岗从事创业工作，离岗3年为一期，最多不超过两期，离岗期间保留人事关系，与原单位同等条件人员同等享有参加职称评聘、岗位等级晋升和保留社会保险关系等方面的权利。高校和科研院所要抓紧制定专业技术人员在职创业、离岗创业的内部人事管理办法。完善创新型中小企业上市股权激励和员工持股等制度规则。推进实施经营性领域技术入股改革，促进高校和科研院所科技成果转化。推进广东省科学技术协会所属学会有序承接政府转移职能试点，探索学会服务地方经济社会发展的有效方式。

2. 支持大学生创业

搭建高校创业信息交流平台，建设大学生创业创新示范基地、大学生创业创新教育示范校、大学生创业创新园、创业创新模拟实验室、创业孵化基地等创新实践平台。实施大学生创业素质提升、创业政策助推、创业服务优化和创业文化培育工程，提升大学生创业意识和能力，扩大大学生创业规模。鼓励高校成立创业创新俱乐部，聘请创业成功者、企业家、投资人等兼任创业创新导师，推行大学生创业校企双导师制，为大学生创业创新提供培训和辅导。全面推进高校学分制管理改革，实行弹性学制管理，支持大学生保留学籍休学创业。

3. 支持境外人才来粤创业

继续实施"珠江人才计划"和"高层次特殊人才支持计划"，积极引进一批创业创新团队和领军人才。根据各市产业特色和人才需求实际，采用省市共建方式支持各地特色留学人员创业园建设。加强海外人才工作站建设，对成功引进海外高层次人才智力的机构和人员予以奖励，支持本土企业主动参与国际人才交流。落实外籍高层次管理人才、高科技人才以及投资人才入境、居留便利等有关政策。研究降低外籍高端人才的工作门槛，开通外籍高端人才工作许可办理的绿色通道，为符合申请条件的外国人办理永久居留证件。在广州、深圳、东莞培育建立海外科技人才离岸创业基地。

4. 健全创业人才培养与流动机制

支持高校开设创业创新教育课程，推动创业创新教育与专业教育有机融合。大力发展现代职业教育，坚持产教结合，校企合作，积极推动现代学徒制试点，着力培育技术技能人才。加快推进社会保障制度改革，适应人才流动的需要，实现社会保险关系顺畅转移接续。健全职称评审分类评价机制，完善激励科技成果转化的职称评审导向机制。对符合条件的创业失败者可认定为就业困难人员，按规定落实社会保险补贴、岗位补贴、培训补贴、费用减免、公益性岗位安置、职业介绍补贴、职业技能鉴定补贴等扶持政策。

(三) 创业保障政策

1. 创新体制机制，实现创业便利化

（1）优化市场准入制度。试行市场准入负面清单制度，市场准入负面清单以外的行业、领域、业务等，各类市场主体皆可依法平等进入。深化行政审批制度改革，进一步取消妨碍大众创业、万众创新的行政审批事项，全面推行行政审批标准化，逐步实现同一事项同等条件无差别办理。推广"一门式""一网式"政府服务管理模式，实现行政审批及服务事项便捷办理。推进工业产品生产许可证行政审批制度改革，实现从事前审批向事中事后监管转变。

（2）深化商事制度改革。全面落实工商营业执照、组织机构代码证、税务登记证"三证合一、一照一码"登记制度以及"先照后证"改革，推进全程电子化登记和电子营业执照应用。在中国（广东）自由贸易试验区试点实施电子营业执照，支持有条件的地市开展企业登记全程电子化改革试点，推动建立全省统一的全程电子化网上登记业务平台。支持各地级以上市开展住所（经营场所）登记改革，放宽登记条件限制，推动"一址多照"、集群注册等住所登记改革。积极开展企业简易注销改革试点，建立便捷的市场退出机制。

（3）完善公平竞争市场环境。加强公平竞争审查，打破地方保护主义，推动形成统一透明、有序规范的市场环境。完善反垄断执法办案机制，拓宽反垄断执法领域，对重点领域不正当竞争行为进行集中整治。清理规范行政审批中介服务及收费，取消政府部门设定的区域性、行业性或部门间中介服务机构执业限制和限额管理。清理规范涉企收费项目，完善收费目录管理制度。依托企业信用信息公示系统建立小微企业名录，增强创业企业信息透明度。

（4）健全市场监管机制。建立健全以信用为核心的新型市场监管模式，加强跨部门、跨地区协同监管，完善守信激励机制和失信联合惩戒机制。完善企业信用信息管理目录，建立和规范企业信用信息发布制度，制定严重违法企业名单管理办法，把创业主体信用与市场准入、享受优惠政策挂钩，完善以信用管理为基础的创业创新监管模式，建立健全事中事后监管体系。充分利用大数据、随机抽查、信用评价等手段加强监督检查和对违法违规行为的处置。

（5）加强知识产权保护。积极推动知识产权交易，强化知识产权运营公共服务，满足创业创新需求。以展会、大型商场、专业市场及商品批发集散地等流通环节及食品、药品和家电等产品为重点，严厉打击侵犯知识产权行为。在部分地级以上市建设国家级或省级维权援助平台，争取新的国家知识产权快速维权试点，建立跨行业、跨区域的知识产权快速授权、确权和维权服务体系。支持建立巡回审判工作机制，推进知识产权民事、刑事、行政案件的"三审合一"。探索区域和部门间知识产权保护协作机制。加大网络知识产权执法力度，积极探索在线创意及研发成果的知识产权保护机制。

2. 优化财税政策，强化创业扶持

（1）加大财政支持力度。统筹用好各类支持小微企业和创业创新的财政资金，加大对创业创新人才和项目的支持力度，引导社会资源支持四众加快发展。设立省级创业引导基金，通过阶段参股、跟进投资、风险补偿等方式，重点支持以初创企业为主要投资对象的创业投资企业发展以及大学生创业创新活动。对经认定并按规定为创业者提供创业孵化服务的创业孵化基地，按每户不超过3 000元标准和实际孵化成功户数给予创业孵化补贴；对入驻政府主办的创业孵化基地（创业园区）的初创企业，按第一年不低于80%、第二年不低于50%、第三年不低于20%的比例减免租金。落实创业培训补贴、一次性创业资助、租金补贴、创业带动就业补贴等各项扶持政策。

（2）落实普惠性税收政策。落实高新技术企业和创业投资企业税收优惠、研发费用加计扣除、股权奖励分期缴纳以及科技企业孵化器、大学科技园、固定资产加速折旧等创新激励税收优惠政策。落实促进高校毕业生、残疾人、退役军人、登记失业人员等创业就业税收政策。探索实施科技成果转化股权激励的个人所得税递延纳税政策、天使投资税收支持政策、新型孵化机构适用科技企业孵化器税收优惠政策。将线下实体众创空间的财政扶持政策惠及网络众创空间。切实加强对国家税收扶持政策的解读、宣传，进一步公开和规范税收优惠政策的申请、减免、备案和管理程序，加强对税收扶持政策执行情况的监督检查。

（3）发挥政府采购支持作用。修订完善广东省中小企业认定标准，落实促进中小企业发展的政府采购政策。推动实施创新产品和服务远期约定政府购买制度，发布广东省远期约定购买创新产品与服务清单，加大创新产品和服务的采购力度。建立首台（套）重大技术装备推广应用制度，对经认定的首台（套）重大技术装备,在产业化后对研制企业进行奖励,对装备制造企业投保费用给予补贴。

3. 拓展城乡创业渠道,实现创业带动就业

(1) 支持返乡创业集聚发展。认真贯彻落实《国务院办公厅关于支持农民工等人员返乡创业的意见》(国办发〔2015〕47号),大力实施鼓励农民工等人员返乡创业三年行动计划,强化政策衔接,鼓励和引导更多有技术、有资本、会经营、懂管理的进城务工人员等人员返乡创业。依托现有各类农业产业园区,支持一批基础设施完善、服务功能齐全、社会公信力高、示范带动作用强的园区建设成为农民创业创新园区。选择并支持一批政策落实好、创业创新环境优的县(市、区),重点开展休闲农业、农产品深加工、乡村旅游、农村服务业、家庭农场等示范试点。深入实施农村青年创业富民行动,支持返乡创业人员因地制宜围绕休闲农业、农产品深加工、乡村旅游、农村服务业等开展创业,完善家庭农场等新型农业经营主体发展环境。

(2) 支持依托电子商务创业就业。推动出台促进农村电子商务发展的指导意见,支持电商企业积极开展农村电子商务,鼓励粤东西北地区建设特色产业电子商务平台,推动县域电子商务发展。引导和鼓励集办公服务、投融资支持、创业辅导、渠道开拓于一体的市场化网商创业平台发展。鼓励龙头企业结合乡村特点建立电子商务交易服务平台、商品集散平台和物流中心,推动农村依托互联网创业。鼓励电子商务第三方交易平台渠道下沉,带动城乡基层创业人员依托其平台和经营网络开展创业。

(3) 完善基层创业支撑服务。加快完善覆盖城乡的公共就业创业服务体系,推动服务网点向基层延伸。推进城乡基层创业人员社保、教育、医疗等基本公共服务均等化,完善跨区域创业转移接续制度。强化农村劳动力专业就业培训和职工技能晋升培训,开展远程公益创业培训,提升基层人员创业能力,从新型职业农民、农村实用人才、技术能手、大学生村官等群体中培养农民创业创新带头人。鼓励中小商业银行设立社区支行、小微事业部,加快发展农村普惠金融,支持社区和农村创业者创业。选择一批知名农业企业、合作社、农产品加工和物流园区等作为基地,为创业创新农民提供见习、实习和实训服务。

4. 促进线上线下融合,推动四众健康发展

(1) 全面推进众创。汇众智搞创新,通过创业创新平台汇集众智,整合资源,实现人人都可参与创新。大力发展专业空间众创,鼓励各类科技园、孵化器、创业基地、进城务工人员返乡创业园等与互联网融合创新,推动基于"互联网+"的创业创新活动,鼓励创客空间、创业咖啡、创新工场等新型众创空间以及线上虚拟众创空间发展。推进网络平台众创,支持大型互联网企业、行业领军企业通过网络平台向各类创业创新主体开放技术、开发、营销、推广等资源,鼓励各类电子商务平台为小微企业和创业者提供支撑。积极培育壮大企业内部众创。在确保公平竞争前提下,鼓励对众创空间等孵化机构的办公用房、用水、用能、网络等软硬件设

施给予适当优惠，减轻创业者负担。

（2）积极推广众包。汇众力增就业，借助互联网手段，将传统由特定企业和机构完成的任务向自愿参与的所有企业和个人进行分工、分包。大力发展研发创意、制造运维、知识内容、生活服务等众包，鼓励服务外包示范市、技术先进型服务企业和服务外包重点联系企业积极应用众包模式。支持有能力的大中型制造企业通过互联网众包平台满足大规模标准化产品订单制造需求。推动交通出行、快件投递、旅游、医疗、教育等领域生活服务众包。推动整合利用分散闲置社会资源的分享经济新型服务模式。

（3）立体实施众扶。汇众能助创业，通过政府和公益机构支持、企业帮扶援助、个人互助互扶等多种方式，共助小微企业和创业者成长。加快公共科技资源和信息资源开放共享，提升各类公益事业机构、创新平台和基地的服务能力，鼓励行业协会、产业联盟等对小微企业和创业者加强服务。鼓励大中型企业通过生产协作、开放平台、共享资源、开放标准等形式带动上下游小微企业和创业者发展。支持开源社区、开发者社群、资源共享平台、捐赠平台、创业沙龙等各类互助平台发展。鼓励通过网络平台、线下社区、公益组织等途径辅助大众创业、万众创新。

（4）稳健发展众筹。汇众资促发展，通过互联网平台向社会募集资金，拓展创业创新投融资新渠道。鼓励消费电子、智能家居、健康设备、特色农产品等创新产品开展实物众筹。稳步推进股权众筹试点，鼓励小微企业和创业者通过股权众筹融资方式募集早期股本。对投资者实行分类管理，切实保护投资者合法权益，防范金融风险。规范发展网络借贷，支持互联网企业依法合规设立网络借贷平台，运用互联网技术优势加强风险防控。发展互联网与实体相结合的众创金融平台，探索推出创业创新融资价格指数，为互联网项目提供网上融资支持。

（5）推动四众平台持续健康发展。以更包容的态度、更积极的政策营造四众发展的宽松环境，鼓励各类主体积极探索四众的新平台、新形式、新应用，在更大范围、更高层次、更深程度上推进大众创业、万众创新。坚持公平进入、公平竞争、公平监管，破除限制四众新模式新业态发展的不合理政策和制度瓶颈。积极探索交通出行、无车承运物流、快递、金融、医疗等领域的准入制度创新，针对四众资产轻、平台化、受众广、跨地域等特点，放宽市场准入条件。创新与四众发展相适应的支付、征信和外汇服务，促进四众平台加快发展。推动相关行政管理部门与四众平台企业加强互联共享，推进公共数据资源开放，推行电子签名、电子认证，推动电子签名国际互认。适应新业态发展要求，建立健全行业标准规范和规章制度，创新监管方式，强化平台企业内部治理，明确四众平台企业在质量管理、信息内容管理、网络安全等方面的责任、权利和义务，发挥四众平台企业内部治理和第三方治理作用，健全政府、行业、企业、社会共同参与的治理机制。建立四众平台企业的信用评价机制，公开评价结果。加强行业自律规范，推行守信激励机制和失信联合惩戒机制，对违法失信者依法予以限制或禁入。四众平台企业应切实提升技术安全水平，保障信息安全和用户权益。

推进大众创业、万众创新是培育和催生经济社会发展新动力、激发全社会创新潜能和创造力的重大举措，各地各部门要高度重视，进一步统一思想认识，加强组织领导，明确责任分工，形成强大合力。广东省应全面深化改革，加快实施创新驱动发展战略，领导小组办公室要加强统筹协调和督促指导。建立部门之间、部门与地市之间的政策协调联动机制，系统梳理各部门各地区已发布的有关支持创业创新发展的政策措施，做好"立、改、废"工作。要充分尊重和发挥基层首创精神，鼓励地方和部门先行先试，探索适应创业创新和四众新模式新业态发展的新形式，及时总结形成可复制、可推广的经验。各地各部门要建立大众创业、万众创新政策措施落实情况督查督导机制，完善政策执行评估体系和通报制度，全力打通政策部署的"最先一公里"和政策落实的"最后一公里"，确保各项政策措施落到实处。要加大宣传力度，加强舆论引导，及时总结推广成功经验做法，积极营造大力推进大众创业、万众创新的良好社会氛围。

二、地方奖励性补贴政策

（一）创业资助"提标扩面"

比如说，佛山市创业一次性创业资助标准从原来的 5 000 元提高到 10 000 元，可享受政策的对象范围包括普通高等学校、职业学校、技工院校学生（在校及毕业 5 年内）和出国（境）留学回国人员（毕业 5 年内）、军转干部、复退军人以及登记失业人员、就业困难人员、返乡创业人员。

（二）进一步降低企业招工费用

组织开展人力资源状况调查，统筹利用好省内外劳动力资源，广东省每年组织 500 场以上省内"村企""园村""校企"招聘活动，组织 200 场以上省际劳务对接活动，支持外省（区）在粤设立劳务工作站，并通过就业补助资金给予适当补助。支持粤东西北地区通过就业创业服务补助购买基本服务成果，引导人力资源服务机构、劳务经纪人等市场主体开展农村劳动力有组织劳务输出，每成功介绍一名农村劳动力稳定就业并参加社会保险 6 个月以上的，由就业补助资金给予不超过 800 元的补助。积极培育人力资源服务业，提升人力资源服务集约化、专业化、精细化水平，对促进就业创业成效显著的国家级、省级人力资源服务产业园，广东省分别奖补 200 万元、100 万元。强化人力资源市场秩序管理，严厉打击"黑中介""工头"违法操纵市场、扰乱市场秩序等各类违法违规行为。对被评为国家、省"人力资源服务诚信示范机构"的，广东省分别奖补 50 万元、20 万元。

（三）积极支持中小微企业吸纳就业

将中小微企业招用应届高校毕业生社保补贴期限从1年延长至2年。登记注册3年内的中小微企业，按其吸纳就业人数给予带动就业补贴，招用3人（含3人）以下的按每人2 000元给予补贴，招用3人以上的每增加1人给予3 000元补贴，补贴总额不超过3万元。支持家政服务业吸纳就业，对员工制家政服务企业，按不超过其为所招用家政服务从业人员实际缴纳社会保险费的50%给予补贴。鼓励中小微企业吸收建档立卡贫困劳动力就业，稳定就业并参加社会保险6个月以上的，由就业补助资金按每人3 000元给予补贴。对用人单位、产业园区吸纳就业效果显著，且被省评定为示范性就业扶贫基地的，给予30万元一次性奖补。

三、创新创业空间（孵化器/众创空间）优惠政策

科技企业孵化器（以下简称孵化器）是以科技创业企业为主要服务对象，通过提供办公空间和孵化服务，提升企业的存活率和成长率的各类科技创业服务载体。要求孵化场地面积不少于2 000平方米，在孵企业不少于20家。众创空间是以科技型创业项目为主要服务对象，以团队孵化为主要任务，通过提供联合办公和"前孵化"服务，提高创业团队素质和技能，降低创业成本和门槛，引导和帮助创业团队将科技创业点子转化为实业创业的各类科技创新创业场所。要求孵化场地面积不少于200平方米，为不少于10个创业团队（项目）提供服务。

孵化器、众创空间是"众创空间—孵化器—加速器"科技创业孵化育成链条中的重要环节。本书关于孵化器、众创空间优惠政策的解读，主要是参考中国财政部、国家税务总局、科技部、教育部《关于科技企业孵化器、大学科技园和众创空间税收政策的通知》（财税〔2018〕120号））和《广东省科学技术厅、广东省财政厅关于科技企业孵化器、众创空间后补助试行办法（修订）》（粤科规范字〔2018〕1号）。

中国财政部、国家税务总局、科技部、教育部2018年11月5日联合公布通知，明确科技企业孵化器、大学科技园、众创空间有关税收优惠政策，鼓励创业创新。自2019年1月1日至2021年12月31日，对国家级、省级科技企业孵化器、大学科技园和国家备案众创空间自用以及无偿或通过出租等方式提供给在孵对象使用的房产、土地，免征房产税和城镇土地使用税；对其向在孵对象提供孵化服务取得的收入，免征增值税。通知规定，国家级、省级科技企业孵化器、大学科技园和国家备案众创空间应当单独核算孵化服务收入。国家级、省级科技企业孵化器、大学科技园和国家备案众创空间应按规定申报享受免税政策，并将房产土地权属资料、房产原值资料、房产土地租赁合同、孵化协议等留存备查，税务部门依法加强后续管理。通知明确，2018年12月31日以前认定的国家级科技企业孵化器、大学科技园，自2019年1月1日起享受本通知规定的税收优惠政策。2019年1月1日

以后认定的国家级、省级科技企业孵化器、大学科技园和国家备案众创空间，自认定之日次月起享受本通知规定的税收优惠政策。2019年1月1日以后被取消资格的，自取消资格之日次月起停止享受本通知规定的税收优惠政策。

第三节　粤港澳大湾区创业机遇

教师箴言

习近平总书记强调，粤港澳大湾区建设是粤港澳三地的大机遇、大文章，一定抓紧抓实办好。大湾区的定位之一是建成具有全球影响力的国际科技创新中心，这给创业者带来了很多的创业机遇。

核心概念

粤港澳大湾区的目标是建成国际一流湾区和世界级城市群。创新驱动，改革引领。实施创新驱动发展战略，完善区域协同创新体系，集聚国际创新资源，建设具有国际竞争力的创新发展区域。全面深化改革，推动重点领域和关键环节改革取得新突破，释放改革红利，促进各类要素在大湾区便捷流动和优化配置。

学习重点

创业者利用粤港澳大湾区的创新创业政策，拓展创业空间。尤其是政策支持港澳青年和中小微企业在内地发展，将符合条件的港澳创业者纳入当地创业补贴扶持范围。

《粤港澳大湾区发展规划纲要》（以下简称《纲要》）提出，要加快国家自主创新示范区与国家双创示范基地、众创空间建设，支持其与香港、澳门建立创新创业交流机制，共享创新创业资源，共同完善创新创业生态，为港澳青年创新创业提供更多机遇和更好条件。

一、《纲要》的内涵

大湾区是中国经济实力最强、开放程度最高和最具创新活力的区域之一。粤港澳大湾区一直以来是创新要素和创业资源最重要的聚集地，但在一国两制下，三种货币和关税等环境，不利于信息等要素资源的流动。但有了最新的《纲要》指导，认定要将大湾区建设成国际科技创新中心，包括构建开放型区域协同创新共同体、建设高水平科技创新载体，以及平台和优化区域创新环境三大板块，进一步推动湾区内创新创业的环境。《纲要》是指导粤港澳大湾区当前和今后一个时期合作发展的纲领性文件。规划近期至2022年，远期展望到2035年。《纲要》内容丰富，涉及基础设施、投资贸易、金融服务、科技教育、休闲旅游、生态环保、社会服务等领域。

二、粤港澳大湾区创业优惠政策

粤港澳大湾区，尤其是深圳，将发挥作为经济特区、全国性经济中心城市和国家创新型城市的引领作用，努力成为具有世界影响力的创新创意之都。《纲要》给创新创业带来的机遇，具体来说包括以下几个方面。

（一）政策引导经济发展为目标，创业氛围更加包容

《纲要》最核心的部分是通过政策的指引，继续推动大湾区的经济协调和快速发展，建成全国范围最大面积的创新创业试验基地。创业公司是经济发展的不竭动力，也是政策引导红利最大的受益方，将获得更大的空间和发展机遇。

（二）建设区域协同创新共同体，加强国际竞争力

建设一个区域协同创新共同体，有利于广东、香港和澳门的创业公司获得更多机会建立创新交流机制，共享创新资源，共同完善创新创业生态。企业和科研机构也有机会参与更多国际科技创新合作，共同举办科技创新活动，到海外设立研发机构和创新孵化基地，以及境内外投资者在粤港澳设立研发机构和创新平台，作为一个对外输出的强有力的创新主体。

（三）创新要素流动更加便捷，提升创业的效率

粤港澳大湾区对出入境、工作、居住、物流等提供更加便利化的政策措施，将鼓励人才、资本、信息、技术等创新要素能够在跨境流动和区域融通，这些宝贵的要素是促进创新和创业的核心资源，更高的流通效率意味着更快创新和抢占市场先机，获得更多区域能力、更强的服务能力和客户市场潜力。创业公司如果利用好宽松的资源要素流动机制，将更快学习和掌握港澳在先进管理等方面的经验。

（四）创新项目孵化环境优化，有利于降低创业成本

值得关注的是，在《纲要》第八章《建设宜居宜业宜游的优质生活圈》的第四节《拓展就业创业空间》，专门提到了完善区域公共就业服务体系，建设公共就业综合服务平台，完善有利于港澳居民特别是内地学校毕业的港澳学生在珠三角九市就业生活的政策措施，扩宽港澳居民就业创业空间。在深圳前海、广州南沙、珠海横琴建立港澳创业就业试验区，试点允许取得建筑及相关工程咨询等港澳相应资质的企业和专业人士为内地市场主体直接提供服务，并逐步推出更多试点项目及开放措施。支持港澳青年和中小微企业在内地发展，将符合条件的港澳创业者纳入当地创业补贴扶持范围，积极推进深港青年创新创业基地、前海深港青年梦工场、南沙粤港澳（国际）青年创新工场、中山粤港澳青年创新创业合作平台、中国（江

门、增城)"侨梦苑"华侨华人创新产业聚集区、东莞松山湖(生态园)港澳青年创新创业基地、惠州仲恺港澳青年创业基地等港澳青年创业就业基地建设。支持香港通过"青年发展基金"等帮助香港青年在大湾区创业就业。支持澳门建设中国与葡语国家青年创新创业交流中心。

孵化环境和支持资源的丰富,有利于降低创业者开展创业的成本,创业资源的融合和团队的组建,方便创业者们更低门槛地启动创业项目。

(五)知识产权保护体系化,有利于知识工作者创造

《纲要》23次出现"知识产权"字样,强调知识产权司法保护、专业人才培养和行政执法,推动知识产权创造、运用、保护和贸易方面的国际合作,建立完善知识产权案件跨境协作机制等。

依托现有交易场所,开展交易和流通,规范化市场培育,甚至开展知识产权证券化试点,有利于促进高端知识产权服务与区域产业融合发展。在越来越完善的知识产权保护保障机制下,有利于保护知识创造者和科研人员的权益,对鼓励创新创业有积极性推动作用。大湾区是海洋经济的最高形态,也是城市群模式的升级版,更是一个国家不断对外开放、参与世界竞争的主要力量之一。

三、粤港澳大湾区创业市场展望

粤港澳大湾区的建设对于身处大湾区的创业者来说,是一个千载难逢的好机会。更多的协调与合作,意味着更多的机会,更加光明的未来和美好的生活工作环境。而作为一个创业团队,如果你想来到粤港澳大湾区一展宏图,就一定要窥探在大湾区这样茂密的"科创丛林"中,有哪些你可以把握的机会。《纲要》明确粤港澳大湾区的定位之一是建成具有全球影响力的国际科技创新中心,这给创业者带来了很多的创业机遇。

(一)关注助力产业转型与结构调整的高端制造业

先进制造、智能制造是未来制造业发展的重要趋势,粤港澳大湾区内初步形成了以先进制造业与战略性新兴产业为主体的产业结构,并集聚形成了信息通信技术(ICT)及科研产业集群。作为科技部批准的3个国家级高新技术产业带之一,珠三角高新产业带内有广州、深圳、佛山、中山、珠海、惠州6个国家级高新技术产业开发区,东莞、肇庆、江门3个省级高新技术产业开发区,广州、珠海2个国家软件产业基地,3个国家级高新技术产品出口基地,12个国家"863"成果转化基地和1个国家级大学科技园。

随着粤港澳大湾区内交通等基础设施层面的互联互通,粤港澳三地教育、医疗、住房等制度的改革,叠加通关等商事规则的便利化,将极大地促进信息流、资

金流、人才流、创新流在粤港澳大湾区的自由流动。凭借香港的人才优势、深圳的创新优势、东莞的制造优势与其他地区的配套优势，粤港澳大湾区将加快迈向全球产业链、价值链的高端，打造世界级先进制造业和高端制造业集聚区，构建起高端引领、协同发展、优势互补、绿色低碳的现代产业体系。作为我国先进制造、高端制造的中心，粤港澳大湾区将成为我国参与国际高端竞争的主要载体。与此同时，粤港澳大湾区拥有广泛的产业结构，除了拥有大量高新技术产业之外，还存在许多不同的传统制造业，这为先进制造、智能制造、高端制造等先进技术与传统工业结合奠定了基础，从而有望加速产业升级与经济转型。未来，人工智能、智能制造、机器人、生物医药、新材料、云计算、工业互联网、新一代信息技术等代表今后工业高质量发展方向的行业，有望在粤港澳大湾区率先实现突破和产业化应用。

（二）关注全面开放新格局下的现代服务业

粤港澳大湾区规划目标之一，是进一步扩大金融和服务业开放合作，吸引更多海内外投资者和商贸活动在大湾区内集聚，从而为产业集群转型升级和培养新的产业集群提供茁壮成长的生态环境。在金融及专业服务方面，相对内地其他城市群，粤港澳大湾区依托香港这个国际金融中心，集合了大批具备专业金融经验与知识的人才和专业服务；同时，香港有透明的法规、健全的监管、与国际接轨的经济和司法体系，使其成为外资企业进入中国市场的理想平台。在全面开放新格局下，粤港澳大湾区有望成为我国现代服务业进一步开放的新高度。

从人均收入与产业结构来看，粤港澳大湾区内大部分地区已经处于后工业化发展阶段或即将步入后工业化发展阶段。从工业化发展规律看，在后工业化阶段，服务业尤其是以金融、物流、商贸为代表的现代服务业会得到快速发展，进而成为主导产业。粤港澳大湾区制造业发达、产业体系健全，这为研发设计、货物运输、金融服务、信息服务、商务服务、节能与环保服务、法律等生产性服务业的发展提供了广阔的空间。借助经济自由区的机制，数字贸易、跨境电子商务等经贸新形态有望在粤港澳大湾区率先取得突破。与此同时，随着未来粤港澳大湾区在教育、医疗、住房、交通等方面的均衡化，这里将形成一个绿色生态的优质生活圈，休闲旅游、养老、教育、文化娱乐等旨在满足人们美好生活的现代服务业也将迎来又好又快的发展阶段。

（三）关注创新经济发展新阶段下的新经济

科技与创新是推动粤港澳大湾区成为世界级城市群的重要因素，也是未来全球经济发展的主要方向。科技与创新成果在不同领域的应用为新经济的发展与新动能的壮大夯实了基础。未来，粤港澳大湾区可以凭借香港知识产权保护良好与专业服务优良的优势，吸引国外先进的科技、创意、研发为我国所用。同时，粤港澳大湾区还可以利用香港科研人员熟悉外国先进科技、善于使用根据国际标准/框架开发技术的特点，以市场需求为导向，加快技术的商业化应用。另外，大湾区的科研成果落地产生的新技术、新模式、新业态、新经济也可以大湾区为依托，积极拓展国际业务，占领国际市场。

本章小结

　　本章对我国和广东省创新创业政策和法规进行了较为系统的介绍。通过本章的学习，需要知道创办企业的主要流程以及你所在地区的创新创业政策和法规环境。粤港澳大湾区建设是粤港澳三地的大机遇、大文章，创业者利用粤港澳大湾区创业优惠政策，可制订出自己的大湾区创业规划。

课外训练

实地调研企业设立流程和可享受的政策优惠

　　1. 企业设立流程。

　　假设你要创办一家企业，请到当地政府工商管理部门，了解企业设立的具体规定和流程，并写出调查日记。

　　2. 企业可享受的政策优惠。

　　假设你要创办一家企业，请到当地政府人力资源与社会保障部门、科技部门和税务局等，了解企业有什么创业优惠政策，并写出调查日记。

参考文献

[1] 《财经天下》周刊. 创业：我们创什么［M］. 广州：广东人民出版社，2016.

[2] 《中国创业孵化30年》编委会. 中国创业孵化30年［M］. 北京：科学技术文献出版社，2017.

[3] 毕传福. 赢在商业模式：移动互联网时代创新与创业机遇［M］. 北京：人民邮电出版社，2015.

[4] 陈春花，曹洲涛，曾昊. 企业文化［M］. 北京：机械工业出版社，2010.

[5] 陈工孟. 创新思维训练与创造力开发［M］. 北京：经济管理出版社，2016.

[6] 陈虹宇，曹颖. "互联网+"大学生创新创业入门［M］. 北京：水利水电出版社，2018.

[7] 陈烈强. 高职创业教育与实践［M］. 广州：华南理工大学出版社，2014.

[8] 陈松，张大红. 移动互联网背景下市场营销策略创新性研究［J］. 人民论坛·学术前沿，2018（7）.

[9] 陈晓暾，陈李彬，田敏. 创新创业教育入门与实战［M］. 北京：清华大学出版社，2017.

[10] 陈苡，史豪慧. 市场营销学［M］. 广州：暨南大学出版社，2015.

[11] 褚建伟，张青春，范琳. 创新创业教育［M］. 北京：高等教育出版社，2019.

[12] 戴仁卿，张晓蕾. 高校创新创业者人格素养提升困境及培养路径［J］. 教育与职业，2016（15）.

[13] 杜鹏举，罗芳. 大学生创新创业基础［M］. 北京：中国铁道出版社，2018.

[14] 杜昱熹. 企业运营成本管理和风险控制［J］. 中外企业家，2019（10）.

[15] 段维龙. 企业文化与人本管理［M］. 2版. 北京：北京大学出版社，2013.

[16] 樊登. 低风险创业［M］. 北京：人民邮电出版社，2019.

[17] 范溯. 浅谈初创型公司的知识产权保护［EB/OL］.（2017-12-29）[2019-03-04］. http://www.iprdaily.cn/artide_17974.html.

[18] 冯邦彦. 承先启后·利丰冯氏迈向110周年：一个跨国商贸企业的创新与超越（1906—2016）［M］. 北京：中国人民大学出版社，2016.

[19] 付香茗，苏海林，汪亚楠. 基于产品属性的多渠道营销策略［J］. 合作经济与科技，2014（19）.

[20] 傅筠，黄道平. 创新、创业与就业［M］. 北京：机械工业出版社，2009.

[21] 葛海燕. 大学生创业教育与指导[M]. 北京：清华大学出版社，2013.
[22] 龚曙明. 市场调查与预测[M]. 北京：清华大学出版社，2005.
[23] 郭绍生. 大学生创新能力训练[M]. 上海：同济大学出版社，2010.
[24] 贺敏娟，王鹏飞. 大学生职业生涯规划与就业指导[M]. 北京：北京理工大学出版社，2012.
[25] 胡培，唐甜甜. 移动互联网背景下企业市场营销的创新研究[J]. 理论探讨，2018（4）.
[26] 华进. "互联网+"背景下企业市场营销的创新路径[J]. 现代营销（经营版），2018（5）.
[27] 黄罡，曹志斌. 电商创业：创业思维+实战方法+案例解析[M]. 北京：人民邮电出版社，2018.
[28] 黄文涛. 中信建设黄文涛：粤港澳大湾区蕴含的产业机遇[EB/OL]. （2019-01-17）[2019-03-04]. http://www.finance.eastmoney.com/a/201901171028398345.html.
[29] 黄萧萧. 高校大学生创业孵化基地建设运营管理机制研究：以顺德职业技术学院为例[J]. 佛山科学技术学院学报（社会科学版），2018（3）.
[30] 科学技术部火炬高技术产业开发中心，首都科技发展战略研究院. 中国创业孵化发展报告2018[M]. 北京：科学技术文献出版社，2018.
[31] 匡增明，殷黎丽. 大学生职业发展与就业指导实用教程[M]. 北京：化学工业出版社，2012.
[32] 雷家骕，葛健新，王华书，等. 创新创业管理学导论[M]. 北京：清华大学出版社，2014.
[33] 雷重熹，池云霞，靳润奇，等. 创新创业案例与分析[M]. 北京：高等教育出版社，2019.
[34] 李钢. 大学生创业指导[M]. 北京：国防工业出版社，2010.
[35] 李家华. 创业基础[M]. 北京：北京师范大学出版社，2013.
[36] 李建军，陆淳鸿. 创业营销[M]. 厦门：厦门大学出版社，2012.
[37] 李肖鸣. 创新创业实训[M]. 北京：清华大学出版社，2018.
[38] 李肖鸣. 职业院校学生创业指导[M]. 北京：清华大学出版社，2012.
[39] 林壬璇. 大学生就业与创业指导[M]. 北京：中国人民大学出版社，2015.
[40] 罗三桂. 广东高职院校毕业生就业问题研究[M]. 北京：中国社会科学出版社，2008.
[41] 吕爽. 创业基础[M]. 北京：中国铁道出版社，2016.
[42] 马广水. 创新创业基础[M]. 北京：高等教育出版社，2016.
[43] 马斯洛. 人本管理[M]. 马良诚，译. 西安：陕西师范大学出版社，2010.
[44] 梅强. 创业基础与实务[M]. 南京：江苏凤凰教育出版社，2015.

[45] 倪锋. 创新创业概论 [M]. 2版. 北京：高等教育出版社，2016.
[46] 裴琦. 众创时代：互联网＋创业 [M]. 广州：华南理工大学出版社，2016.
[47] 秦勇，陈爽. 创业管理：理论、方法与实践 [M]. 北京：人民邮电出版社，2019.
[48] 人力资源和社会保障部教材办公室. 创业指导 [M]. 2版. 北京：中国劳动社会保障出版社，2018.
[49] 人力资源和社会保障部劳动科学研究所，宜信公司. 中国青年创业现状报告2016 [M]. 2016.
[50] 申望. 企业文化实务与成功案例 [M]. 北京：民主与建设出版社，2003.
[51] 施家建，韩博. 从0到1微创业 [M]. 北京：北京理工大学出版社，2015.
[52] 舒克. 大学生创业素养培育路径解析 [J]. 广东科技，2017（10）.
[53] 孙桂生，刘立国. 大学生创新创业孵化基地建设探讨：基于北京联合大学商务学院的案例分析 [J]. 中国高校科技，2018（Z1）.
[54] 孙全民，徐大治. 大学生创新创业训练与指导 [M]. 北京：北京师范大学出版社，2018.
[55] 田海燕，郑仲. 工科博士跨界医疗 "磨" 出世界首创技术 [N]. 南方都市报，2019-04-18.
[56] 黄藤. 大学生创新创业教程（慕课版）[M]. 北京：人民邮电出版社，2018.
[57] 王羽. 高校大学生环境意识教育初探 [J]. 教育现代化，2018（21）.
[58] 王中强，陈工孟. 创新思维与创业教育 [M]. 北京：清华大学出版社，2017.
[59] 金，克里兰. 战略规划与政策 [M]. 上海：上海翻译出版社，1984.
[60] 翁丽华. 现象学视阈下的大学生创业教育 [J]. 中国高教研究，2014（5）.
[61] 吴何. 创业管理：创业者视角下的机会、能力与选择 [M]. 北京：中国市场出版社，2017.
[62] 吴月红. 论高职大学生创业素质与能力的培养途径与方法 [J]. 长沙航空职业技术学院学报，2015（4）.
[63] 姚飞. 创业营销：案例与微课 [M]. 北京：中国纺织出版社，2017.
[64] 姚凯. 大学生创业导论 [M]. 北京：清华大学出版社，2015.
[65] 游敏惠，刘秀伦. 大学生创造力培养与开发 [M]. 北京：人民邮电出版社，2004.
[66] 余伟. 创新能力培养与应用教程 [M]. 北京：航空工业出版社，2008.
[67] 奇泽姆. 创业：放飞你的梦想 [M]. 石岚，译. 北京：中信出版社，2019.
[68] 张成，吴小林，何文国. 创业管理 [M]. 长沙：中南大学出版社，2012.
[69] 张成. 创业管理 [M]. 西安：西安电子科技大学出版社，2018.
[70] 张劲珊，黄榜捷. 创业管理社会实践探索 [M]. 南京：南京大学出版社，

2014.
[71] 张磊. 大学生创业孵化基地运营管理机制研究[J]. 现化经济信息, 2017(11).
[72] 张立新. 大学生择业规划与指导教程[M]. 北京: 机械工业出版社, 2009.
[73] 张丽艳, 赵彦生. 高职学生职业生涯设计与就业指南[M]. 北京: 清华大学出版社, 2010.
[74] 张梅. 财务管理[M]. 2版. 北京: 北京理工大学出版社, 2012.
[75] 张耀辉. 创业学导论: 原理、训练与应用[M]. 北京: 机械工业出版社, 2011.
[76] 张玉利, 薛红志, 陈寒松, 等. 创业管理[M]. 4版. 北京: 机械工业出版社, 2016.
[77] 张玉鑫, 任甲男, 薛舒凡, 等. 大学生创业孵化基地建设策略研究: 基于吉林省29个大学生创业孵化基地的调研数据[J]. 文化创新比较研究, 2018(5).
[78] 郑芳. 资深HR手把手教你做: 绩效管理[M]. 天津: 天津科学技术出版社, 2017.
[79] 郑芳. 资深HR手把手教你做: 人力资源管理[M]. 天津: 天津科学技术出版社, 2017.
[80] 郑芳. 资深HR手把手教你做: 招聘管理[M]. 天津: 天津科学技术出版社, 2018.
[81] 郑芳. 资深HR手把手教你做: 员工培训管理[M]. 天津: 天津科学技术出版社, 2017.
[82] 中国注册会计师协会. 公司战略与风险管理[M]. 北京: 经济科学出版社, 2015.
[83] 钟晓红. 大学生创业教育[M]. 北京: 北京理工大学出版社, 2010.
[84] 朱恒源, 余佳. 创业八讲[M]. 北京: 机械工业出版社, 2016.

后　记

编写一本教材不是一件难事，但是组织编写一本能够挑战自己知识积累，重新梳理自己的知识储备，通过教书匠的方式设计出实践性极强的创新创业教育教材，确实不是一件容易的事情。可以说，参与编写这本教材的教师都不是自主创业者，在这个领域只有评价权而没有多少经验和体会。但是，既然是一种教育，知识的传授就少不了教师参与其中，教师要从人类知识层面去进行梳理总结，去把各方面能够收集到的材料进行重新整理归纳，把能够反映这方面的经验性的知识传授给学生，指导学生去创新创业，让学生能够掌握这方面的知识基础后再轻装上阵，去勇于拼搏，这样教师的任务也就完成了，教育目的也就达到了。当然，在这本教材的编写过程中，我们一定要向先前的研究者学习，是他们给我们提供了丰富的编写素材；我们还要向创新创业成功的人士学习，是他们为我们提供了成功的路径和失败的教训，使接受教育的学生能够践行我们的教学设计，是他们在检验我们工作的质量。

参加这本教材编写的主要是广东省部分高职院校的教师，编者每人都承担了一章内容的编写，任务量虽然不大，但是要写好每一章也很不容易。在广东高等教育出版社的大力支持下，在要为学生提供一本优秀教材的理念引导下，编者齐心协力，终于在规定的时间内完成了编写任务。参加编写的分工是：第一章"创新创业与职业规划"由孙平编写，第二章"创新类型与创新思维"由游凯、阎汉生编写，第三章"创业素养与创业能力"由范琳编写，第四章"创业市场调查"由孔德明编写，第五章"创业项目构思"由张劲珊、孔德明编写，第六章"创业团队组织与建设"由张劲珊、孔德明编写，第七章"创业计划编制"由张成编写，第八章"企业孵化与创建"由谢卓君、张丽桃编写，第九章"财务管理与风险控制"由王凤基、周炳伟编写，第十章"市场营销策略"由陈苡编写，第十一章"人力资源管理"由黄昊晶编写，第十二章"企业文化培育"由段维龙编写，第十三章"创新创业法规与政策"由陈世军编写。

我们在编写过程中参照了国内大量的创新创业教育方面的教材，也参考了大量这方面的论文，在这里我们对相关学者表示衷心的感谢！

编写一本教材不可能做到完美无缺，肯定还有许多缺陷和不足，我们有信心做好后续的修订工作，因此希望读者若发现问题，能够及时跟我们进行沟通。

再次感谢广东高等教育出版社的总编辑黄红丽，编辑李霞、陈林、林彩云等同志，他们兢兢业业、勤奋细致的工作精神是我们学习的榜样。

孙　平
2019 年 6 月 1 日

本书二维码数字资源获取方式

第一步：打开微信 APP，点击右上角的"+"，选择"添加朋友"。

第二步：选择"查找公众号"，在搜索栏中输入"好的课"，点击"关注公众号"，进入"好的课"页面。

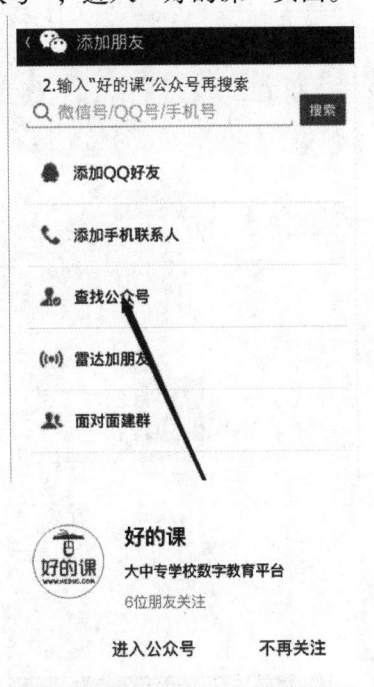

第三步：在"好的课"页面，点击"用户"栏，选择"我的资料"。

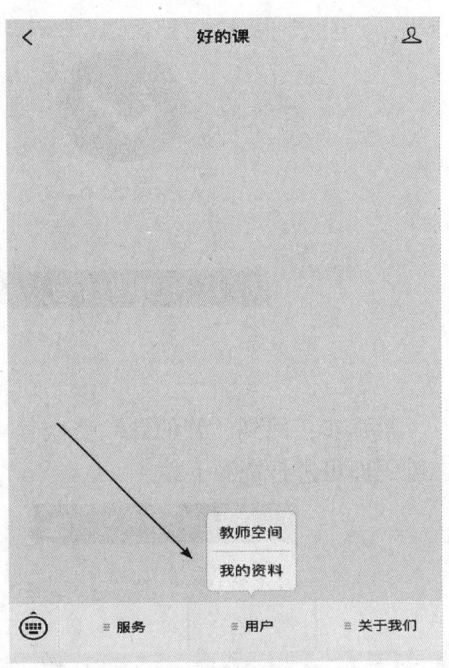

第四步：进入注册界面，点击"新用户注册"。

第五步：注册成功后，选择"立即登录"。

第六步：回到"好的课"公众号主界面，点击"服务"栏中"扫一扫"，扫描二维码即可进行资源下载。

 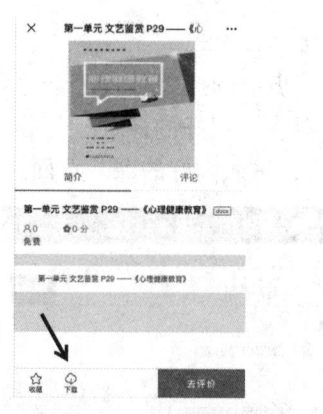

第七步：如手机并未安装浏览器，点击"下载"后会先进入如下界面，请先进行浏览器下载，下载完成之后即可查看资源了。如您已关注"好的课"公众号，多次登录可从通讯录的"公众号"中进入"好的课"。

（PC版数字资源获取方式：本书二维码所链接的数字资源可登录"好的课"网站www.heduc.com，通过搜索书名获取。）